こんなときだから　希望は胸に高鳴ってくる

―あなとわたし・わたしとあなたの関係への覚えがき―

最首悟

はじめに

明治一五〇年、キリよく年号が変わった。キリよくというと、この一〇〇年という明治一〇〇年というキリも思わないわけにはいかない。脱亜入欧、和魂洋才、舶来主義、追いつき追い越せ、とがんばってきて、そのあいだに、創出した現人神《あらひとがみ》の消滅もあって、ついに振り子が反対に振れたかという感が強く、一億総活躍と裏腹に、不安と脱力感に苛《さいな》まれている。

振り子が反対に振れたとは、一九一七年の無産者革命を基点にして、という思いである。四〇〇年前の一五一七年、ルターの「九五か条の意見書」の張り紙で、宗教革命がなされた。「働かざるもの食うべからず」。糾弾の矛先は、太った坊さん、王侯貴族、不在地主だった。働く農民には祈る資格がなく、代わりに祈る特権をもつ僧侶が、なんと農民に免罪符を売りつけて、さらに搾り取ろうとしたのである。

そして一九一七年、労働しか売るものがないプロレタリアートが資本家を倒す革命が、ロシアという資本主義国家と言えない国で成立した。フランス革命に引き継ぐ「働かざるもの食うべからず」

の継承と実現だった。それから一〇〇年、その矛先は、生産を終えたもの、生産能力のない者に向けられている。貧乏で、労働という最後の唯一の売るものを持たない者に、与死という宣告をしよう、というのである。プロレタリアートは中産者となり、日本でも労働者の三割強がプレカリアート、すなわち非正規労働者である。非正規労働に安心と未来は望めない。

民主主義、社会主義をはじめとして、社会の革新を志す者、いやもっと広く安心できる暮らしを望む人々にとって、与死を制度化する社会はとうてい受け入れることはできない。ではどこが肝心かなめのネックなのだろうか。大問題である。我がこととしては自立と自律という大問題がある。自己、あるいはアイデンティティをめぐる問題で、明治、大正期の多くの青年がこの問題をめぐって悩んだ。この問題の根は深く、現在の大問題につながっているのではないか。

端的に言えば、この私が世界、社会、国家と対峙しているという構図である。〈I first〉、何よりもさておいて、この私が、〈you general〉と向かい合っている。融和でなく、監視、批判、拒否、変革の眼差《まなざ》しをもった覚悟を秘めた向かい合いなのだ。個人とは、まさにそのような責任と義務をわきまえた堅い主体なのであり、契約に基づいて近代社会を造り上げた主権者である。そしてこの俺一人がという意識、意志が独裁に向かわせる。

わたしはついに個人になれなかった。そして自分を個人だとするのは錯覚で、往々にして「孤人」

に追い込まれた姿に過ぎないと思うようになった。その変化に娘星子が居ることが欠かせなかった。そして中原中也の、—目的もない僕ながら、希望は胸に高鳴つてゐた—に出会った。わからないわたしだからこそ、と言い換えていい。その思いを、いま、いまだからこそ、一人のあなたと分かち合いたい。そしてその一人が一人ずつが増えていけばいいと思う。

目次

はじめに……3
なぜ？ 問うことから始まった……9
私は私であって私でない……10
包摂としての《？》……27
学問と未来……51
やまゆり園事件を問う……69
ぼちぼちの人間世間へ――やまゆり園殺傷事件をうけて……70
心を失った人はいない……79
「与死の思想」と国家――やまゆり園殺傷事件をうけて……86
植松青年とその賛同者に言いたいこと……95
やまゆり園事件犯人、植松青年へ手紙をなぜ出すか……97
介護の力が人を変える……171

相模原障害者施設殺傷事件をめぐって対談（最首 悟×三好 春樹）……172
ケアしているつもりがされている……193
生きづらさ、からはじまる未来……201
開放し、抵抗する「そこ」なる世界へ……240

新たな関係「二者性」の模索……247
孤人化した疑似個人の非情……248
ついに来るものが来たか……254
やまゆり園事件が我々に問いかけること……288
「自立」をめざしてきたのは、錯誤だったのではないか……302
〈自立〉への模索から、生きる場の〈二者性〉……314
二者性への道すじ……361
おわりに……377
著者紹介……380

なぜ？　問うことから始まった

私は私であって私でない

〈底〉

不徹底である。不徹底というと徹底の否定で、徹底が先立つので、曖昧、いい加減と言ったほうがいいかもしれない。しかし追及するという態度はやはり先立っているので、不徹底という言い方も捨てられない。不徹底は未徹底でありながら、徹底の先を見てしまうという態度でもある。徹底して、底の〈底〉まで行って突然〈底〉が抜けたというのでない。〈底〉まで行き着けない、それは足踏みしたり、とんでもなくノロかったりするからだが、しかし〈底〉は其処《そこ》にあると思うと、足踏みやノロいせいで、〈底〉の向こうは何だという問いがわいてくる。〈底〉は正真正銘の根底であってその先はないと本当に〈信〉じなければ、あるいは〈信〉じればこそ、〈底〉に向かう過酷な歩み・修行も成立し、そして〈底〉に着いた途端〈底〉が抜ける事態が起こりえる。しかし一般には盤石の〈底〉に着底して〈底〉から折り返す一歩を踏み出すことが想定される。〈底〉には何があったかと問うと、ただ風が吹いていたということもある。

満員の夜行列車に押こめられて、じっと忍耐して、朝早く東京駅に着いた。やれやれ、ここが折り返し地点だと思う間もなく、「下り列車」のベルが鳴っている。大急ぎでその列車に乗り移り、今度はゆっくり席について車窓の風景をたのしむ。さて、列車を乗りかえた東京駅に何があったか。何もありはしないのである。ホームはがらんどう、風が吹いていただけなのである。ところが、その場所、その自他ともに無としか呼びようのない場所が、そのときの一瞬の体験が、シャーマンの人格を変えるのである。（岩田慶治「自分からの自由」講談社現代新書、一九八八、一四五ページ）

ふつう、「〈底〉はどうでしたか」、「がらんどうだったよ」、というような会話は成り立たない。〈底〉があると本当に〈信〉じている者同士でなければ、そういう会話は発生しないのだし、会話が成立するのは達成者と修行者との間で、達成者は修行者にそのような問いを発する暇があるなら一歩でも〈底〉へ向かえ、自分で確かめろというはずだからである。

〈底〉があると本当に〈信〉じる私は徹底した私である。〈信〉じるとは考え尽くそうとするか、何も考える必要がなくあっけらかんとするか、そのどちらかに定位する。どっちにしても徹底して明快で割り切る態度で、私もくっきりはっきりしている。〈信〉じると、一〇〇パーセントおまかせという心情も可能で、そういう私を〈無私〉というが、逆説的ではあるが、〈無私〉は〈信〉じるはっきりした能動的な主体としての私である。私心はないと言い切る。言い切るとは自信あってのこと、一人称の私は自信ある私である。

わたし

さて、日本語には主語がない、一人称がなく二人称のみがあるという。

英語のIに相当する言葉は、日本語にはない。これは、なんとも表現しようのない、たいへんなことだ。どうしていいかわからないほどに、たいへんだ。このたいへんさだけを手がかりにして、日本語の性能の特徴的な傾きについて、そのほぼ全域を書き得るのではないか、と僕はふと思う。英語にはIがあり、日本語にはIに相当する言葉がない。英語と日本語とは、真正面から対立するほかないまったく異質な言葉であるという仮説を、Iのあるなしだけを土台にして立てることは充分に可能だ。日本は、Iという言葉を持たずに成立している社会だ。Iのある社会から見るとき、その社会はなんと異質に見えることだろう。（片岡義男『日本語の外へ』筑摩書房、一九七七、三五九ページ）

片岡義男の、「どうしていいかわからないほどの大変さ」には直接ここでは立ち入らないが、日本語で文法上主語がないということは、私がないということではなく、私が〈隠れ私〉になっており、Iという〈名乗り私〉と比較すれば、きわめて特異な事態だということは言える。私を私が消してしまう〈消私〉とか、私が私を隠してしまう〈隠し私〉とか、私が私を抑え込む〈奥ゆかしい私〉とかは、窮極的には、私が私を無いものとする〈無私〉に至るのであるが、そのような意志的主体的〈私〉ではない、表に出ることが許されない、表に出るという事態がそもそもあり得ない〈隠れ私〉という私がいて、それが日本語の構造に投影されているのである。日本（列島）人にも主体的な私はいる。しかしそれを曝すと「何さまと思っているのか」と集中砲火を浴びるし、顧みると確かに得手勝手な私であることは否めないので、主体的な私は私に覆いをかぶせることに意を払い、その態様を利己というのである。たとえば森有正の「あなたのあなたとしての私」がいる。

わたしとあなた

私は数年前から思想の問題を少しまとめて考えておりまして、私どもが何を考えるにしても、自分が日本人だということから離れることができない。それはどういう意味でそういうことを言うのか、と言いますと、日本人というのは少し特別なものの考え方をする民族であって、日本人が物を考える場合には必ずその方式で考えているのです。ですからその方式がどういうものであるかということを理解しないと決して日本人は思想のことを語ることができない。キリスト教の思想であっても、あるいはヨーロッパの思想、ギリシアの思想であっても、それを考えるときに、日本人であるということを忘れると、本当の理解ができなくなる。その証拠として私は日本語という不思議な言葉のことをだいぶ詳しくあちこちで書いたことがあるのです。日本語というのは実に不思議な言葉です。

日本語というのはどういう言葉であるかと言いますと、形式的な学校の文法などの問題ではなくて、根本的に言いますと、二人称しかないのです。一人称もなければ三人称もない。それは、日本語の文章をいろいろ御覧になると分かるでしょう。余りここで幼稚な説明をするのは恥ずかしいのですが、しかし、どうしても必要ですから申しますと、例えば日本語は必ず「私」ということを言っている場合でも、その「私」というのは端的に「私」なのではなく、「あなた」にとっての「あなた」なのです。「あなた」にとっての「あなた」である自分は「私」であるということを考えて「私」は発言するのです。日本語の敬語というのがそうでしょう。私が何かを言おうと思いますと、相手が自分の尊敬する人である場合、まず敬語を使わなければいけない。自分も「僕」なんて言ってはいけない、

「私」と言わなくてはいけない。

つまり、自分の一人称はすでに相手によって決定されている。相手はまたもちろん二人称なのですが、自分にとってどういう人間かということで決定されていく。すなわち日本語はお互いがお互いに決定し合っていく言葉なのです。独立の、他から影響されない一人称というものは、日本語そのものの中にはないか、あるいは非常に稀なのです。それからもう一つ重要なことは、純粋な意味で第三人称、つまり客観的に自分でも相手でもない第三者というものが日本語の中にはないということです。もちろんあるではないかと言われますけれども、それは必ず自分か相手の、二人称に結びつけられている三人称なのです。例えば、「これ」とか「それ」とか「あの人」とか「その人」とかみんなそれなのです。これも今、詳しい文法的な説明、あるいは言語学的な説明はいたしませんけれども、そういう自分と相手とがもう引き離すことができないように結びつけられている。殊にそれは個々の二人の人が結びつけられているのです。団体の中の一人でしたら、他は皆三人称ですよ。二人の人が結びついていてそれを通してでなければ物事を考えることができない。すなわち、更に言いかえるならば、日本人というのは本当の独立の個人として物事を考える能力が非常に弱い。その点に欠陥があるということです。ですからありのままの自分自身、本当の正しい意味での客観的にもまた主体的にもこれが自分だという自分というものが存在しない。いつでも、他人の目から見て自分がどうなっているかということを気にする。（森有正「日本人の心」『土の器に』日本基督教団出版局、一九七六、一五一〜一五三ページ）

森有正はこの講演の冒頭で「日本人はそういう心（森有正がフランスにいて気づいた日本人の心）を本当に培い、育て、それに根をはやし、葉を茂らせている。そうすることによってまた人間としても同時に世界のどこにでも出ていける人間になるのではないだろうか」という。それとこの個所の、日本人は独立の個人として考える能力がほとんどなく、自分だという自分がない、これではだめだ、という指摘とがどうつながるのか、それは読者にゆだねられているようなきらいがある。そういうつもりで読むと、「あなたを立てるこの私」という思いがどうしても出てくる。男では特にそうなのだが、「愛《う》い奴」「かわいいやつ」と上位の相手に思われることが世間の波を渡ってゆく上で不可欠なので、そういうふうに自分を演じることを「甘え」と言い、「あなたのおっしゃる通りの私でございますよ」と手のこんだ自分規定をする。父親とか先生とか村の顔役とかの、その都度の「あなた」に自分を合わせてゆくために、態度や生き方が首尾一貫しない、と森有正は言うけれど、「あなた」が多数になってゆくときの、多数から抽出した共通の「あなた」をやはり持たざるを得ず、そういう「あなた」を世間と名付けて、ふつうは世間に合わせて自分を規定することになる。ところが世

間は微気候的（ここは土砂降りなのに一里先は晴れているというような気候）に変転するので、世間に合わせるのも容易なことではない。

ここで「合わせる自分」の自分は「みずから分け」の「自分」で、自分にはもう一つ「おのずから分かれ」の「自分」がいることに留意する必要がある。前者が「名乗り私」で後者が「隠れ私」である。「みずから私」、「おのずから私」とも呼ぼう。「みずから私」から見て「おのずから私」は始末に負えない。なにか答えを要求すると、「そうに決まっている」とか「仕方がない」とか「なるようにしかならない」とか言うだけである。居直りというか、ふてぶてしいというか、憎たらしいことに必然とか重さを体現しているようでもある。それにくらべると「みずから私」の選択や決断は恣意的で軽くて偶然が大いに関与しているようである。

この二つの「私」が言語に反映すると、「私」はとくにそうであるが、二人称にしても三人称にしても、人称代名詞全般が消えてしまう結果になった。

「僕の父は僕の母に、彼女が僕と僕の父を彼女の車で送ることを断った」（サローヤン『パパ・ユーアクレージー』で伊丹十三がこだわった訳）

「僕の父は、われわれを僕の母の車で送らせようとしなかった」（新潮社の拒否にあって伊丹が妥

協した訳、新潮文庫、一九八八）

「ママは車で送ってくれると言ったがパパは断った」（まともな日本語訳）

金谷武洋の『日本語文法の謎を解く』（ちくま新書、二〇〇三、四六～四七ページ）に出ていた例だが、まともな日本語という訳には「みずから私」が暗黙に書き手として存在するし、「おのずから私」は厳然と控えている。当然ながらこういう本には、「私は富士山を見た」と言わずに「見えた！」――（「何がさ」）――「富士山が」というような日本語特有の言い方が出てくる。富士山を見ることが可能な場に私が到達してその場に居る、あるいは富士山が見ることが可能のように、私が壁に穴をあけたり、機械を作ったりした場に私が居る、さすれば富士山が見えるのは当然である、あるいはそのように行為した私に感慨がある、ということを「見えた！」で表すのである。私がどのような状態でいるか、そしてどのように行為したかによって規定される場を、そしてそもそもは場に規定される私の状態や行為の結果、当然のように生起する事柄を、日本語は描写する。「驚いた」とか「きれいだなあ」も描写文なのである。

日本（列島）人の〈私〉

滝沢克己は、このような「おのずから私」と「みずから私」が張り付いていて、しかも「みずから私」は「おのずから私」にむしゃくしゃしたり敵《かな》わないと思っている日本（列島）人の〈私〉に触れてくるような言い方をしていると思われる。

「私」という主語を先立てて言葉を話す民族において、自己そのものの徹底的把握、全人生の根基・根源にかんする真実の自覚が生きていたかというと、それはかならずしもそうではない。いな、事実はむしろ逆であった。自分の生の窮極の根拠・基準を、自分の手で設定しなくては安んじて生きてゆけない。この不可能な矛盾が、かれらの陥った運命だった。したがって、世界はかれらにとって、意識的・無意識的に、人としてほんとうに生きようとするかれらの志向を裏切るもの、かれらの心情に呼応共鳴するよりもむしろ敵対するもの、そのなかで生きぬくためにはこれと対決し、これを征服しなくてはならないものとして立ち現れる。―（略）―

一言でいうと、のちにフランシス・ベイコンが、（**Natura parendo vincitur**）（「自然はこれに服従することによって克服せられる」）といった意味で、「客観的・科学的方法」に至る道を辿ることとなるのである。しかしかれらが、知らず識らずのうちに「私」という主語をそれだけで先立てて出発したかぎり、かれらはどうしても、その誇りとする「客観的・科学的方法」にしたがって、当の「私」、人間の自己（主体性）そのものの何であるか、それがそもそもどこに成り立ち、結局のところどこへ向かうものかを、突きとめることはできない。ということはしかしまた同時に、この世界そのものの、人間に対する根本的な敵対性、かれらの心の奥底の暗さ・不安は、かれらの「科学」の発達、「技術」の向上によって、いささかも癒やされないばかりか、いよいよもって、その底知れぬ無気味さを加えてくるということにほかならない。（滝沢克己『日本人の精神構造』講談社、一九七三、六九〜七〇ページ）

「私」という主語を先立てて言葉を話す民族は西欧の人々であろうし、それは必然的に科学という客観的な見方と営為を生み出した。それを可能にしたのは、普遍にして不変の唯一原理という〈底〉であるから、「知らず識らずのうちに「私」という主語をそれだけで先立てて出発したかぎり」というのは、どこか途中で人間中心主義になって再出発したという意味が込められる。どこか途中を強いて特定するとすれば一四八六年の「神は人を規定しなかった。ただ世界の中心において自由のみを与えた」（ピコ・デッラ・ミランドラ）という「人間の尊厳」宣言であろうか。しかし、文脈全体としては、「みずから私」が「おのずから私」を切り捨てた日本（列島）世界にあてはまり、その事態は

いつからかと言えば、「洋才」的個人を導入した明治維新に求められる。「洋才」的個人が権力をもった「あなた」となったとき、事なかれを好む「あなたのあなた」としての「みずから私」は一億総玉砕を受け入れるまでになる。だからこの文章は、今現在ますます猖獗《しょうけつ》を極める日本列島的根なし草の「みずから私」に対する痛烈な批判と言っていい。しかし滝沢克己はこの文章に先立って次のように述べる。

よくいわれるように日本語が古来「明確な」主語を欠くということも、日本人がたんに本能的な動物にすぎなかったということでないのはもとより、ただたんにいわゆる「未開」な段階にとどまっていたとか、まだ十分に人間的でなかったとかいうことではあるまい。むしろただかれらは、その生の窮極的根抵に対してあらためて自己を主張し、これと取引するということを夢にも思わぬほどに自然に、かれらに恵まれてきた、実存の人としての可能性を発揮していた。いいかえると、木石鳥獣とちがって、物を作り言葉を語りながら、そのゆえに自己の生を自己の手に握ろうとする人間の驕慢や「私」からは自由であった。したがってまたかれらは、彼らの持ちもの、一般にこの世界の内部に現れるものに対して人として限度を超えた執着を懐《いだ》かなかった。したがってかれらの生は、あたかも幼な児のそれのように軽やかだった。—略—

たしかに日本の遠い祖先たちは、自己の生の窮極の根基ないしはそれと自己自身との関係を、ことさらに問おうとはしなかった。その根基ないしは根源的な関係そのものについては、いつの世から天御中主神《あめのみなかぬしのかみ》、次に高御産巣日神《たかみむすびのかみ》、次に神御産巣日神《かんむすびのかみ》云々とおぼろげに言い表す以外、とくにこれを主題として何かを語ろうとはしなかった。「無」という一語さえ発しなかった。しかし、この根源的関係、隠れたる真実の生の基準にかかわるある正しい感覚（「勘」）がかれらのなかに生きていたことは、心ある人のだれしも無下にこれを否定することはできないであろう。（前掲書、六八〜六九ページ）

私は私であって私ではない

日本（列島）人が幼な児のように純真無垢であったという点は留保するとしても、日本語をつくり上げていった「おのずから私」の実存のすがたが描かれている。「あたりまえだ」「そうに決まっている」を軸に、あらぬ「問い」を立てないのが「おのずから私」の実存である。視野があってその外がある。風景を見るとき視野が丸いのか楕円なのかよくわからない。それは視野の端がはっきりさせようとしてもはっきりしないためであるが、そのはっきりしなさによって、視野の内と視野の外は連続して移行しているという思いを生む。視野外は「あるにきまっている」、しかし「見えない」、

「見えないことをくよくよ考えてもしょうがない」。「はし」は「端」であり、二点間をむすぶ「橋」である。視野の端は逃げ水のようにどのようにしても消えない、常に其処《そこ》にあって、其処から先は消え去っている。そして「はし」は視野外へのかけはしになっている。

「はし」は「そこ」であり、〈底〉である。〈底〉はそこにありながら決して到達できず、しかもそこにおいてすでにフェードアウトは始まっている。

そのような視界の持ち主、おのずからに引き寄せられているために、あらぬ問いを立てることの無用さをわきまえている人々、そのような生き方しか知らない人々、そういう人々の様態そのものが〈信〉であると、滝沢克己は言っているように思える。そしてそれは「そうにきまっている」と口を酸っぱくして言い続けた滝沢克己その人にオーバーラップしてくる。

吉本隆明に末次弘が滝沢克己について尋ねている（「滝沢克己をめぐって」吉本隆明『非知へ〈信〉の構造「対話篇」』春秋社、一九九三、一二三～一二八ページ）。末次弘はまず滝沢克己の「徹底した有神論は無神論」であるという突き抜けと「自分のキリスト教信仰はたまたまの縁である」という態度を紹介して、真の意味で〈信〉をもつ人は自己欺瞞なしに〈信〉が成り立つのではないかと、〈信〉じるということは自己欺瞞なしには成立しないとかんがえている（と末次が思っている）吉本隆明に問いかける。吉本隆明は、「滝沢さんの考え方は、人間はどこにいてどこへ行くんだろうか『今、ここ』とはどういうことなんだろうかといった思春期の基本的な問題意識と、そのあと展開してきた考え方とが終始一貫、最後まで変わっていないんじゃないかというおもいがします」という。

滝沢克己が、思春期に湧き上がる問いに、そんな問いは問いにならない、「そうにきまっている」という答えがあるではないかとし、そのことにおいて終生変わらなかった、という意味だとすればまことにその通りだと思う。ところが続けて吉本隆明は、縁あってキリスト教というのであれば、滝沢克己の考えは「たくさんある考え方の一つだというふうにおもえます」という。必然だとは思えない、すなわち偶然性を必然性に転化することはわかるが、その偶然性を他の偶然性に比べて自己主張するに足りるかという展開の仕方がわからないという。選択なき必然は主語のない世界であり、主語なき母語を通して滝沢克己がその世界に触れているとすれば、また縁は必然の濃淡であるとすれば、吉本隆明のこの指摘はよくわからない。

吉本隆明は「〈信〉というのは、かならず〈信〉から〈不信〉へ移っていく過程をちゃんと展開できていなければ、それは〈信〉にならないのじゃないか、また〈不信〉というのも、〈不信〉として止まるかぎりそこにはどんな作用もない」という。〈信〉と〈不信〉の通路がどちらがわからもつくられなければうそだというのが自分の戦後の出発だという。じぶんが考えたじぶんの原則はどのようにしても偶然性としかいいようがなく、それと〈信〉の普遍性との結びつきはどうやって得ら

れるのだろう、そこのところは吉本隆明自身すこぶる疑わしいけれど、滝沢克己も「何となく疑わしい気がしてしょうがない」という。吉本隆明にとっては、思春期の「おのずから私」が軍国少年であったことの克服のために、「おのずから私」が希薄か極力抑えられなければならず、しかも〈信〉をいうためには、「みずから私」の〈不信〉を〈信〉に入れるか、〈信〉に張り付かせねばならなかった。親鸞には〈不信〉が同時に〈信〉に入っている、〈信〉と〈不信〉がいつでも一緒に背中合わせになっているというのがその帰結であって、「これは滝沢さんのお考えとはだいぶ違うことなんだとおもえます」ということになる。

　問うことなく「あたりまえじゃん」とする「おのずから私」と常に問い続ける「みずから私」の二つの私が張り付いていて、そして「おのずから私」にふさわしい言語を使っているこの私という構図のもとで、「みずから私」の立てる問いが、常に「みずから私」に関する自己回帰的なリカーシブな問い、すなわち自己否定的な問いであるとすれば、滝沢克己的〈信〉の可能性はなくもない。どうどうめぐりであるから不徹底は免れないが、「みずから私」が進みようがないという点で、日本語を使っているかぎり滝沢克己的〈信〉が浮かび上がってくるかもしれない。そして森有正に応答できるかもしれない。しかし「みずから私」の問いが「おのずから私」に向けられると、滝沢克己的〈信〉から離れてゆくほかはないだろうと思われる。

「私は私であって私ではない」という思いは、「じぶんで立っているのではない」ことをもって、滝沢克己への回路を閉ざしているのではないと思うものの、その大元について名付けよと言われるなら、それは〈いのち〉だと言いたい、というのが「今、これから」の〈私〉である。〈いのち〉については、その外に神を指向するか、はたまた神は〈いのち〉に内在するか、いずれにしても、エポケーという積極的態度ではなしに、「〈いのち〉は〈いのち〉」というふうに〈いのち〉を閉じることで、〈いのち〉に迫ってゆきたいと思っている。

初出　『滝沢克己を語る』（春風社）、一七五頁、二〇一〇年

包摂としての《？》

あまり要領を得た話にはなりませんが、わたしの軌跡みたいなものから、どうして「包摂としてのなぜ」というような問題意識が出てくるのかということを、すこしお話したいと思います。

わたしの軌跡から

滝沢克己、山本義隆とわたし

お配りしたのは、『滝沢克己　人と思想』（新教出版社、一九八六）という本の冒頭に載った、わたしの「孤立有援ともいうべき事態」という一文ですが、どうして書くようになったかということは、やはり九州まで滝沢先生のお宅に伺ったということもあると思うのです。それから、わたしにとっては大事な山本義隆と滝沢先生の往復書簡、『朝日ジャーナル』に断続的に四回連載されたのが大きなきっかけになっています。わたしもすこし滝沢先生のご本は読みました。山本義隆がだいぶ古いのも持っているらしく、『夏目漱石』の初版本は山本義隆から借りて、持っていて、ときどき「なくさなければいいのだ」とか言ってくるのですけれども、山本義隆はけっこう集めていたのだろうと思います。

滝沢先生について、どういったらいいのでしょう、山本義隆との往復書簡でも「ただの人」というのが問題になっているのですが、なかなかそのイメージが湧きません。「ただの人にならなきゃいけないんだ」ということが判っていながら、分かったとしても、それになるまでのこと、なってからのことについては言えない、みたいなのが山本義隆の態度でもあったろうと思います。わたしもそのようなふうで、「ただの人」というのは、それは恐るべき人だろうと思うのですけれども・・・。山本義隆は「ただの人」になって、それから物理学を改めてやりたいと言いました。

安保と日韓…わたしの原点

もちろん、滝沢先生のお宅まで伺うようになったのには、六〇年代後半の大学闘争があるのですが、わたしにとっては、原点は一九六〇年の六月一五日。昨日はその当時の学生運動の連中が日比谷野音に集まって、わたしは声明の下敷きを手伝いながら、行かなかったのですが、そういう時期になってきました。

その次は、日韓会談がありました。一九六五年、べ平連ができる年ですが、引っ張り出した日付

の分からない七〇年末の文章に、「いたたまれなさ、うしろめたさ、やましさとか、居場所のなさという思いが、しいてその源をもとめれば、それは日韓会談反対闘争の取り組みにあったのか」というようなことを書いています。「世界人民連帯」ではなくて、「日韓人民連帯」と決めたときに問題が浮上してきたのです。無邪気な、権力に対する攻撃的な取り組みとか、代弁的代行的視点（沈黙の大衆に代わって）というのは大いにあったわけで、それを狭めて「日韓人民連帯」となったら、いったいどの面下げて言えるのかという問題が出てきてしまったのです。

これはベトナム反戦闘争にも影響してきますし、ついには東大闘争になっていくのです。東大闘争の直接のきっかけはもちろん、東大医学部のひとりの学生の冤罪なのですが、その前の六〇年安保闘争と日韓会談の二つが、学生（運動）の大きな流れとしては欠かせないということです。安保闘争は民族自立を含みながら直接民主主義に根差した民主主義の獲得という明るさがあり、無邪気なお祭り騒ぎもできたのです。ところが「日韓人民連帯」を無邪気に叫ぶことはできない、もちろん、リーダー達はしょうがないからそう叫ぶわけですが、それをそのまま鸚鵡《おおむ》返しに言えば言うほど、不正者感というのが出てきてしまう、不正者感とは落ち着きが悪いですが、罪なき者を装うというような感じです。それから抜け出るには、加害者感、加担者感に向き合うほかなく、朝鮮戦争のときはまだ占領状態としてもベトナム戦争は米国としての沖縄は当然ながら、独立した日本が基地になって米軍が出撃して行ったのですから、そして安保条約をも逸脱した加担を日本は行なう、その加担者感が大学闘争の中で徐々にもっとむき出しになってきます。

中間者の悲哀

ところが、なかなかつきつめられない、ということはいったい何か、けっこう極端な思想とか行動とかをしたようで、そして「砦の狂人」とか言われたりしたのですけれども、そうつきつめてはいないのです。つきつめようとすると、どこかおかしくなってしまうということの中に加害者感というのがあります。来週（当時）、公開自主講座「宇井純を学ぶ」というのがあって、レジュメを見ると、わたしもその一人。そこで話す話者の、半分は「公害に第三者はいない、いるのは加害者と被害者だけだ。第三者と称するのは加害者なのだ」という宇井さんのテーゼにふれていますが、もし自分が加害者だったら歯切れが悪くなるはずです。差別ということ、東大闘争が大きくなっていく原因の中には、東大がどれほど差別的な存在かから始まり、朝鮮半島、中国、東南アジアに対する明治以来の差別との向き合いがあり、そして自分達がまぎれもない差別者なのだということについて、なかなか落ち着かないのですね。もちろん、公害の加害者であるのも落ち着かないことです。現物が探せなかったのですが、『展望』という雑誌が筑摩書房から出ていました、その一九七一年の九月

号に「中間層の悲哀」みたいなものを書きました。「感性の幅が狭いということ、なにかほんとに怒るとか、ほんとに喜ぶってことがないような、それがわからないような、実感としてないような幅の狭さ」を元にした「中間層」という意識についてです。感性の幅が狭く、つきつめられない中間的意識というのは、自己保身も含めて自分でたぶんつきつめないようにブレーキをかけている、それとも、なにかもっと基層的な考え方によるのかというようなこと、基層はさしあたり風土的と同義語でしょうが、ほんとに喜ぶとか、ほんとに悲しいという開放がないのと関係があるのかもしれない、などということになってきたのです。東大闘争とわたしたちは言いますけれども、全国の大学闘争も含めて、いろんな人たちがいました、東京都の副知事になろうかという猪瀬直樹（当時・その後都知事に就任）は信州大の全共闘議長でした。でも闘争すると「なぜ」が出てきて、その因というか果というか、わたしの場合は中間者意識ですが、そのころ、後に「赤門塾」というユニークな学習塾を開き、そして「寺子屋」でヘーゲルを読みはじめた長谷川宏とそれから宮沢賢治の寡黙な研究者天沢退二郎の二人の院生と、北の方の大学を回ったりしました、珍道中もいいところですが、その中で「なぜ」は膨《ふく》らんで収拾がつかなくなって行く。大学批判は真の大学というイメージがあってこそですが、その真がゆらぐ、その真の芯がぼけてゆくのです。もうひとつは子どものときからのこともあるでしょうが、子どもっぽさから抜けられないということと、子どもっぽさに向かってしま

うということがあります。これも保身なのか、大人になりたくないというピーターパン的保身。たとえば市川浩の『中間者の哲学』（岩波書店、一九九〇）があります。身と気が問題です。エピローグに同じような感じのことが出ていて、前に跳ばない、横にずれる、メタフィジックじゃなくてトランスフィジックの哲学を提唱する、形而上学ではなくて形而横学というか。過去に遡ると、親鸞の「横超」があります。横に跳ぶ、跳ばされるのです。親鸞は竪超《じゅちょう》はいけない、それはみずからの意志して跳ぶ自力本願だという、「横超」は他力本願を意味します。他力本願も意志がなければ起こりません。フレミングの右手とか左手の法則を思い出しますが、電場と磁場の関係で前へ進もうとすると横方向の力が働きます。自分の思い通りにはならない。けれども思わなければそういう事態は起こらないのです。もうひとつ、漢字の横はろくな意味がない、横着、横暴、横車、横死、やはり道とか修業は前へ進み深めて行くのであって、横へのメリットはあるとすれば広げる、拡がるですが、同時に拡散でもあるのです。「なぜ」が絞られて行かない、霧にこだわっているのですが、切りがないことに通じます。横と言えば斜めがあります。稲垣足穂は目線を斜め前方四五度ぐらいに固定して進むべしと言う。まっすぐ前は何も見えてこない、両側に四五度の塀がずっと立って、スリットみたいになっている。だから視線前方固定では障壁しか見えない。立ってまっすぐ見ていると何も見えないのだけども、目を「ロンドンパリ」（禁止語なのでしょうか、廃語なのでしょうか）

にすると、世界が見えてくるというのです。「横超」は浄土真宗の本でほとんど出てこないし、出てきても要領を得ない、市川浩もそのことを問題にしています。

　市川浩のエピローグに、「このごろの子どもはなぜを連発して親を困らせる」とありますが、これはどうなんでしょう。市川浩は一九三一年生まれ、わたしより五歳年上ですが、子どものころけっこう「なぜ」としつこく言って親を怒らせたことはあると思うのです。もっとも母親にです、父親にはそんなに会わないし、向田邦子じゃないけれど、茶碗だって大きいし。単純に無目的な「なぜ」は辟易《へきえき》します。無目的とは言えないかもしれません、親が困るのを面白がるきらいがあるから、そして親はだんだん怒ってくる。小学校で先生を困らせるには「なぜ」を連発することです。わたしは生意気で、女の先生ですが、質問が天皇に近づいたら先生は何もいえないことを見越していた。「ボクはどこから来たの」もその一つです。たいてい「拾ってきた」で終わります。そして「拾ってきた」という言い方には、ホッとしたところがあるのです。この両親から生まれたんじゃ先行きないみたいな思いがあって、拾われてきた方がましだということかと、どこかで書いたことがありますが、「せっかく生んでやったのに」とか言われると、「生んでくれって頼んだ覚えはない」と切り返して、芥川の「河童」みたいことがモヤモヤする。生まれてくるとき、生まれたいかいと聞かれて、ハイと言えば生まれる、イイエといえばジューと消える、こうでなくてはと思っていたのが、今はそれではたまったものではない、生まれてくるときの、一瞬にしても、根本的無責任がわたしを免責している、というようなことを思います。でも一瞬後には母親の乳房を求める、それは私の原意志であり選択なので、わたしの責任は生じるのです。そういうことからはじまって、ゴーギャンの「どこから来て何ものでどこへ行くのか」はずっと付いてまわるということになります。中間的な幅の狭いところで突破できないことと、突破することが怖いし碌《ろく》なことにならないという自己保存が渦巻いてしまうという状態があるのです。

共同体体験と男のダンディズム

お配りしたコピーの「孤立有援ともいうべき事態」には助手で学生七五人と、教職員としてはひとり第八本館という東大駒場の教養学科の本拠に閉じこもったことが書いてあります。忘れかけてる共同体みたいなものが、食うこととか排泄することにからんで、ほのかに出てくる。滝沢先生との関係のきっかけは何だという問いからの想起です。昨日（当時）の朝日新聞夕刊に作家の藤原伊織（五九歳）の死亡記事が載っていましたが、四八年生まれでそのころ二〇歳、教養学部の学生で通称八本バリに入ったひとりです。その様子が第二作の『テロリストのパラソル』に出てきて、「助手のSさん」が成り行きの始末をするのだろうというようなことが書かれています。共同体といえば女

性の力、男にはできない食物の管理、つまり食べさせないというか、撤退したときはずいぶん残した、そのくらい、徹底してケチる、生き延びようとする女性の力は共同体の要ですが、そういう片鱗が一八、九歳の女子学生に表れたのが目覚ましいことでした。『水滸伝』の北方謙三も全共闘、中央大学ですが、ひたすら志をかかげる。共同体の裏返しはニヒリズムも志も含んだ自爆型で、女子どもには迷惑をかけないと言いながら、実はかけっぱなしの一匹狼、旅がらす、高倉健、唐獅子牡丹というわけです。唐獅子は学問のシンボルでもあるのですが、「男東大何処へ行く背中で泣いてる唐獅子牡丹」は橋本治の粋がるパロディ、男は基本的に反共同体だということを茶化しました。武士は喰わねど高楊枝、飢えたっていいのだという浅慮です。いちばん格好いいのがダンディズムという言い方で、歴史の根が深いというか悲哀がついて回るというか、筑豊の炭鉱を書き続けた、石牟礼道子が先生と仰ぐ、上野英信もその典型で、その気をもつ名のある男はいっぱい挙げることができます。

星子の誕生…サブということ

なぜ女子どもに迷惑をかけてはいけないのか、どうして気取らなければ生きていけないのか、意外にも、後になって、男はサブというかたち、意識となってやってくるのですが、それには一九七六年に四番目の子どもとして生まれてきた星子との関係が大きく関わってきます。星子との関係は、暮らしの中では、星子と母親の関係に対する関係というふうになります。直接の関係でなく母親を介しての関係、直接星子との関係を結べないというような二次的関係をサブとします。障がいをもった子の家族で父親が逃げてしまうことが起こります。「とんでもない、男の風上にもおけない」と言われるのですが、逃げる気持ちはわからないでもない。自分が主人と言われながら、主人公でなく、その子どもと母親との関係に入れない、そこから疎外されてしまう、すると居処、居場所がなくなる。居たたまれなくて飛び出すことになる。「カプカプ」という通所作業所の運営にかかわっていますが、メンバーの中に五〇歳ぐらいのダウン症の男の子（星子も三〇歳ですが女の子と言ってしまいます）がいて、お母さんの肩を抱かんぱかりにしてくっついている、そして「お父さんは交通事故ではやく死んでくれるといい」というような意味のことを言う。「息子と母親」は「娘と母親」の関係とまた違うでしょうが、総じて障がいをもった子どもと母親の結びつきに父親が入れないことを男が強く思ってしまう事態はあるのです。

関係の割り切れなさ

サブについては女性差別のキー概念をなすということで重要なのですが、このあたりで切り上げ

ておきます。男の疎外は生殖からの疎外で、生殖では男が二次的存在であることと深く結びっいています。血の聖と穢《けがれ》は生死に関わり、生理と出産に関わり、女性差別と不可分なのです。そのくらいにしておきますが、汚穢《おえ》ということでいいますと、うんことかおしっこは汚《きた》くて臭《くさ》い。それを否定したら暮らしはなりたたない。汚いなどと言ってはいけないと、オブラートに包んだりするとおかしくなります。ところが、星子との暮らしでは、垂れ流しとか、風呂の中でしてしまうとか、日常茶飯事ですから、大騒ぎしてもしょうがない、うんこは掬《すく》ってそのまま入るとか。汚くて臭いのはやりきれないという思いを残しながら、普通に暮らすにはどうしたらいいか。臭いに鈍感になったり免疫になってしまってはいけないんです。人からそう言われないようにしないと。水俣に行っていちばん重度の胎児性患者に会ったとき、一緒に行った調査団の高名な哲学者が、「最首君は慣れてるからいい、わたしは慣れてないから耐えられない」と言った。悪意はないのです、それだけにカッとしたところがありましたけれど、怒り心頭というわけではないのです、星子との関係が、辟易しながら普通であるような、中間的で、割り切れないものだから、簡単に言われたくないのです。慣れを拒否して、徹底して排便の訓練をし、部屋中に消臭剤を撒いたり置いたりする生活もあるでしょうけれど、それで星子がつぶれては何しているやらということになります。

やましさという根拠

「なぜ」にもどりますが、「なぜ」の突き当たりには絶望と救いがあって、だから突き詰めなければいけない、なのにどうしてそうなれないかということです。矢内原忠雄の『嘉信《かしん》』をもってきましたが、一九四二（昭和一七）年の一二号（一二月号）の「短信」の箇所、「最後に残るもの」という題です。「サルがラッキョウの皮をむくように自分というものの皮を一枚ずつはがしていけば最後に残るものはなんであるか」。結論は罪です。「この罪のゆえにこそわれらの無力と不安と悲哀はそのきわまるところを知らないのだ」。悲哀を掘っていけば罪に行き当たる、それがどうして自分にはできないのか。わたくしが先生と決めた先生は西村秀夫、矢内原忠雄のお弟子さんです。そういうことで無教会の会合にも出ていたことがあるのです。若くして亡くなった藤田若雄が話し手だったりしたことを覚えています。もっとさかのぼると、中学校の先生から伝授された「巌頭之感」があります。藤村操、一六歳、二〇世紀初頭、華厳の滝から飛び込んだ二人目です。「曰く不可解」で岩の上に立って飛び込もうとしたら逆転満塁ホームランみたいに平安に満ちてしまう。と言って帰るというような文脈にはならない、順接、逆接と言いますが、それにあてはまらない接続が問題です。「不可解」には親近感があります。罪はきびしい。罪も不可解に入れると、罪意識はいたたまれなさとかうしろめたさとなって表れ、穴があったら入りたいという恥ともからんでくる。「生まれてきてす

みません」（太宰治）もそうでしょう。穴があったら入りたい、それで穴を探すことになり、その穴が見つからないと、どうしようもない居心地の悪さ、居場所のなさになります。やましさはやまいだれに久で、死に至らない病い、シクシクジクジクと痛み、逆転がないという意味で、罪とは違います。そうなるとしだいに疚しさを根拠に、「やましさの倫理」がなりたつだろうということになってきました、内田樹の「ためらいの倫理」との関係はどうでしょうか、関係なくはないという思いがします。やましさの発生は生き物を殺して食いながら「食う食われる」の関係から抜け出してしまったという意識、あるいは食われたくないという意識の発生に求められます。さらには動物と植物を分けて植物ならいいだろうというご都合主義の自覚です。サラダをバリバリ食うとか、大根おろしを食うときによほどやましさにかられなければいけないのですが、生身をすりつぶすおそろしい拷問とはまず感じない。そう言えば挽き肉も感じないのですが、挽肉はもう殺してしまったからと言う弁解はあるのでしょう。生きながら食う、日本の踊り食いは厳しく批判されます、じゃあ、植物の生食はどうか。そういうことがまつわりつくのが疚しさで、リンゴを食って善悪の判断がつくようになった罪は、それまで何も思わずに木の実や草を食べてきた、もちろん昆虫や魚や屍肉も食べてきたのですがエデンの園は菜食の設定です、そのことの疚しさと読みかえることができます。現実には屍肉を食うことの疚しさは切実だったろうと思います。道具なしのヒトは非力ですから、肉食

獣が斃《たお》して、隠しておいた肉を見つけて食っていたのだろうとされています。今でもアフリカの狩猟民の能力に屍肉発見の能力が入っています。香辛料の歴史もまた古いのです。もうひとつリンゴをイブが食ったというところに女の生存生殖への切実さ、新しい食物への挑戦を見て取ることから男のサブ性を導くことができるのではないかと思います。イブから勧められたから食べたなどという弁解が、またそれを情けないと意識することが、反転して女性差別になって行くのです。

関係の思考

関係の項と言葉

もともと、動物学から出発してヒトから人間へ、そして「水俣問学」へですので、ヒト（生物分類上の和名）という生物、生物というとオスメスのイメージが強く、お話していることもそのあたりをめぐっていますが、関係というのは項立てで、関係が先にあって項が出現することがメインの問題ですが、ふつうは項を先立て、対になっている関係が大事です。もちろんすぐに対にはならない関係が立ちはだかります。唯一者は対の関係にありません。対の関係でいえば男と女、きなくさいですが、男という言葉で表しているもの、女という言葉で表しているものはなんだ、というと途端に困る、オスメスが下敷きであるにしても、言葉で言い尽くすことできない、ということは、現

実に居ないことも意味する。すこし逆立ちしているようですが、現実にはあっても表現できないのでなく、言葉の表わしているものは現実にはないということです。対存在の関係項をふたつを立てて、例えば男と女が相対しているとして、その間の空間的な領域を考えますと、この空間をゾーンと言いますが、ゾーンは実際と溶け合います。そこに実際のあの男やその女が居ます。指示名詞抜きの男や女は言葉としては関係項として存在するけれども、現実には居ないのです。分かりきったことをいうようですが、松も猫も犬もいないのです。いるのは個物です。何もないものを駆使しながら、さっきすごい、巨大なセントバーナードにこの区民センターの前で会いましたが、その様子を表現するのは大変、よぼよぼして、足が滑りそうで、わたしは指紋がすり減ってきたようで、脂も切れて茶碗などよく落とすのですが、それと同じようでとか・・・。ファーストクラスの不思議は、わたしたちが三歳頃、イヌ、ネコを区別できるようになることです。ダグラス・ラミスに、英語で考え、日本語で考えるという本（『タコ社会の中から』中村直子訳、晶文社、一九八五）があって、そのなかに「第五世代コンピューターへの手紙」というのがあります。コングラチュレーション、言葉を使えるようになるんだとか、しからばまず、ツリーという語を教えてあげよう、というのです。木を持って何かをひっぱたいたり燃やしてみたり臭いをかいだり、割れる音を聞いたり、テーブルの表面を撫でたり、その元となった緑色の葉っぱをみたり、箸を使ったり、木とはそういう膨大な

経験の全てなのだ、さて木を習得したら次の単語を教えてあげよう。コンピューターにとって言葉とは何か、習得できない不可能事と同義です。わたしたちは、茂木健一郎じゃないけれど、クオリア的にパカツと二歳か三歳で分かる、つまり、一まとめにして大きく網を打って、男と女というような名付けをして、存在しないことが分かりながら、軽々しく使う。どれだけ経験を積んだら重々しく使えるようになるか、現実には男でも女でもなく、男っぽく女っぽく、オスメスを男女に言い替えて男だけど女っぽいというようにその有りようが動く。ゾーンの中で男と女の間をゆれうごいている。それを男だろうというから無理が起こる。もっとも女の腐った男といいますが、腐っても鯛、女が主の言い方で、男の腐った女とは言わない、男が腐るとどうしようもないのでしょう。

ゾーンをゆれ動きながら、関係項そのものにはなれない。ただ微視的に見ればゾーンの真ん中に不可視の境界線があって、線ですから幅がない、そこが男でもなく女でもないところです。わたしたちはこの境界線を絶えず跨《また》ぎながら、男という項に近づきたかったり、女であれと命令したりしているわけです。いずれにしてもゾーンは中間です。

生き物…膜と襞《ひだ》のイメージ

生き物で大事なのは膜で、風船のように閉じた膜です。ちょっと大きな、例えば食物を取り入れ

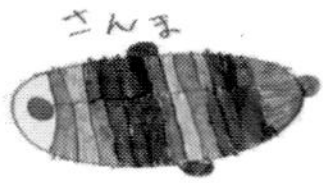

るには、膜が凹んでくびれる。風船の中にもう一つ風船ができるわけです。出すときは逆に中の小さい風船が大きい風船に接して、口が開く。ですから生物にはハンカチのように縁がある膜はないのです。膜が凹んでくびれないときは襞になります。小胞体という、細胞の中の物を運こぶ運河はヒダヒダの典型です。膜がヒダヒダに際限なく折れ曲がっていくイメージはドゥルーズを思い出させます。フラクタル図形の一つの要件でもあります。緩やかなヒダに対して折り紙を折りたたむときの谷線山線のところは尖っていて、尖っているとは面積がないことを意味します。ゾーンの真ん中の不可視の境界線、男でもなく女でもない、ここが新たな襞が誕生する場所なき場所です。膜はズルズルと続き、くびれ、緩やかに折りだたまれてヒダヒダになり、鋭角に折れ曲がると新たな膜や襞、新たなゾーンが発生する。何が言いたいかというと、同質的なるものの発生はくびれとしてイメージ可能であるけれども、異質的なるものの発生にはアクロバット的な発想が要求されるということです。

母と子と父

生き物はくびれで発生しますが、男と女というイメージでは、男は単純なくびれ、女は妊娠、出産という過程で共同出資のようなくびれ方をする。胎盤は母体と胎児の協同でできていて、そのシステムはなかなか解明できません。男とその子どもの間にはこういう関係がない、もう少し言えば母胎から見れば胎児は異タンパク質なので拒絶し排除しようとする、それをごまかす、煙幕を張るのは胎児のがんばりで、一生にいっぺんだけ働く寄生ウイルス由来の遺伝子の働きだというのですが、生まれてくるには大変なドラマ、絆、錯綜した関係があります。男はそれにまったく関わらない。つまり、母と子との関係から男は根本的に疎外されているのです。その倒錯した言い方がアリストテレスの「女は子を産むから自然に属し人間ではない」であり、さらには女は子を産む機械だという見方になります。障がいをもつ児の父子関係には、おそらくこの疎外が効いて、父親の居場所がなくなることが多くなると思われます。一般にもそうなんであって、暮らしという中では父親の影がうすいので、気取ったり遊んだりしないと身がもたない。そして遊ぶことを人間の特質とみなし生き物から離脱し、その地点から女を自然と見て貶《おとし》めてきたという系譜があります。

言葉と個物＝中間的存在

男と女という対の関係にすこしばかり触れましたが、生と死は対にならないし、神と人間も対になりません。対関係ではない関係はいっぱいあって、関係性とはそう簡単なことではないのでしょうが、この対関係における右往左往という意味では、言葉が指定する、名指しするもののピュア

性、あるいは不存在性に対して、私たちは不純ですから、言い替えればイデアルに対してリアルであり、イデアルとイデアルは対関係を結べるけれど、イデアルとリアルは対関係にはならない、つまり同等ではない、松とこの松は主語述語対応の包摂関係にあるということです。松のことは松に聞けとはいうものの、この場合、包摂即個物、イデアル即リアルという、関係を越えたメタ関係を導入しており、しかも包摂関係は拒否していないということになるのでしょう。神や仏と人間の関係は神や仏からの一方的な関係が基本ですから、人間は応答しなくてもよいという関係をもつことができます。元にもどってイデアルとイデアルの関係の中でリアルな個物がうごめく、そしてその具体的個物をイデアルな言葉をいっぱい組み合わせながら表現しようとして、なおその目論見ははかない。これ、それ、あれという指示のみがいちばん確かな表現であるということになります。わたしが女にも男にもなれない、しかし男ぽかったり女ぽかったりする中間的存在であることは、同時に表現されない存在でもあるのです。

網の目と関係項のあり方

膜には表裏があって、生き物の細胞では表は表どうし、裏は裏とくっつくことになっているのですが、表がいつの間にか裏になってしまうメビウスの輪のねじれがあります。それを三次元に拡大するとクラインの壷になって内側だと思っていたら外側にいるというふうになってしまいます。ラップの芯のようなものをつくって、これを曲げてドーナッツ状にくっつけるとき、ねじって裏表逆にくっつけるとクラインの壷になるのですが、もうイメージすることがむずかしくなってきます。関係といえばネットワークが出てきますが、膜の上にあるネットワークというイメージでも、たどって行くととんでもないところに出ることが可能です。インドラの珠《たま》網は単純なネットワークを想定しているのかも知れないのですが、その網の目が珠になっていて、その珠をのぞき込むと全ての珠が映っているのです。その映っている珠の一つをのぞき込むとまた全ての珠が映っている、全てという保証をどうするのか気にかかりますが、このネットを一つ三次元に上げるだけでも、複雑なネットワークができ上がります。網は閉じているのでゴールはスタートであっていいわけで、つまり円周上を走るようなコースに単純化もできるというわけです。一なる個物はすべて地続き的に関係し合って、しかも一は全体を抱えている、さらに一なる個物は絶えず生成消滅しているとすると、包摂とか世界というイメージはたいそうゆれ動いていることになります。

不可知の雲

わたしなる個物は森羅万象と関係を持つ関係態なのでそれをギュッと圧縮するとインドラの珠に

なるわけで、その珠をどんどん小さくしていって体積のない点にしてしまっても、そこに世界全体が詰まっていることになります。ビッグバンから始まる世界もそのような考えで、ただ計算上は今のところ一〇の四〇乗分の一秒くらいのところまでしか圧縮できないので、体積は残っていますが。一三〇億光年くらいのひろがりを持つ宇宙とその全エネルギーが点に近い体積に詰められるというのはほとんど想像を超えます。つまり、存在のあり方とか関係性のあり方について、想像を絶するような表現や考え方があるだろうということなのですが、それを追究して分かりたいという一方、分かるはずがない、いや、分かりたくない、しかしやっぱり分からなくてはまずいんじゃないか、というようなせめぎ合いが起こる、こういうせめぎ合いは論理能力とか数学能力とは関係なしに誰にでも訪れるのです。そしてどのような説明、解明、言及に対しても、どうしてなのか、「なぜか」ということは万人が言える事ですし、言わなくてもそれこそ権利として留保できるということになります。

一四世紀のイギリスの作者不詳の文章に『不可知の雲』があります。日本でもエンデルレ書店、現代思潮社の古典文庫、富山房など複数の訳本が出ています。挿絵がありますが、地上があって、雲が広がっていて、その上に神（ゴッド）がいます。この雲が不可知の雲で、この雲に入らないかぎり何も起こらない、入ると二つのことが起こる。一つは不可知の雲が上に伸びていることが分かる。

二つ目は、ここに入ったら地上のこと、被造物のことはすべて忘れ何もなくなってしまう。そして神と合体できる、できるだろうというのです。記述について記憶があやふやかも知れませんが、キリスト教の神秘思想の一つで、不可知と忘却は同義語みたいになっています。藤村操の巌頭《がんとう》に立ったら平安に包まれたけれど後戻りはできない、飛び込むしかないというのと似ています。たぶん、全てのことを忘れることによって、あるいは全てのことにクエスチョンを打つことによって、新しい関係性が得られるということなのでしょう。それは詠み人知らずの古歌にある「悟りとは悟らず悟る悟りにて、悟る悟りは夢の悟りぞ」の構えに通じます。

乳白色に光る霧

こういうふうに右往左往してきて、十数年前ほどに、「霧が光る」という表現を得ました。そのころずっと「子どもの本にひそむもの」という連続のおしゃべりを月一回あるいは隔月に学士会館でやっていたのですが、その一七回（一九九五年三月）のものです。「霧のなかにキラリと光る／光っている、それは疑えないのだ／あたりはほの明るいのだから／しかしそれがものなのか、どこで光っているのか／ということになるとおぼつかない。霧の向こうに晴れ上がった空間があって、光る実体もあって／といわれてもこの霧では／歩いてきた道も見えないし、どこへ向かっているといったっ

て／キラリと光ることが目安なのに／どうもちがう方向で光るようでもあるのだ。ずいぶん歩いたつもりだが／変らずキラリとそこが光り／やっぱりもとの場所に近いのか／霧はどこまでも乳白色に途切れない……」何を言おうとしているかというと、これまでお話ししてきたようなことで、途方に暮れているような希望、不可知のやすらぎ、歩み続けるだけの確かさ、と言えばいいか、相変わらず、滝沢先生の絶対点イコール消滅点というのに近づいていない、その上に立っているということの自覚ももちろんできていないのです。

問いによる包摂

絶対点イコール消滅点は大いなる断絶を意味しています。断絶は他者を呼び出します。大いなる断絶は絶対他者を要請し、あるいは絶対他者を前提とします。絶対他者抜きに他者概念は成立しないのです。他者とわたしを重ね合わせることはできないという点にわたしの尊厳があるという、その論理的な導きには絶対他者が必要です。しかし消滅点は即生成点でもあるわけで、これは連続、続く、通じるから導かれます。絶対点即消滅点が収束であるとすると、それは直ちに発散へ向うことになります。滝沢先生もそこまで仰ったのかもしれないけれども、そうなると他者はいなくなってしまうのです。乳白色に光る霧が、「なぜ」というクエスチョンであり、インクルージョンであり、その柔らかい「なぜ」に包まれて、他者なき世界を生きる、すなわち独存として、すなわちあなたとして生きる、森有正は「あなたのあなたとしてのわたし」を主語なき言葉を話す日本的わたしとして定義しましたが、そういうイメージ、そういう世界が、物を手に取ることをしない、したがって自分で食べることをしない、言葉を話さない星子と暮らしている、ということについては必要なのかなあ、みたいな感じなのです。今日はこういう場に呼んでいただいてありがとうございました。

初出　『思想のひろば』（滝沢克己協会発行）一九号、二〇〇八年）

ヒロシマ・ナガサキ・ミナマタ・フクシマ

資料を見てください。「切れ目のないいのちから遠く離れた文明国家」[注1]です。出だしは三月一一日、娘の星子《せいこ》と一緒にいたという話です。星子は私が四〇歳のときの四番目の子どもで、今年（当時）の夏に三五歳になります。ないないづくしの女の子というか、赤ん坊というか、娘ですけれども、この子を置いて逃げるわけにはいかない。じゃ、背負って逃げられるか、まあ、無理です。そういうところから、重度の知恵遅れとして、この子と水俣病の重度の胎児性患者と、どうしてもダブってきます。

水俣病の重度の胎児性患者が、福島の強制的立ち退きゾーンにいるという幻のイメージを描きました。水俣病は、被害そのものがすごいのですが、被害者たちが一番苦しんだのは線引き問題です。「胎児性などあるわけがない」「お前は水俣病ではない」というのを、科学のお墨つきで線引きするのです。線引きで、今でも水俣病の人たちは苦しんでいます。[注2]

ヒロシマ、ナガサキ、ミナマタと同じく福島もフクシマと表記されるでしょうが、フクシマの今の一番の問題は、立ち退き、あるいは二〇ミリシーベルトという線引きの問題なのです。それはどこから出てきているか。科学なのだろうか。そして、線引きを無視して水俣病の胎児性患者が立ち退きゾーンに居座るとしたら、国家は立ち退かないという理由で、この胎児性患者を罰するのか。あるいは、「せっかくみんなの健康を考えてやっているのに、お前はそれを無視して、自分でガンにかかって死んでいこうとするのか」というようなことを、その患者に言うのであろうか。想像するだに怒りが湧いてきますが線引きは誰のためにということを考えざるを得ないのです。水俣病じゃないと言われたら嬉しいだろうに、それを喜ばないのは金銭欲しさの邪な心をもっているのだ、と認定審査会の医師が露骨に言い、メディアによるニセ患者キャンペーンが大々的に始まります。線引きは国家を支える科学者の助けを借りて国家が行う。国家は権力です。そして権力は人々の善意から劣情から何から何まで総動員して被害者を屈服させる。そもそもこういう事態は、どういうふうにしてなった結果としてあるのだろう。なんの帰結としてあるのだろうということを考えると、やはり人間の知的な営み、その知的な営みの一つとしての学問・科学、それと不可分の技術が、どういう世界観やどういう構造の社会を生み出してきたかを検討しなくてはなりません。そして、科学という知的な営みがどのように制度化され、いかにして国家を強化するものであるか。あるいは、

科学という営みの制度的な整備と並行して、労働が、人間の本質的な営みとして規定されるのですが、そのとき労働が技術労働として位置づけられ、科学の営みが技術を通して労働に取り込まれてゆく、というような過程を検証しなくてはなりません。

労働とは、端的に言うと、自然を相手とするのですが、それは「自然」ということの見方を設定したということを意味します。すなわち自然を客体という客観的な、自分と関係のない対象、世界として設定するということ。客観的自然界とは、人間的な価値や見方は入らないとし、無味・無臭・無色の世界だとするのです。味・臭・色はあくまで人間が感じていることとします。人間はそういう自然という客体に働きかけて、その無機的なシステムの構成、動きを明らかにし、その知を技術化して、自然から労働によって価値や財を生み出す。そして自然への能動的意志的な働きかけという労働が人間の本質とされると、科学という知的な営みも労働に繰りこまれ、労働は完全に一般化します。科学者も精神労働者として、賃金をもらう。ところが科学者は知的権威として国家に枢要な存在であり、国家・資本複合体による国民、労働者の統御に大いなる力を発揮します。科学者・技術者は労働者であり労働組合の構成員でもありながら、国家を支える産・軍・学の三本柱の一つとして、国民と国家の利害が対立するとき、国家の側に組み入れられるのです。[注3] 人間の特質、エリートとしての人間、という思いがついてまわる知的な営みが生きもの全てを含めた世界を破壊する可能性の問題を振り返るとすると、どこまでにさかのぼり、どのようなところから出発しなければいけないのか。今回の出来事は、すでにそういう問いが始まった中での、また一つの決定的なけじめというか、契機というか、機会というか、そういうところに来たのです。

私は六〇年代末に大学というところでの学問のあり方を問い始めて、一九七六年に星子という娘を得たわけです。その星子と学問のあり方をダブらせていると、どうしても消去法的にいのちの問題にぶつかります（神や仏となるとセクトのぶつかり合いが出てきて争いや戦争にまで至るそれを避けるにはという意味での消去法です）。

「いのち論」

今の仕事は、いのち論です。「いのち」は、ひらがなで書きます。ひらがなのいのちは、生物や生命では表せないということを意味します。「いのち」の一つの表現が、「切れ目のないいのち」、流動態です。「態」は、頭の中で思っていただくときは、態度の態と思ってください。体というよりは、姿、相です。現代医療を考える会を主宰する、高次脳機能障がいの認知リハビリの医師、山口研一郎編の『生命―人体リサイクル時代を迎えて』[注4]に私も「いのちへの作法」という文を書きました。生命とはちがう「いのち」というつもりなのですが、内容は「いのち」はわからない、わからないもの

に対する対応、作法はどうなるのだろう。まずは分からないということを納得してからのことだ、というようなものです。

歎異抄を講じるというか、奉じる高史明は、「命」というのは、権力を前提として、権力が膝まづいた人の尻をひっぱたく成り立ちの字だと言い、自分は使いたくないという。他に解釈はあるでしょうが、非一神教での「命令」は世俗的権力がらみで、反抗したいし、屈服する「命」という考えを絶ちたいと思います。それで「いのち」と言いたいという気持ちがありますし、自然科学や倫理で「生命」という時、おのずから一神教的な価値観が入り込んでくることを避けたい気持ちもあります。

『朝日ジャーナル』での後半の文章は、少しゴチャゴチャしてくるかもしれませんけれども、そもそも分けるのがいけないということを一つの出発にします。分けることのできないいのちを、分けるのがいけない。

ところが、私たちは分けなくては暮らせないのです。それは、まずこうやって言葉を話すということ。言葉というのは、分けているのです。もう一つあります。止《と》めなくては生きていけない。一八七〇年代頃から始まった写真で、馬はどうやって走るのか、空中に浮かんでいる時があるのか、という問題にチャレンジします。カメラをずうっと並べて次々にシャッターを切る。そのスチール写真を一秒間に二四コマで動かしてみせる。映画、動画の登場です。動くことが再現できた。連続的な映像ができたということなのです。ここが肝心で、映画にしろ、テレビにしろ、ぶつ切りの静止画をもとにして、私たちがそれがあたかも連続実写であるかのように再構成して見ている。[注5]

ベルクソンは、それを映画的手法と言ったのです。それは私たちが普通に暮らしている姿そのものなのだ。しかし知的な営みとしての学問はそのように連続をぶつ切りにする手法ではいけない。連続は連続として追求すべきだとします（デカルトは日常的にはいろいろ分けずに暮らしているが、学問は厳密に分けなくてはいけないとした。ベルクソンの日常とデカルトの学問が交差したかのように近代科学は成立する。どこかに大きな錯覚、錯誤がある。たとえば田辺元は連続を切断してなお連続を保持するには厚さゼロの刃で切らねばならぬという）。なにか大きなごまかしがあって、そこから先、論理的に厳密に詰めてゆく。メカニックにはそれが可能であった。その結果、何が起こってしまったのかということなのです。日常生活ではたしかに私たちは映画的手法でしか生きていけないのです。線引きをしなければ、物事は進まない。その代わり私たちは、引き換えに、やましさ、悲しみ、恐れなどを持って生きていく。それを私たちは意識しないけれども、切れないいのちをぶつぶつに切って、再構成する。その典型が言葉そのものであるけれども、そのようにしか暮らせないことと、悲しみ、恐れ、いたわり、笑いということは、みんなそこにくっついている。ところが学問、科学は感情、情緒は切り捨てる。映画的手法を純粋化して、人間と切り離す。それが

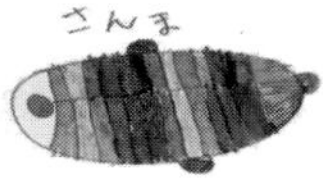

自然科学あるいは数学の誕生であるというふうなことになるのです。

そして、同じようにして、人間の暮らしと切り離された社会や制度がつくられてゆく。制度や技術は、人々の悲しみ、痛み、やましさを切り棄てて、客観、公平、合理と称する。資本主義も国家も、そういう意味で、人間的な痛みや悲しみを持たないのです。それで、すでに皆さんが感じていらっしゃるように、人間的な痛みを持たない客観的なメカニズムを追求する。無色・無味・無臭の世界、科学と国家と資本というのは、そういう世界。生き物の世界ではないのです。私がやろうした動物学、生理学で言えば、生き物を殺して、動きを止めて、いのちを抜いた上で、いのちに迫ろうとするわけです。そのときに、私の私情を入れてはいけない。私という人間を、そこに投影してはいけないのです。

切れないいのちを切るという無意識の行為。そして、それはやむを得ないという言い分けの中で、人間の感情が渦巻いている。その中から、無味・無色・無臭の無人世界あるいは無生物世界というのは、どう撥《は》ね出されてきて、そして、それをやることが生きがいだと思う人間がどのようにして誕生してくるのであるかということが問題なのです。端的に言うと、感覚というのは、科学では扱えない、もちろん、国家も資本も、感覚を扱うことはできない。すこし無難には、科学だけをしばらく別にして、「国家資本複合体」という言葉をつかいますが、無味・無色・無臭というとなると、国家科学資本複合体と言った方がいい。この無味・無色・無臭の世界かあるのかどうか。それが人間による一大産物なのか。錯覚（錯誤）なのかどうか。

科学と学問を問う

科学は国家・資本を抜きにしては成り立たないことを踏まえたうえで、科学の結果による非常に硬い、例えば機械という物事。その中に人間の勝利と言われた柔らかいプラスチックが出てきますが、しかし、柔らかくては使い物にならない。可塑性《かそせい》を持った硬いものとしてしか使えないのです。そして、その一番の象徴は、かつてはダイナマイトでありました。それが核兵器になり、原発になってくるわけです。原発は硬さの権化です。生きものは柔らかい。歯や骨は硬いじゃないか。いや絶えず物質の出入りがあります。機械は物質の出入りがない硬さを表します。

六八年からの大学闘争では自分自身を含めた学問批判をせざるを得ず、しかも学問を捨てるまでには行かず、宙ぶらりんな状態で、学問を批判する学問、学問論的学問を追究するというような状態になり、それを「問学」というようになります。学問の非常に古い呼称です。「問学」をひっくり返して、「学問」と言ってきた、ずいぶん本末転倒になってしまったのではないか、それをふたたびもとに戻すという意味を込めています。学問のための学問と言っても最早《もはや》研究費なしには何もできな

い。その金はどこから、国家と資本から、そうだとすれば学問は国家と資本に奉仕しなければならない、それは短絡的で、国家からとは税金、資本だって元をただせば人々の働いたお金、そうだとすれば、学問は人々のためでなくてはならない。人々のためとはどういう意味か。大学というのは、そもそもそういうティーチイン、ワークショップの場であったろう。経験、年齢を問わないで、いろいろな人が集まってきて、論議する問学の場ではなかったのか。

六八年にアメリカ、ヨーロッパでも学生反乱が起きました。それはベトナム戦争や学費値上げや冤罪などに端を発していたのですが、一番問われた問題は、国家、産業、大学というのがくっついてしまったということだったのです。「日本会」[注6]を立ち上げた日本大学はそのことを最も露骨に現した。日大闘争は大学の企業化と巨額の不正経理（政治献金）に対しての闘いだったのです。しかも幻想の大学と言うか、擬制の大学と言うか、学問したい者が隠れ蓑みたいにしたい大学とは、無色・無味・無臭の世界という、砂上楼閣のような世界を盾に、そこの中にいる人間は絶対に正しいというか、神聖であるとする。砂上楼閣ゆえに、神聖が成り立つというと難しすぎますけれども、大学というのは、絶対的な神聖な場だったわけです。無罪の学生を有罪と断じて、いくら事実を突き付けても平気、そして科学はあくまで事実に基づく客観的な学問などという東大医学部の教授会の精神構造は絶対的神聖な場というような考えを導入しないと理解できません。本当に何さまと思っているのだろう。そこには論議の場、年齢、経験、人種、言語を越えて話し合おうという広場としての大学など、どこにもありません。そして学生に暴力を止めて話し合おうという。神的な権威をもっていると自己規定している者と話し合ってもろくなことはない。そもそも話し合いにならない。だから学生は話し合いの場を拒否したのです。

大衆団交が学生によって追究されましたが、それは、言葉巧みで、三百代言で、自分を神だとばかりに思っている者を引きずり出して吊るしあげる場だったのです。

六〇年代末の大学じゃない大学の解体をかかげた全共闘運動は壮大なゼロと言われましたが、少なくとも大学の装っていた権威だけは剥いだ。しかし大学はその分なりふり構わずのようになって、納期までに製品を収めるような業績主義に堕して、ついに九〇年には、一般教育科目が廃止され、大学は就職予備校のようになって、それまでのいわゆる大学は大学院に移行します。その状態が二〇年続いて、国立大学が独立法人化され、企業化がさらに進むことになったのです。

高度経済成長と公害列島化の一九六〇年代からの状況ということでは、お手元のジャーナルにも書きましたように、「祈るべき天とおもえど天の病む」（病む者の醒めた意識、病む者という自己意識が変革を用意する）という、水俣病を引き受けた石牟礼道子の表現に尽きるかもしれません。人間を切り捨ててゆく国家・大学・資本複合体に対する慟哭《どうこく》を込めた痛烈な批判です。その状況が続

いているのです。全てが病んでしまっているのです。その中で自分は健康であるというのは、どこかで国家、資本、科学に巻きこまれているのです。健康であるはずがない。「祈るべき天とおもえど天の病む」という中で、私たちは普通に戻ろうとしなければいけないのです。私がとにもかくにも大学に居続けられたのは、そういう思いの人たちが大学に居たからです。なかんずくこの無名大学（梅根悟・初代学長）の和光大学において。星子と一緒にいて、まるで座り込みのようにして、そういうことを思っています。そして星子が「大丈夫だよ」と言っているような気がするのです。始末できない原発事故を招くような、生きものも機械だと見るような科学技術文明のなかで、科学技術による病気からの回復の施術はさらに病気を重くするのです。誤解を恐れずにいいますが、「病んだら病んだで、いいのではないか」みたいな気持ちを根底にもたないと、この状況から脱することはできません。星子はダウン症ですがそれだけでは説明できない症状です。生まれた七六年ころ、それはさまざまな障がいをもった子どもが生まれてきました。先天性四肢障がいや自閉症のような症状もそうです。一般的に言えば胎児期超微量複合化学汚染です。お配りした原発事故を扱う「自然と科学ニュース」の作り手の神貴夫さん（北海道の中学教師）と神聡子さん（水俣・和光大展のシンポジウムのパネラー）のご夫婦は、お子さんが化学物質過敏症で学校に行くとたいへん、そういうことからシックスクール・レターを発行して、化学物質汚染をはじめとする十重二十重の環境汚染を

告発しています。星子はそのような環境汚染の申し子のようです。そのもの言わぬ星子が「大丈夫だよ」と言っているような気がするのです。「お前がそう思っているだけだろう」ということではあるものの、いのちだか星子だか、声が聞こえてくるようなのです。

明日も今日の如く

何が大丈夫なのか、どういう限りで大丈夫なのか。応えるとすれば、元にもどすという限りでということになろうかと思います。すぐにチンパンジーに戻れってかと切り返されますが、そうじゃない。元は普通、常態、ゼロのことです。今はマイナスです。マイナスからゼロへ、ゼロからプラスへではなく、同じ方向、すなわち前向きながら、マイナスからゼロへの努力です。絶えざる右肩上がりの経済成長、頭を冷やせばそんなことありえないことはすぐわかるはずです。熱に浮かされたような進歩、その果てはどこへゆこうというのですか。止まることを許さない進歩に対してまず座り込むこと、そしてゆっくりと少しでもマイナスを少なくしてゆかねばなりません。

その上で、単純に、今は大丈夫なのです。つまりいろいろと乱反射して何が何だか分からなくなっている諸目的を「つづかせる」ということに絞る。もっと端的に今日を明日につなぐのです。星子にとって目覚ましい明日などないのです。明日も今日の如く、今日生きること、生きて明日を迎

えることがほとんど全てです。何もかも失った被災した人たちもそうです。星子もそういう方たちも今日生きることだって大変です。なるほど私たちはローンにがんじがらめになっているものの、今日一日がなんとか明日に接続すればよいと思えば、もっとボランティア的に振る舞えるはずです。先々先々に縛られて今日がなくなってしまっている。そのことに比べたら、今日一日だけを考えることを刹那的とは言えないのではないですか。それをもっと縮めて今を考えると、次の瞬間に東海大地震が来るかもしれないけれども、今は無事に過ぎた。今は大丈夫なのです。東海大地震は九八パーセント来ると科学は言っているのです。でも今、生きているということにおいては、大丈夫。生きているということを、私たちはどうすることもできないのです。生きているということの中で、私はこうやってしゃべったり、皆さんにおつき合い願ったりして、あるいは皆さんはこれから発言なさる。それは生きているということをするのではない。生きていることの中で、どんなことをしているかの一フェーズです。私たちは、生きているということについて、その中でしか何事もできないという意味において、「大丈夫だ」ということもありそうです。もう少し言うとすれば、いのちだか星子だかが「私のことは心配しなくてもいい」ということから始まって、「私をきちんと世話すれば大丈夫だ」というのもあるだろうと思うのですけれども、やはり「やましさをわきまえればね」、「思い煩わなければね」、「下手な考えはもうやめて」と言うのかもしれないし、「人の知恵は

ほんのわずかだから、大丈夫だ」と言っているのかもしれない。さらには「希望さえあればね」。どんな希望だろう。

中原中也。昭和一二（一九三七）年の詩の一節、「目的のない僕ながら、希望は胸に高鳴ってゐた」。あてのないわたし、生まれたからには目的を持てという。繰り返すけれど乱反射する目的から一つ探り当てられるのは「つづく」ということです。端的に誰かが子どもを産むということです。男の私は産めない。女の人も産もうと思ってもかなわない人がいる。でもみんな、誰かが子どもを産むということにかけて生きている、生きてゆくよすががある。目的がないとはあてのない強さです。中也は子どもを失くした。そして自分も間もなく死んだ。でもあてのない強さがあった。それが希望です。たぶんそれはいのちと言い換えていいのです。いのちは絶望としては表されないでしょう。いのちを十全に表現することはかなわないので、私たちは際限なくいのちについて表現しようと思う。そのことにおいて、「大丈夫」かもしれません。

冒頭に戻りますが、切れ目のないいのち、流れとしてのいのちを日常の暮らしではさまざまに仕分けて生きてゆかねばならないのですが、それによって生じる疚《やま》しさや痛みを最大限自覚して、津波・原発事故被害の対策に反映させ、線引きを最小限に、出来ればしないという姿勢をもつべきなのです。繰り返しになりますが、水俣病の線引きでは、原因が分からないという未曾有《みぞう》の事態で、

やっと有機水銀にたどりついて、そしてハンターラッセル症候群をそのまま適用できるかどうかもわからない。ところが、行政的には線引きしてもらわなければ困る。地域としての要望です。どういう被害なのかどこまで広がっているか、不安は非常にあって、人々も行政もこれが水俣病という線引きを欲する。線引きはまず医学的科学的になされなければいけない。しかし医学者も人類初の生態系に放出された有機水銀の経口摂取による病の症状を特定することはできない。それで急性劇症を別にすると、大雑把に言えば、疑わしきも含めてという線引きをせざるを得ない。ところが抑えに抑えたはずの被害者の数がどんどん増えてゆく。ここで社会防衛が発動し、このままでは国が潰れるとかニセ患者が多いというキャンペーンがはじまる。そして新たな線引きが画策されることになる。環境庁（現環境省）が窓口になって医学の権威にお願いする。スモンを発見し、新潟水俣病を発見した、クリスチャンで献身的な、東大から新潟大に行った椿忠雄がその役を引き受ける。とたんに水俣病患者はいなくなる、と言っても過言ではない状態になる。人格的には非常に高潔、その意味ではそのあと患者切り捨てのこの認定基準を守り続ける東大から鹿児島大に行き、尊厳死協会理事長になった井形昭弘も人格は高潔なのかもしれないのです。国家を憂える者は非国民の穀つぶしよりははるかにはるかにいい人なのです。そのあと東大の医学者を中心とした対策会議が行われるには、まず環境庁の役人が、冒頭で科学的判断ということでお願いしてありますがと言わなけ

ればいけない。そしてお願いするについては、これだけのプレゼントも差し上げていますということも匂わせる。井形昭弘は三〇数億円ももらって、精神神経学会は、何に使ったのか、タイトルだけでも示せという始末です。科学に国境はないが科学者には祖国があるを地で行くような話です。国家という線引き、血にまみれた日の丸。それを強制する学校教育。

この線引きについて、悩んだのが、北川環境庁長官のときの、環境庁のセカンドの山内豊徳だった。自殺します。彼は、福祉官僚として、行政は線引きしてはいけないという考えをもっていた。行政は線引きでなくお願いする立場にあるというのです。有限の社会的費用、国家的費用の中では、今、とにかく生活できる方は我慢してください、と頼む。水俣病のような症状が出てきて、生活に支障が出てきたら、手当てします、今は重症の人から保障していきます、という趣旨の考えです。少し理想化して紹介しているかもしれないけれど、そもそも行政とはそういうものではないか。犠牲を強いて、人々を切り捨ててゆく国家のための行政ではないはずです。

原発事故について、線引きの考えは相変わらず変わっておらず、そして科学者の言うことは信用できない、しかしまた、そのことばかりにとらわれると、つまり補償の額や後始末のことばかりに視野が限られてしまうと、結果として、原発を容認する考えや制度や国家をそのまま放置することになって、それはまた体制優先の線引きを許してしまう、そのことをくれぐれも弁《わきま》えなくてはいけ

ないと思います

初出　和光大学総合文化研究所『東西南北』（二四八頁、二〇一一年）

注

注1　最首悟「切れ目のないいのちから遠く離れた文明国家」『朝日ジャーナル』二〇一一年五月。

注2　水俣病かどうかの認定基準は、環境庁（現在は環境省）が主導して、医科学者に頼み、医科学者がその基準を引き受けた。引き受けたあと、その基準に外れる水俣病に直面するのだが、医学的な基準と言った以上いまさら水俣病だとは言えないという態度を、井形昭弘ら水俣病の権威と称する医学者たちは持ち続けた。最高裁判決（二〇〇四年）で認定基準を満たさない水俣病への言及がなされてから、それまで水俣病は経口摂取有機水銀中毒と同義であったにもかかわらず、水俣病と有機水銀中毒に分け、有機水銀中毒は補償対象ではないとした。世界で初めての水俣病に対して――拙速であろうと、必要に駆られて、そしてそれが被害者救済のためにも必要であった――基準を設けた、それが水俣病であって、それ以外は水俣病ではない非水俣病有機水銀中毒だというのである。

注3　この文脈では御用学者は二つの役割を果たす。一つは直接国家を利する。一つは産・軍・学の構造を国民の目からそらすためのいけにえ的悪役。一般科学者、市民科学者はああいうワルではないというイメージづくりに寄与する。

注4　山口研一郎編『生命―人体リサイクル時代を迎えて』緑風出版、二〇一〇年。

注5　跳び跳びでその途中をカットする。A点からB点へ、その途中の経路はさまざまであり得るが、それを省略する――差分やそれに基づく繰りこみ理論がそうです。インプット――アウトプットはブラックボックスを前提にしている

注6　一九六二年発足、会長・古田重二良(日本大学会頭)、総裁・佐藤栄作(総理大臣)、次いで福田赳夫(総理大臣)が総裁に就任した。

やまゆり園事件を問う

ぼちぼちの人間世間へ——やまゆり園殺傷事件をうけて

平面主義と円錐体社会

上を向く直線。円環。上を向いて歩こう、涙がこぼれないように。より高くより速くより強く。前を向いて歩く、じっと目を凝らすと自分の後頭部が見える。涙も涸れ果てるから貯めておこうよ。

平面主義ということを思う。平面から、まとめると円錐になる直線が放たれる。人々の目線・志線である。円錐の頂点はゴッド・天・普遍・理想と呼ばれる。円錐の底面の円の外側の平面があることを留意しておこう。平面は平等を表す。みんな同じだと言ってもそれがどうした、切り返されるので、あるいは同じであるわけがない、みんなちがうと反駁されるので、「・・・においての平面」としなければならない。

機会とする。「機会においての平面」、機会均等である。何の機会か、努力する、働く機会である。働く機会において、人は身分人種宗教貧困障がいで差別されてはならない。人は働く。働くことは権利であり義務である。権利は機会均等で担保される。義務はどうか。ここが問題である。義

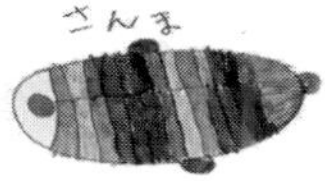

務の履行は意志に関わるからである。

人は働く。能力に応じて。それは円錐の頂点に向かう目線・志線に沿って達する高みに差が生じることを意味する。志線とは至高指向志向試行思考施行のラインを言い、能力と意志（努力）によってそのラインのどこまで昇ったか、が評価される。一方で、円錐の頂点に一歩でも近づいたことが称賛され、一方で、現時点の高みにおいて俯瞰する平面の範囲が広がったことが自己満足と優越感になる。新しいエリートの誕生である。

選良とは元々至高から放たれる光線の中に使命線があり、それは神が造った世界を理解せよというミッションであり、それにイエスと肯って応答（リスポンス）した者のことである。選良は責任（リスポンシビリティ）を果たしていることにおいて、うかうかと過ごしている他の者とは違うのだ。

至高をめざす円錐体社会において、より高くより速くより強くは国家の目標になる。より大きくより美しくも加わる。ビッグイズビューティフル（一九六八年メキシコオリンピック一〇〇メートル走の表彰式でホワイトに対してブラックイズビューティフルの象徴的示威が行われた。一九七〇年、シューマッハは『スモールイズビューティフル』を著した）。

円錐体社会は勤勉を掲げて資本主義を生み、時は金なりの能率主義を加え、脳の一部を駆使する新たな選良が支配する能力主義社会を産み出した。ちなみに能率とはエネルギーを惜しみなく使って時間を節約することであり、効率とは時間をかけてもエネルギー消費を減らすことである。

能力主義社会は新装の「働かざる者食うべからず」を中心に据え、人の基準を定義するに至る。意識なき者・脳死者・IQ二〇以下は人ではない。円錐体の外の平面に新たなカテゴリーが設けられた。例えばフランシス・フクヤマのカテゴリーⅡ（『人間の終わり』二〇〇二年）。八五〜一五〇歳の老人で、中に広義の生産を全く行わず他の人々が稼ぐ社会的資源が一方的に流入消費される人々がいる。重度認知症を主とする意識なき寝たきり老人である。

自助努力と「穀つぶし」

二〇〇九年の米国で有名なギャラップ・ポール（世論調査）では、ダーウィンの進化論を信じる人は四〇パーセントであった（前回に比べずいぶん増えたが）。欧米をゆるがせた学説は、①地動説、②進化論、③無意識支配説だと教えることにしている。いずれも神がそれぞれの人に与えた特別製の人格をその持ち主が意識できるかどうかにかかわる。意識できない人は未開（啓蒙矯正の要）か人ではない。一九九〇年のナンシー・クルーザン事件は米国の人々のこの下地をよく表す。交通事故で植物生存状態になった女子高校生の親が、生かし続けるのは人の尊厳を冒涜していると医療チームを訴え、再審で人工呼吸・栄養停止命令が出された。

障がいについてはどうか。一九九〇年トップダウンで米国障害者法が施行された。資格ある障がい者の就職差別・拒否は国家的損失であるとし、その損失金額を示した。直ちに「では資格なき障がい者は」という問いが生じる。端的に〈および〉でない。

米国人と結婚して戦後米国に渡ったステイデル・八重子は、「穀つぶし」という語がいかに生きているかを実感し、息苦しさに耐えかねるに至る。そして闘いを知らない別人種と後に思うようになるダウン症の青年たちに絵を教えることで救われる。至高は自ら助くるものを助く。自助努力なき「穀つぶし」は圏外。ただ圏外には、等しく降り注ぐ至高の光には愛線が含まれ、ミッションに応じた者の博愛によって慈しみ育てられる「自助なき者」も居る。

内村鑑三によって、日本という違う土壌にもたらされたこの思想・実践は、そのような者を「この子らを世の光に」（糸賀一雄、一九六五年）とする。転じて特別な者になるものの、普通でない者、人里離れたところに住まう者であることに変わりない。至高の光が注ぐ円錐体社会は、能力（意志）があるかないかで、普通と特別（劣等）に分けられる二重基準社会なのだ。

英、米、独の順で拡大し、Ｔ４作戦からジェノサイトに至る優生思想の露骨にしてあからさまな面でなく、その沈黙と善意の面に、健康と幸せと自己決定にくるまれた出生前診断がある。善意は正義に転じる。中野好夫は「悪人礼賛」（一九四九年）で「善意は地獄に通じる」筋道を展開したが、国家がある限り、正義は大量殺戮の戦争に帰結する。

「ユーサナシアという言葉は、長い滑らかな響きをもった言葉です。そして長いなめらかな言葉が危険を感じないように、この言葉もその危険を表面に表していません」（松岡久子訳）とパールバックは書いた。ユーサナシアは良き死、安楽死（eu thanasie）。この文章は『母よ嘆くなかれ』（一九五〇年）から。

パールバックは、障がいをもつ「穀つぶし」の娘と一緒に暮らせないことを嘆き、長らく暮らした中国でも、少し居た日本でも知恵遅れの子が街中に居たと書いた。そして贖罪のように、米兵が海外で産ませたカラードの子どもたちのコロニーづくりにノーベル文学賞賞金のほとんどを費やした。

美しき滑らかな二重基準社会は真正と富を追求する中で、医原病という言葉で代表されるような科学技術経済果（禍）を産みだす。富の格差拡大による貧困と死なない寝たきり老人である。しかるべき政策立案者たちは社会構造をそのままにして、人々の潜在意識にかなう対策を模索する。そのような水面下から瘴気（正気）のような泡が浮上し弾けるのは必定であり、与死とその実行はその一泡である。

与死は日本の医師によって文章化された。忖度も入れると、与死法とは成人になる際の契約であって、一定の要件を満たしたとき、医師によって死を与えられる法律である。その性急にして無

残な適用が二〇一六年七月、施設で暮らす重度の障がい者に対してなされた。与死の提案の医師も実行した青年も、ナチスや七三一部隊の医師と同様に、善意が煮詰まった、社会・国家を体する正義の人なのである。

円環に立つ

円環を思う。重度複合障がいを持つにいたる四番目の末っ子星子が生まれて、みんな同じではないか——をめぐって話す機会が多くなった。その初めの頃に、幼稚園の若い女の先生に、結局はダブルスタンダードではないかと突っ込まれた。そうじゃないいつもり——を巡るうちに星子は四〇歳になった。見えず話さず自分で食べず垂れ流し。このところすこし星子と同じである所以（屁理屈）を話せるようになったかと思う。

円環は、元に戻ってしまう、拡がってしまう、円環に立つとは球面に立つということになってしまう、などを思わせる。元に戻るとは通じることであり、連続であることだ。日本に一〇年ほど居てフランスに帰って、日本の風土を立て続けに本にしたオギュスタン・ベルクは「通態」を抽出した。文化庁が天然記念物と文化保護を共にすることがおかしいから始まって、風土の三公理に至る。風土は自然的で文化的、客観的で主観的、集団的で個人的なのだ。さらにこの六者のどの一も他の五と通じ合う。浸透する、融け合うとなれば、融即（山田吉彦）、朦朧体《もうろう》（横山大観）まで行くだろう。「子どもの本にひそむもの」という連続話しをしているころ、「霧が光る」の思いを得た。五里霧中のなかでところどころ、自発しているのか反射しているのか霧が光るのだ。「目的もない僕ながら、希望は胸に高鳴つてゐた」（中原中也）の穏やか版である。氷炭相通ずとなれば通常態はとろ火かぬるま湯になる。

能力図がある。得点を結ぶとギザギザの多角形になる。だが調査項目を増やし、しかもそれが測れない項目となれば、いびつな多角形は円に近付き、無際限に拡がってしまうだろう。測りようのない価値は無量価値だからだ。脳をのぞき込んでいると無限の広がりにぶつからないか。

無際限に拡がる円の上に立つ。常識的には球面の上に立っていることだ。そして球面のいたる所が球面の中心である。宇宙は球面かもしれないと物理は教える。してみると、みんな宇宙の中心に立って、それはなだらかに傾斜するマウンドの中心であって、誰もがお山の大将なのだ。お山はいずれはそこに埋められる土饅頭のことでもある。そのエリア、テリトリーに入った者、居る者はやや見上げるようして主を遇する。

マウンドの小ささ高さもあいまって、そこには可笑しみやからかいや庇《かば》い立ての気持ちが混じる。そしてそれは同時にわたしのことでもあるのだ。お山の大将から見たわたし、お山の大将が私のマ

ウンドの裾《すそ》から見上げたわたしであり私はお山の大将である。森有正が言った「あなたのあなたとしてのわたし」とは違う文脈のあなたでありわたしなのである。威張ることと威張らせていることが相通じ、そして人は誰でも威張りたいのだ。

その本性を認めて、そこにイコンを張り付けず、わたしと同じと呼びかけることが肝要である。陛下、お主、手前などの呼びかけがその典型をなす。陛下とは階段の下に蹲《うずくま》るわたしのことであり、ぬし（主）は奴婢に従うわたしであり、てめえ（手前）は即ちわたしである。「日本語に主語はいらない」（金谷武洋）という事情でもある。「わたしはうなぎだ」（三上章）。「わたし」は旗印であって、主語ではない。今日は懐が少し暖かいので、みんなは天丼どまりだろうが、わたしはうな丼にすると言っているのだ。

同じ場に居るとき、「私は思う」とあえて言う必要はない。二人で居るとき「私はあなたが好きだ」と言ったら、「何よそれ、他人事みたいに」と言われそうだ。「好き」「好きだ」と言うしかなく、それも必要ない場合が多い。同じ場に居て、場を介して共感が成立しているとき、あなたとわたしは通じ合い重なってしまうことが起こる。

人間世間へ

このような順を踏んでいると、人が住んでいる場所という意味の「人間」がなぜ人を指すようになったかが、わかるような気がしてくる。「間」がどのように複雑に用いられているか、欧米にない「居る」という表現がどのように大切かがしっくりしてくる。せこくていじましく、自尊心が強く威張りたがる、それでも愛嬌のないでもない大将の居間、居場所がお山であり、その立ち位置が宇宙の世界の中心である。

あくまで中心でありながら「相見互いの中心」である。私たちは球面上に立っている。しかし同時に凹球面の底点に立っているとも言われ、しかも二四節気も含め天球の中心に居るという感覚が日常的に一番落ち着く。なんと言われようと天動説なのだ。この三つの中心を一つにするには球面はメビウスの輪のように捩《ね》じれていなければならない。

平面に立つ個人の営む円錐体社会から捩《れい》球面に立つぼちぼちの人間世間へ。「いのちはいのち」というほかない無量価値のいのちの担い手として、目的のない希望を生きる人間。そのようにして星子もわたしも生きる。ちょうどわたしは八〇歳になった。

初出　現代思想　二〇一六年一〇月号（青土社）

心を失った人はいない

植松青年からの手紙

私には、ダウン症で目が見えず、重度の知的障がいがある四一歳の星子という娘がいます。被害者の多くが重い障がいがある人たちだということで、この事件は私の中で星子のことと重なります。その私に今年（二〇一八年）四月、植松青年から手紙が届きました。事件後に私が新聞に寄稿した文章で、彼について「無縁社会が生み出した孤立化した個人である」と論じたのを読んで送ってきたようです。

『最首さんのお考えを拝読させていただきましたが、現実を認識しつつも問題解決を目指していないよう映ります』『私のことを「現代が産んだ心の病」と主張されますが、それは最首さんも同様で、心失者と言われても家族として過ごしてきたのですから情が移るのも当然です』

娘のことも知った上で、「家族として情が移っているに過ぎない」と書いている。

彼は意思疎通がとれない障がい者を、心を失った者、「心失者」と呼んでいます。それは金食い虫で、日本の借金を増やしていくだけの存在じゃないかというのです。

私に日本の財政問題に対する実行可能な解決策があるかというと、たしかに何も持っていません。それは個人が容易に解決できる問題ではなくて、人々の考えが大きく集団として変わっていかなければ、解決は難しいでしょう。

それより私が彼に問いかけたいのは、心を失った人がいるなどと、どうして言えるのかということです。

娘の星子は自分一人では食事も排泄もできず、妻や私の世話が必要です。意味のある言葉を発することもなく、意思を読み取ることは私たちにとっても非常に難しいことです。それでも部屋で音楽をかけるといつまでもじっと聞いています。若い頃は海やプールに連れて行くと、本当に喜んだ表情をしていました。それは意思があって、意識があって、気に入った場所があって、そこにいることを選択しているということでしょう。ほかの人に自分の気持ちのあり方を知らせることができない状態はあっても、心がなくなることはありません。

ところが植松青年は、心とは動作や言葉など外面に現れるものだという考えなんですね。それは単純すぎるでしょう。沈黙の言葉というのもあるし、心がどういう状態かなど誰もいい切れやしないし、わからない。それを速戦即決みたいに「この人は心がない、心がないから物である。しかも

害をなすものである。だから消していかなければいけない」などと、そんな考え方がどのような教育や社会の中で彼に生まれたのか。だんだん怖くなってきます。

「働かざる者食うべからず」という言葉がありますよね。社会の中には、重度の寝たきりの障がい者や認知症老人に、生きる意味や生きがいはあるのだろうかと疑問に思っている人は多いと思います。「自分が意思疎通できなくなったら、安楽死させてほしい」と言う人もいるでしょう。でも実際に意思疎通できず食事も排泄も自分でできなくなった時に、実は心の内は平穏な状態でのんびりと過ごしていて、「私、ちょうどこれでいいな」と思っているかもしれない。そういう状態の人を見て「ああ、この人は初めて幸せになっているのかもしれないね」と思いやるのもまた心です。そうした想像力を大切にすることが、社会の絆になると思うのです。生きる意味がないなどと決めつけていては、人の心はすさむばかり。落ち着いた穏やかな人生なんて送れないのではないでしょうか。

そういう意味で、植松青年は幼すぎる。幼いながら、ガチガチに固まった考え方の中で問題の解決策を考えてしまっている。生きる中での寂しさとか悲哀、そして幸せと感じる瞬間もあったりするといった、「ああ、生きるというのはこういうことなんだ」というため息を伴った充足感というものの体験が、彼にはないんじゃないかなと思います。

二〇一八年七月六日、植松青年の雰囲気や様子を知っておこうと思い、立川拘置所で彼に面会しました。短い時間でしたが、一番の印象は、あまりシャープな感じがしない。ふてぶてしさがあるかなと思っていたら、それもない。私をまともに見ることが無く、目を伏せている。気弱そうで、あの事件を実行した気力と体力は、どこから湧いてきたのだろうかと思いました。

彼は私に「大学で教え指導をする立場の人が、IQの低い人間と暮らすのはありえない」ということを言ってきました。星子のような存在は、大学で教える進歩主義に反するじゃないか、なぜそのような人をかばうのかと言いたかったのでしょう。私はこの日は深いやりとりをするつもりはありませんでしたが、「星子との暮らしは、そう大変だというわけではありません」とだけ言いました。

面会した後、私は彼に送った手紙で、こう書きました。

『わからないからわかりたい、でも一つわかるといくつもわからないことが増えているのに気づく。すると、しまいにはわからないことだらけに成りはしないか。そうです。人にはどんなにしても、決してわからないことがある。そのことが腑に落ちると、人は穏やかなやさしさに包まれるのではないか』

手紙は今後も書き続けます。長いやりとりになるかも知れません。返事がその都度来なくても書

いていこうと思います。彼に向けて書くとか語るというのを超えて、もっと多くの人たちの疑問に答えていくということになるでしょう。何らかの形で、手紙は公表しようと思います。

出所　ＮＨＫオンライン「19のいのち――私の意見」（事件を見つめて）。（二〇一八年七月）

社会が作り出した「病」

手紙と接見内容を見て、植松青年の心の幅と奥行き、ということを思う。そして問題が何につけ、「わからない」と嘆息することから広がる心の世界を考える。

植松青年は、入浴介助の時に、溺れそうになった入所者を助けたことがあるという。そして、どうして助けたのか、わからない、という。大きな出発点である。

どうして人を殺してはいけないのか。少年の問いに、哲学者たちは答えられなかったことがあった。全ての根源としての「いのち」のみがその答えを知っていて、私たちはそれに基づいて、暮らしている。ただ、その答えを言葉にすることができない。人を殺したいという思いはしばしばだが、その答えが実行を押しとどめるのだ。しかし、それを超える激情もある。

ただ、植松青年は激情に駆られて、一九人を殺したわけではない。正気というゆえんの一つである。自ら造語したとみられる「心失者」は、人の心を失った不幸をばらまくだけの、人ではない、モノだという。差別でなく事実だという。そして人は殺していないと言い張る。

心は謎に充ちている。どこまでが人の心か、線引きはできない。しかし、心をなくすことはない。

「心失者」という見方は、人をモノ扱いすることが先の、その結果なのかもしれない。人をモノ扱いし、員数で一括りにする。

公害がそうであり、医原病にならった、社会が原因の社会原病である。胎児性水俣病はいうまでもなく、重度の障害者も認知症もその一面が強い。植松青年もその病の一人だ。

二〇二五年問題が迫っている。七年後、認知症の人が八〇〇万人に達するというのである。すでに、人の条件を定めて、外れる人は安楽死させるという考えが週刊誌に載ったことがある。

誰にでも、その人がいることが必要だ、という人が必ずいる。人は独りでは生きられない。その原点に思いをはせる一日一日でありたい。

神奈川新聞　二〇一八年一月二六日

「与死の思想」と国家——やまゆり園殺傷事件をうけて

善意の煮詰まった正義

善意が煮詰まった正義。やまゆり園事件を考えていると、どうしてもこのようなフレーズが出てきてしまう。悪を志向する者はいない。悪を承知で、仕方がない必要悪なのだという選択はたくさんある。しかし人の生を奪うとなると、そのレベルではなかなか実行できない。はずみで、そのつもりはなかった、カッとなって、してみたくなった、というような偶然とか、激情とか、やみがたい実験的誘惑とかの動機では、大量殺人は起こらない。正義の名の下でしか大量殺りくはできないのだ。

やまゆり園事件でもう一つ見逃せないのは、教員免許を取得したといわれていたことである。初中等教育の先生になるには、一定の能力と能力図の形が極端ないびつでないことが求められる。志望理由も含めて、社会のため国家のために尽くす若者であることが推測できることが必要である。子どもが好き、子どもと遊んでいたいというだけでは先生になれない。どこの国家だろうと、国民

教育は一つの要《かなめ》めで、国家に有用な人材育成を掲げて、まず先生となる若者がそのようであることを求める。

国家は悪であり、一歩譲って必要悪である、理想は国家廃絶であるという思いは、国民教育にあってはならない。国旗を見上げ、国歌を歌い、「より高くより速くより強く」の競い合いに参加し、少しでも諸国家のなかで上位を占めたい。そのためには国家に誇りを持ち、国家を守ることが正義であると信じる有用な人材が必要である。

問題は裏腹ともいうべき、国家に無用な人たちの処遇である。直接有害なのではない。無用なのだ。例えば働かざる者食うべからずを国是とする国家で、働こうとしない者は有害で、働けない者は無用である。国民教育に有適格で、先生の資格を得たという若者がこのような問題にまじめに取り組んだ。そして手始めに二六〇名の殺害を計画し、その一部を実行した。

その犯行に対する反応は典型的に二つ、狂気の、精神の闇に閉じ込められた精神病者の犯行である、精神病者閉じ込めの対策はどうなっているのだ。そして、二つ目に一人一人のいのちの尊さに変わりはない、人間の尊厳を冒してはならない。

対して私の思いはといえば、ついに現れたか、八つ裂きにしてやりたい。思いがいろいろ駆け巡ってこういう言葉になったが、「殺してやりたい」では同じ穴のムジナではないか。そう思うとよけいに腹が立つ。重い障がいや病気の親や子と共に生きようとする者にとって、いっそのこと楽にしてやりたい、共に生きることと共に死ぬことは同じではないか、それにしても見るに忍びない、などという思いは頭にはりついている。殺す、死ぬが暮らしのど真ん中に居座っているのだ。でも、殺せない、死ねない、それはどうしてなのか。

すぐに、巡り巡って、一つの事実にぶつかる。生き物は食う食われる、殺し殺されることで、いのちを維持している。そのことを意識したのが人という生き物なのだ。そして、か、しかも、か、殺してはいけない、死んではいけない、と固く戒めるようになった生き物なのだ。にもかかわらず、生き物として毎日、生き物を殺して、誰かが殺しきれいに食物化されたものを、はたまたそういう意識をまったく持たずに生の野菜を、ばりばり食べている。そのことをバックに子どもになぜ殺してはいけないのと問われると、うろたえてしまう。かろうじて、生き物は同じ種という仲間内では殺し合わない、そのことは人にも受け渡されていて、人を殺すのはいやだ、殺されるのもいやだ、という根付いた思いになっている。そして他の生き物も食う限りのほかは殺してはいけない、つまり、無駄な殺生はしてはいけないというふうになったんだ、と答える。――でもばい菌や害虫やゴキブリは殺すじゃない。身を守るということになると、もう危険水域に近づいていて、除菌便器を

前にばい菌の子が親に向かって、人間ってひどいねというCMから始まって、先手必勝、身を守るには先制攻撃しかない、それも核兵器による攻撃がいちばん、に至る。

頭はむしゃくしゃして、振り切るように毎日の暮らしの煩雑に逃げ戻ろうとすると、その暮らしには、殺すしかないのでは、死んだ方が楽なのではないか、というような思いがちらちらとまといついているのだ。そして同時に、こうやって笑顔で生きられるのもこの子のおかげというような夫婦の会話もくっついてくる。「水俣病になってよかった」という述懐の、ほんの少しにしても、ああ、ほんとに、とわかるような気がする。よいはずがないではないか。でもこれ以上悪くなるようなことはないというような日常に、ふと光が差し込んだら、ああ、しあわせ、と息を抜くことが、ある、と思える。

「与死の思想」

わが身も含めて、死んだ方がという思いと、生きていることのしあわせが、張り付いて切り離せない、それが人の根本であるような気がする。その不可分性をもとにして、いのちの価値ははかれない無量価値だとため息をついたり、八つ裂きにしてやりたいとか口走る。それは分けられないことを分けて、人をすすんで大量に殺すことを正義とするような国家、という枠組みを認めないことの原点なのではないかと思う。

国家は人を敵と味方に分ける。そして敵に勝ち敵を排除する闘いに正義を付与する。敵を多く殺したものに勲章を与える。戦争となればまず足手まといの役立たずを始末する、したい。戦争と戦争の間を戦間期（加藤周一）といい、平時の戦争ともいう。水俣病を起こした日窒（チッソ）は自らを平時の戦争に枢要な企業とした。平時の戦争に立ち上がり、国家に褒賞を求める善意の煮詰まった正義の青年が出現すること自体が、戦間期のある局面を示している。青年は「与死の思想」を実行に移した。

社会的資源が一方的に流れ込むだけで見返りのない「無用の存在」を社会が養いきれなくなったとき、当該者に死んでもらうしかないという考えを「与死の思想」という。これは日本の医師[注1]によってすでに唱えられている。その思想から想定される「与死法」は、脳死あるいは意思疎通が完全に不能になった者に対して、医師が生を終わらせる。そのことの承諾を成人の要件とする、というものだろう。フランシス・フクヤマは『人間の終わり』（二〇〇二年）で、八〇歳から一五〇歳のカテゴリーIIの老人を設定した。科学技術医療の進歩によって、人の寿命は一五〇歳まで延びるとしている。この分類の中に介護されるだけの意識のない老人が発生する。この老人たちの処遇をどうする

のか、死なない人たちをどうするのか、社会的資源には限りがあるのだ、という問いが紙面から立ち上ってくる。

関東大震災（一九二三年）の際、朝鮮人が、最も少ない推定で四〇〇人殺された。多くは六〇〇人とも。日中戦争へ向かう戦間期後期の一つの局面である。そして私たちがその実行者たちと無縁であると言い切ることはできない。同様に重度の障がい者を殺してまわる青年を関係ないとすることはできないのである。

初出「市民の意見」NEws、158号、二〇一六年一〇月

注

注1　松村外志張「与死が尊厳死とは異なるのは、尊厳死は死を選択するという本人の意思を尊重するという考え方であるのに対して、与死は社会の規律によって与えられる死を本人が受容する形でなされる」―論文「臓器提供に思う――直接本人の医療に関わらない人体組織等の取り扱いルールのたたき台提案」日本移植学会の学会誌『移植』40巻2号（二〇〇五年）

無縁社会　生んだ孤立

手紙を見て、字体を含めて小さくまとまり固まってしまった世界、という思いが残る。三通目の手紙には、絵が添えてある。刺青の下絵のような滝登りのコイと桜の花びら図柄。彫師の修業をしただけあって端正で整然としている。しかし生気がない。植松青年の内面を表しているかのようだ。

小さく固まった世界とは、人の幸せはお金と時間にあるという世界である。そして、お金と時間を奪い、不幸をばらまく重度障がい者の「心失者」は殺して当然という見方になる。「殺す」ということに感情が伴っていない。昨年、事件が起こったとき、殺人事件と呼べるのかどうかという疑問が消えなかった。「心失者」は人間でなく「廃物」のようにみなされ、その処理に心を動かすことはない、としているようである。

「心失者」は人間の条件を満たさないという。「脳死は人の死」を思う。脳死を定めた生命倫理のはじまりは一九七〇年代初頭だった。そのころ「人間の基準」(フレッチャー)が提起され、その第一項で「IQ二〇以下は人間ではない」とされた。時間泥棒が出現するエンデの『モモ』が出版されたのは一九七三年である。今世紀に入ると「人間の終わり」(フランシス・フクヤマ)が出版され、バイオテ

クノロジーの進歩による八〇歳以上のカテゴリーⅡの老人が問題にされた。もろもろの能力が衰え自律性を欠き始める高齢者である。その中に、寝たきりで幼児のように他人に依存し、社会的資源・財を消費するばかりの老人が含まれる。社会はどう処遇するのか。

　時間とお金を最大の価値との考えの一つに経済的合理主義がある。知を含め諸財の生産を第一条件とし、お金操作に長じ、エネルギーを惜しみなく投じて時間を節約する能率を是とする。その結果は富の極端な偏在と無縁社会・温暖化を一つの原因とする異常気候である。植松青年は、そのような「被害者」と言え、無縁社会が生み出した孤立化した個人であり、絆やふれ合いを失った「孤人」である。そのようにさせられた原因である経済的合理主義の考えに依存して、社会を防衛しようとすれば特異な他人事ではない、というのが一番の問題である。

神奈川新聞　二〇一七年七月二六日

植松青年とその賛同者に言いたいこと

やまゆり園事件犯人、植松青年へ手紙をなぜ出すか

手紙を出すことは、わたしの責務である

相模原市にある知的障がい者施設「津久井やまゆり園」の元職員植松青年が押し入り四五人を殺傷した。（やまゆり園事件）この行動の五カ月前に、衆議院議長あてに、（資料参照）、園の名前と、利用者を抹殺する等の内容の手紙を持参したのであった。その後に犯行に及んだ。

犯行に及んだ植松聖青年から最首悟あてに手紙が来た。その後毎月一三日に植松青年あてに手紙を出している。植松青年は決して異常者ではなく「正気」であり、またその行動に「賛同する人」もいるのです。植松青年への手紙はそのような情況に向けた、重度障がいの子どもを持つ親からのメッセージでもあるのです。

（植松青年の「犯行声明」（資料）及び最首氏への手紙は、植松青年より許諾を受けて掲載しています）

植松青年から最首悟への手紙 一回目（二〇一八年四月二五日）

最首 悟様

突然の手紙を失礼致します。

この度は、最首さんにお尋ねしたい問題があり手紙を書かせていただきました。「妄信」や神奈川新聞の記事から最首さんのお考えを拝読させていただきましたが、現実を認識しつつも問題解決を目指していないよう映ります。

私はおおまかに三つの問題を解決すべきと考えています。せん越ではございますが、御一読頂けましたら幸いです。

質問一　国債（借金）を使い続け、生産能力の無い者を支援することはできませんが、どのような問題解決を考えていますか？

質問二　自分が糞尿を漏らし、ドロドロの飯を流され、ベットに縛られる生活でも、周りに多大な迷惑をかけ続けても生きていたいと考えていますか？

質問三　一年程前に、旦那を殺害遺棄した妻が「デリートッ!!削除するぞっ!!」と意味不明な発言から不起訴（即無罪）になりましたが、このような化け物が社会でのうのうと

暮らす現実をどのように考えていますか？

最首さんは私のことを「現代が産んだ心の病」と主張されますが、それは最首さんも同様で、心失者と言われても家族として過ごしてきたのですから情が移るのも当然です。

最首さんの立場は本当に酷な位置にあると思いますが、それを受け入れることもできません。

人間として生きるためには、人間として死ぬ必要があります。お手紙を頂戴できれば光栄です。連絡先を教えて頂き誠に有難うございました。

香山リカさん、上野千鶴子さんからは返事が貰えませんでした。姑息とは古い女と書きますから、漢字の奥深さを感じます。

何卒宜しく御願い申し上げます。暖かくなりましたが、お身体をご自愛くださいませ。

平成三十年四月二十五日　植松　聖

追伸

一度、星子さんを短期で預けて、カンボジアかオーストラリアに旅行へ行かれてはどうでしょう。一週間存分に大麻を吸えば、新しい価値観が生まれるはずです。

死ぬ前に大麻を愉しまなければ本当にもったいありません。童貞のまま死ぬくらい損をしています。

オーストラリアの方が先進国ですが物価が二倍近く高いです。

カンボジアは生ビール六〇円です。人気旅行サイトのトリップアドバイザーでも人気の高い「エクスタティックピザ」に行けば、大麻の乗ったハッピーピザが食べられます。

トゥクトゥクの運転手に「ハッピーピザを食べたい」と云えば判るそうで「アーユーハッピー?」と店員に聞かれたら「マックスハッピープリーズ」と答えます。

それが面倒なら、ヤクザの事務所に行って

「極上の大麻を一〇グラム、一〇万円で売ってください」と云えば、多分売ってくれます。良い大麻は、においが青々と強い草です。

輸送の為、圧縮されたかたまりの場合があります。それは「クラッシャー」というヨーヨーのようなカプセルに入れてコナゴナにします。

「大麻クラッシャー」でネット検索すれば売っているはずです。ついでに「パイプ」も購入し、それで大麻を吸引します。

大麻を吸うとのどが乾きますから、好きな飲み物をご用意ください。

宜しければ、前向きに御検討ください。お身体をご自愛くださいませ。

植松青年へ一回目の手紙　二〇一八年七月一三日

手紙をもらいました。いくつもわからないところがあります。わからないといっても、自分で解くしかないものもあります。解釈が複数ありそうなものもあります。さしあたり、返事を用意するにあたって、たしかめないと、書き進められない箇所があります。次の個所がそうです。

「心失者と言われても家族として過ごしてきたのですから情が移るのも当然です。最首さんの立場は本当に酷な位置にあると思いますが、それを受け入れることもできません。」

「酷な位置」とはどういう意味だろうか。同情にあたいする事情なのだろうか。非難すべき立場なのだろうか。

面会は、これから返書を送るという挨拶と、返事を書くにあたって、たしかめたいことがある、その第一は、この箇所の意味だという、趣旨というか主旨でした。

実際は同行の記者によって、質問がなされましたが、その応えは以下のようでした。

「大学で教え指導する身とあろう者が、年金を食う、ＩＱ二〇以下の心失者と一緒に暮らすとは、いかにも酷い。」

「ＩＱ二〇以下」は、わたしの書いたものの関連で得た情報かもしれない、と思いました。それは、ジョセフ・フレッチャーの「人の基準」の第一項目で、「最小限の知性。スタンフォード・ビネー式知能検査で四〇以下、またはそれと類似したテストで知能指数四〇以下、は人間であるかが疑わしい。二〇以下は人としては通用しない。」（一九七二）です。

「通用しない」と、どうなるのでしょうか。そういう可能性をもつ人の出生を阻止する、社会から隔離する、合法的な手段で死を与える、というようなことが考えられます。人が体力的に知的に次第に優秀な者になっていく、そのように努める、それにはどうしたらいいか。そのようなテーマを深め、役立つ手段を考え、研究する学問を「優生学」といいます。そして学問といわず、そもそも学問の結果として、あるいは学問のそもそもの下地として、一般の人々が抱く、そのような考えを「優生思想」といいます。

「大学」というエスタブリッシュメント（権威ある体制）は優生学、優生思想の批判も行います。しかし、大学の存立基盤、大学のよってきたる所以は、そもそも優生思想なのだという指摘が大学内外にあります。「選抜」「選良（エリート）」は優生思想に発しているのです。

「障がい者」という名前、呼び方も優生思想に発しています。ふつうの社会人ではなく、なんらかの処遇、保護、隔離、介護を要する人です。広義の障がい者には、「脳死者」も含まれます。脳死者の心臓は機器によって動かされていますが、脳死者は死体です。ただし脳死は死と決めた限りにお

いてです。どうしてそのような規定がなされたかというと、心臓移植によって助かる人がいるからです。このことの連想、類推から、健康な重度の障がい者も臓器を提供することで役に立つという考えや、単に死ぬということでも貢献できるという思いも生じるでしょう。

優生思想は本能に近いという人もいます。生存本能です。社会的には、合理的で、現実的、能率的な不適者排除です。「働かざる者食うべからず」は近代社会の鉄則です。日本では二〇世紀の後半から終わりにかけて、それは別の言い方で表現されました。「情けは人のためならず」です。「情けをかけるとその人のためにならない」という解釈が過半数を超えたのです。

大学は優生思想の上に立っていて、「より高くより速くより強く」を研究し、教え、指導する。その教員が優生思想を批判したり、あまつさえ自分の子どもとはいえ、劣悪者を育てているとは酷くないか。

みんな優生思想を内心でもちながら、社会的には強制不妊などを告発したりして、国家賠償を請求したりする。無能者を保護する、その偽善、矛盾が千兆円の借金となり、社会を行き詰まらせているのだ。

こういう主張は社会の現状に対するプロテスト、抗議でないとはいえません。世迷い言として無視するわけにはいきません。

ではわたしはどうか。本当のところ、わからないのです。そしてわからないからわかりたい、でも一つわかるといくつもわからないことが増えているのに気づく。すると、しまいにはわからないことだらけに成りはしないか。そうです。人にはどんなにしても、決してわからないことがある。そのことが腑に落ちると、人は穏やかなやさしさに包まれるのではないか。そういう営みを「問学」とする。

面会では、わたしは「問学」をやっていると自己紹介しました。

次信以降、人権とか、人ではない人間とか、問題はひろがっていきますが、さしあたりは心失者という人間がいるかどうか、という問題に取り組みます。

開いたパンドラの箱

重度障害者を短時間に四五人死傷させるという、あまりに惨い犯行がなされた。二年がたとうとする今も、その報道を聞くだけで怯えてしまう、障害をもつ少年がいるという。四二歳を迎えようとしている重度複合障害の娘星子と暮らす父親としても、言うに言われぬ思いがある。でも、その中には、なんとか言葉にして届けたいという思いもある。誰にか。植松青年も含まれることは確かだ。何をか。ハタと困る。そして伝えるということ自体が希望なのではないか、という思いがやってくる。

希望だけがただ一つ残った「パンドラの箱」を思う。すでに皆が持っているから、希望は箱に残っていてもよかったのだ。そして、飛び出たもろもろの災厄は、希望が既にそこにあることを気づかせる役目も担っているのかもしれない。どんな希望をもっていますか。うーん、と口ごもり、こんな居心地の悪い時代にと思いながら、星子が居る、穏やかな、何ということもない日を思い浮かべ、明日もまた今日のごとく、とつぶやく。それが希望のなかの希望かもしれないと思う。

今年の四月、あるルポライターの仲介で、植松青年から手紙が来た。返事を書こうと思った。ついては、挨拶と、わからない箇所の意味を確かめるという二つの目的で。七月六日に神奈川新聞の尽力により、植松宵年に面会した。

大事なことがわかった。彼から見た私は、やまゆり園事件に至る事柄や思想について、重度障害者を排除する側にありながら、その責務を果たしていない。しかも排除される者の側でもあり板挟みの状態にある、という指摘である。

そう判断する理由を付度すると、私が大学人であり、そうである限り、理をもって大所から事にあたるべきであるのに、家族の情に流されている、ということになる。

具体的に例を挙げると、遺伝子の改変や出生前診断による胎児の中絶の制度化は、大学の一部の仕事というより、大学の存立基盤に基づいているのではないか、という指摘になる。

オリンピックの標語「より高く、より速く、より強く」は、大学の目的でもあり、合理的には、その目標を妨げる要因の排除も伴う。さらに、国立大学となると大学人は国の存立基盤に立って仕事をする、ということになる。

私は返事を書き、七月一三日に返信一を投函した。私の考えやあり方も書く対象になるのだから、長丁場になるという思いを込めて。

神奈川新聞　二〇一八年七月二五日

植松青年へ二回目の手紙　二〇一八年八月一三日

心失者について

心ない言葉とは。つれない言葉、態度を連想します。つれないとは冷淡、無情という意味ですが、もともとは連れがないという意味で、関係がない、変わりないということのようです。芭蕉の「あかあかと日はつれなくも秋の風」を思い出します。変わらず無情にもと思われる酷夏にも秋がしのびよっているのです。

もう一つ、心のこもっていない言葉という意味では、その場の事情にかかわりなく、機械的にいう、マニュアルどおりの言葉というのがあります。

その場の判断ができない人、空気が読めない人を無神経な人と言ったりします。でも神経がないわけではないのです。それとおなじで、心ないといっても心がないわけではありません。では心がないということはないのか、というと急に話が複雑になってきます。それは、人間以外のものに心はあるかと思う時からはじまります。

「心失」は心を失う、心が失われる、という意味かと思われますが、そういう言葉はなく、たぶん新語です。では失心はどうか。ふつうは失神といい、失心はまちがって使われた可能性があり、まず使われません。失神とは、正気が一時的に失われた状態で、脳神経に支障をきたしたことで起こります。

脳神経は意思疎通にかかわって、表現手段の役割を担います。脳神経のはたらきがほとんどなくなる段階では、表現は単純になり、ひそかな、ほのかなサインになります。おむつを替えるとき、ひそかにお尻がもちあがる、問いかけられてまぶたがほんのすこし動いた、顔色がほのかに赤くなった。これらのサインは接する人ほとんどがうけとることができます。そして、お尻が持ち上がる気配がしたとなると、見過ごす人が出てきてきます。

さらに、何のサインもない、気配もない状態で、心が通じるということが起こります。それは錯覚で、思い過ごしや願望にすぎないという見方もあります。それはあるさ、と人は思います。でもそれだけじゃない、と人は思います。人と書きましたが、これは支えあう二人の形を表した字で、人の単位は二人ではないかと思わせる字なのです

もう一つ、同じ場にいることが大事という意味をもつ、人間という言い方があります。場という考えはむずかしいのですが、引力が伝わるということを考えると少しわかったかのような気持ちになります。物どうしに互いに働く引力はどんなに離れていても瞬時に伝わります。それは場を通じて力が働くからです。それと同じように、心は場を通じて通い合うとすると、心は通じ合うという

直観に一つの説明を与えることになります。

お互いに人間だと思う人が二人居て、一方の人が表現手段をまったく断たれたとき、もう一方の人が心に感じることのなかに、相手の思いが混じっていて、交じっていてといった方が適切だと思いますが、しかもそのことを意識しないで、自分の思いとして、ああ、この人はいま抱きしめてほしいと思っている、などと思う事態が起こるのです。いや、起こらないとは限りません。

人間は表現手段を一〇〇パーセント失われても、それで心がなくなったとは言い切れないのです。ただ、心が離れた、離脱したという意味で心がなくなったという場合があります。「心」という漢字は心臓の形象ですが、和語の「こころ」の始まりは、胸のあたりを指していう「ここのところ」だという説があります。死ぬと心は離れていくというのも根強い考えですが、いつ離れるかというとはっきりしません。さらにそこから先は、いろいろな説があります。大いなる心へ還っていくというのも一つの見方です。

結論的にまとめると、心失者という人、人間はいません。心失者のような人という言い方は可能です。ではどのような人か、ということを次に考えたいと思います。

植松青年から最首悟への手紙二回目（二〇一八年八月二二日）

最首悟様

返事が遅くなり大変失礼致しました。

最首さんは、「安楽死」ではなく「与死」と云ったり「心失者」はいないと主張されています。私は、はじめ、「化け者」と呼んでいたのですが、それでは遺族を傷つけると配慮から考えた言葉で、それが気に入らないなら好きに呼んで貰ってかまいません。

先日、福祉の大学教授達と面会しましたが、本当のバカで呆れています。莫大な社会保障費について尋ねると、

「必要な経費だから借金ではない」

「お金を一番に考えるのが一番恐いよね」

など意味不明で会話になりません。企業からすれば、扱いやすいバカと障害児の親を集めたと判りました。

バカは言葉で説明しても理解できませんから、死ぬまでト呆けるつもりでしょうが、いい年こいてカマトトぶった奴等を見ると、本当に殺したくなります。

最首さんは、無理心中の原因が「心失者」であることを知っています。つまり、一日も早く心失者は抹殺しなくてはいけません。星子さんの世話だって大体は奥様に任せ押しつけていたと思います。

とある障害児の親と面会し、その様子が記事にされていました。

「面会で被告が見せた涙、彼は寂しかったのかもしれない」

当然ですが、私は泣いていません。

いきなり涙を流したのは向こう側で、面会室に入ると顔をみた途端に泣きだし、情緒がおかしく一方的で会話になりません。

同情無しに生きられない者は、それが耐え難い屈辱でもあり、彼らは現実から逃げる為に「脳」が壊れています。社会を憎み権利ばかりを主張し、浅ましい嘘と詭弁でごまかし全く話は噛み合いません。

心失者を抹殺するに一番の問題は、理性と良心を持たない喋る心失者です。彼らは被害者でもある「加害者」と考えております。

乱文を失礼致しました。

平成三十年八月二十二日　植松　聖

植松青年へ三回目の手紙　二〇一八年九月一三日紙

化け物について

心失者という、すなわち、心を失った人という人はいないのではないか、について書きました。そして、では、「心失者のような人」とはどういう人か、考えてみる、ということになりました。ところが、心失者は、〈はじめ、「化け者」と呼んでいた〉のだが、それでは〈遺族を傷つけるという配慮から考えた言葉〉だということで、「心失者のような人」について考える前に、「化け者」について考える必要が生じました。

「者」を「もの」と読む場合は一般的な人を指します。「しゃ」と読む場合は、特定の人の意味になります。「物」は「もの」と読んでも、「ぶつ」と読んでも、意味する範囲はひろく、例えば「人物」は人なのですが、「鉱物」や「好物」、あるいは「食べ物」は明らかに人ではありません。

では「ばけもの」はどう書くでしょうか。「化け物」であって「化け者」とは書きません。ただ、「化け物」の「物」はいろいろな「もの」であって、「者であって者ではない」という複雑なニュアンスも抱えることにもなります。

化け物は人の場合、理不尽な扱いを受けて死んだり、すさまじい殺され方をした人が恨みや憤怒

の気持ちを表し伝えたい、ということで出現する変化（へんげ）の姿を言います。姿だけではなく、触れられて、その冷たさにぞっとする場合もあります。姿は実体がない場合があり、例えば影がそうです。影は実体・本体が動けばそのように動くものです。ところが、本体は動かないのに影が動くということを、人は想像したりするのです。「旅の夜風」という、映画（「愛染かつら」1938）の主題歌（西條八十作詞）があります。その歌詞に「男柳《おとこやなぎ》がなに泣くものか／風に揺れるは影ばかり」とあります。そのように言わざるを得ない、あるいは、そのように言い表したい人の気持ちというのがあるのです。西城八十は映画の主人公の男の心情をそのように思いやったのです。

化け物や幽霊はすべての人に見えるわけではありません。身に覚えのある人に姿を現すのです。「身に覚え」のなかには、化け物や幽霊が頼る、期待する事柄も入っています。つまり、直接危害を加えた人のほかに、仇を討ってほしい、恨みをはらしてほしい、と頼める人にも姿を見せるのです。化け物には妖怪が含まれます。妖怪となるとお化けと言います。水木しげるは、妖怪は千種類という説を唱えました。愛嬌のある妖怪、お化けも多く、子どもたちを対象とする妖怪ウオッチでは、悪さをする妖怪はいません。

すこしばかり化け物について述べました。生きている人を化け物とはふつうは言いません。そして化け物を殺すという言い方は失当です。あてはまりません。化け物はそもそも殺せないのです。

実体ではないのですから。怪物はどうでしょう。怪物とは人を指して言う場合、常人ではない優れた能力を持つ人のことを言います。

「心失者」という人はいませんが、「心失者のような人」という言い方は可能です。それと同じく、「化け物」という人はいませんが、「化け物のような人」はいるかもしれません。それは、ある人を指して、「心失者」と言い、「化け物」とする人の心の投影だからです。

ファイヒンガーという哲学者が一九一〇年に著した『かのようにの哲学』という本があります。森鴎外は早くも一九一二年に、その考えを紹介し、援用しようとした『かのように』という短編を書きました。事実や事実から抽出した法則は、すべて人が考え出した虚構だというのです。事実は、事実と目されることにどれだけ多くの人々の同意があるか、によって成立するのです。

次回は「化け物であるかのような人」とはどんな人か、そのような人がいるという考えに、どれくらいの、どのような同意があるのかについて述べたいと思います。

植松青年へ四回目の手紙　二〇一八年一〇月一三日

化け物のような人について

化け物、妖怪は実際には存在しません。二人の人がいて、その一人が「あそこに化け物がいる」と叫んだとします。すると、もう一人が「どこに？何も見えないけど」という。

では、最初の一人は嘘をいったのかというと、そうではありません。投影された心象といいますが、心に生じた像とか、目を閉じたときに見える像が、外に移行して、そこに確かに見えたのです。心象はその人が過ごしてきた人生や体験から出てくるので、他の人と共有することができません。それで他の人にはまず見えない、ということになるのです。もっとも手をつないで輪になって念ずると、ＵＦＯがみんなに見えるということで、話は複雑ですが。

土葬の墓地での火の玉のような、それが物理・化学現象であれば、それは共通に見ることができますが、それに尾ひれをつけるのは人の想像力によります。

化け物のような人は人です。怪物についてはあの人は怪物だといったりします。すごい能力の持ち主についていいます。野球では怪腕といったりします。怪人という言い方もあります。

化け物の場合は、あの人は化け物だとまず言いません。化け物のようだとか、化け物のような人だと言います。

どのような人かというと、火傷を負ったり、病気や怪我、事故などによる容貌や容姿が変わったり、欠損したりした人です。

どうしてそのようになったか、その原因をたどると、とても化け物のようだと思ったり、口にすることはできなくなります。それで、化け物のようだと口走ったりするのは子どもだ、という通念が生じます。子どもは自分の発する言葉が、いかに相手を傷つけるかについて思いが回らないのだ、というのです。それはそうなのだろうと思います。でも、囃し立てるとなると、相手の反応が起きるのを、それがどのような反応であるかを問わず、面白がる、ということはあると思います。

子どものすることなすことは、みんな大人の真似なのだといわれます。そうだとして、その上で、大人は子どもの性質を受け継いでいるともいいます。あるいは人の本性の根幹部分はずっと保持されるともいいます。

その根幹の一つとして、好奇心が挙げられます。好奇心は変化と連動しています。「ゴドーを待ちながら」（サミュエル・ベケット）という戯曲があります。いずれ触れる機会があると思いますが、そのゴドーを変化に替えて「変化を待ちながら」過ごすのが人である、といえそうです。何かちょっとしたことでも笑うのは赤ちゃんの特性ですが、それは感性の瑞々しさの表れなのだといわれます。

子どもは変化を待ち、変化を求め、そして変化を起こそうとします。漠然とした好奇心を一つの具体的な疑問にしようとするのだともいえます。「なぜ?」が独立すると、面白いゲームの一つとして、親にたいする執拗な問いかけが始まったりします。親は音を上げて「神様の思し召しだ」とか「いい加減にしろ」とか「自分で考えろ」とか怒鳴ります。大事なゲームです。小学校の算数の時間などで、「わかりましたか」と先生にいわれて、「はーい」と答えながら、わかっていないんだけど、とつぶやくのと同じくらい大事なことです。

箸が転んでも笑う年頃といいますが、赤ちゃんからハイティーンまで、なんであれ変化が起こることが好ましい、それで待つばかりでなく、変化を仕掛けてゆく。いたずらもその一つですが、なかには、子どもは残酷だと規定されるような振る舞いもあります。また変化が起こるまで仕掛け続けるということも起こります。いじめはその最たる振る舞いです。

ただ子どもの残酷さには、あざけりや蔑みの気持ちは基本的にありません。アリを平気でつぶしてまわるというのも、動かなくなる変化への興味が主で、殺しまわっているわけではないのです。

では大人の場合はどうでしょうか。

次回の返信では、嘲笑や蔑みの前段階の、不快だとか、報いだとかいう、気持ちや考えについて述べたいと思います。

植松青年から最首悟への手紙三回目（二〇一八年一〇月二四日）

最首悟様

お手紙を拝読しました。誰も最首さんを責めないでしょうし、私も最首さんが悪いとは思いませんが、障害児の親として、大学の名誉教授として「できること・やるべきこと」があると思います。

日本は今、二週間に一度〝介護殺人〟が起きています。

不幸の多くは偶然ではなく、悪を野放しにした必然であり、正義とは、人々にふさわしいものを与えること、政府は共同体全体の幸福を最大にするため、あらゆる手段をとる必要があります。

「希望」とは尊厳死・安楽死を示す言葉かもしれません。〆る布は首を〆る凶器で、亡なる月の王？です。それは重度障害児や自立できない老人と想像できます。家族が亡なるのはもちろん悲しいことですが、明日を生きるため希望をもって死を選択したのではないでしょうか。

未来ある人間の時間を奪う介護は間違っております。

平成三十年十月二十四日　植松聖

植松青年へ五回目の手紙　二〇一八年一一月一三日

不快について

不快は、不快感というように、主として、感覚から生じる感情です。感覚は五感と言いますが、中でも匂いと味が不快に大きく関係します。この匂いはいやだ、この味はまずい（不味い）という気持ちが起こって、その原因となると思われるものから、離れたり、避けたり、吐き出したりします。場合によって、いのちに関わる危険に通じるので、不快感は重要な知らせです。

暮らしの中では、食物の匂いの他に、口臭や髪の毛、腋臭（わきが）、垢や加齢臭などの体臭、そして排泄物の匂いが気になります。異性を惹きつける匂いは大事ですが、フェロモンのように、匂わない匂い物質もあります。

食物では発酵と腐敗が欠かせません。どちらも微生物や細菌の営みによるもので、主として発酵は糖質の分解、腐敗はたんぱく質の分解なのですが、腐敗のアンモニア臭は強烈です。世界一臭いといわれるスエーデンのニシンの塩漬けの缶詰「シュールストレミング」は、開けると目は痛くなるし、匂いは下水道とか、昔の公衆トイレのようだといいます。とても口に入れる食物とは思えないというものの、珍味なのです。

匂いにかぎらず、汚いもの、汚れに敏感な人は潔癖性と言われますが、高じると潔癖症という病気だとされます。過度の朝シャンとか、娘の自分のものと父親の下着は一緒に洗わないというような現象は、人間関係のあり方まで含んだ拒否の表れです。

問題は大便です。小水と並ぶ人の排泄物ですが、なかなか直截に言えず、幼児言葉での表現も抵抗があります。それで、ここでは、イギリスの宮殿の大時計はビッグ・ベンと呼ばれるのですが、ビッグ・ベンてなんのことだと思う?と聞いてみたら、大便のこと?という答えが返ってきたことがあるので、ビッグベンとしようかと思うのですが、冒涜かもしれません。それで必要な時はビッグ便と言ってみます。

ビッグ便は、科学研究上で言えば、腸内で一〇〇兆個と言われる大腸菌叢(そう)の問題がいちばんですが、その研究はまだ幕開け状態で、それでも人の一生に関わる重大な影響が報告され始めています。

日常の生活では、まず排便に滞りがないか、硬さ柔らかさはどうか、色は、匂いは、が問題です。睡眠は三日寝ないと命にかかわるといわれますが、便秘は一〇二日の記録があるそうで、それにしても大変な苦しみだと思います。我が家の四二歳になる娘は一日二食ですが、だいたい一週間か一〇日に一回排便します。

ビッグ便の色は胆汁の色です。胆汁が来ないと白便になります。菜食穀物食では黄褐色、肉食が多くなると濃褐色になる傾向があります。硬さ柔らかさは一概に言えません。でも草食の牛糞や馬糞を思うと、肉食の方が柔らかいと言えます。

問題は匂いです。一言でいって臭いのです。食べたものや身体の状態によって我ながら辟易することがあります。介護の資格を取ろうとする過程で実地に臭さに出会って、到底耐えられないと諦める人がいます。ただ慣れということがあります。いい面にも悪い面にも働きますが、順応にも適応にも大きな役割を果たします。ホームレスだろうとつい思ってしまう人で、頭の毛は固まり、手足も垢だらけの人に出会うことがあります。でも本人は匂いに慣れて、すれ違う人が鼻をつまんだりしたら不快に思うでしょう。

我が家でも一〇日か一週間ごとに大騒ぎです。大量のビッグ便を紙おむつに出します。半分くらい出してトイレに座らせて残りを出すこともあります。窓をみんな開け放ったり、紙おむつのビッグ便を詰まらないように幾つかに分けて流したり、風呂に入れたり。でも、陽気な気分が漂います。よかった、よかった。そして本人は気持ちよさそうに寝入ります。

よいこともあります。流すためにほぐしたりしていると、そのまま出ていることに気づいたりすることです。ご飯は自分で食べず、そして噛まずに丸のみという状態なので、刻んで食べさせるのですが、トウモロコシやこんにゃくなどは丸ごと出てきます。

次回はビッグ便についてもう少し続けます。

植松青年へ六回目の手紙　二〇一八年一二月一三日

ビッグ便について

昆虫・動物の糞について三つばかり話します。蚕の糞は蚕沙（さんさ）と言われ、古くから肥料や家畜の飼料に使われてきました。糞のほかに食べ残しの桑の葉も混じっています。漢方薬にも用いられてきました。今の私たちの暮らしにかかわる利用としては、抹茶アイスクリームなどの着色があります。葉緑素の鮮やかな緑です。最近、着色だけでなく、ヘルシーを兼ねた蚕沙クッキーのことが話題になりました。熱を吸収する効果があるという、蚕沙を二キロ近くも詰めた快眠枕という商品もあります。

ウサギは自分の肛門に口をつけて軟便を食べます。生きてゆくために不可欠です。軟便は食物が盲腸で発酵したもので、ビタミンやたんぱく質を多く含みます。もう一つ、ポロポロした硬便も出しますが、これも食べます。もう1回かみ砕いて盲腸で発酵できるようにするためと言われます。金魚は餌を多く与えると未消化な糞を出し、餌がなくなるとその糞を食べるということもあります。

コアラはユーカリの葉しか食べないのですが、子どもにはユーカリの葉を消化し毒性物質を分解する微生物が棲んでいません。それで母親がウサギと同じように盲腸で発酵した軟便を離乳食として与えます。ビタミンを含む栄養や分解酵素を出す微生物を与え、移植するのと同時に、ユーカリの味を覚えさせるのだと言われます。

ヒトでは煮炊きの処理が加わるため、食物は格段に消化しやすくなっているため、雑食であることも含めて、微生物・細菌の棲み場所である盲腸が退化したことで、腸全体の細菌叢（そう）の分布や役割、効果が問題になります。近年その実態の解明は大きく進んだと言えますが、まだ端緒の段階とも言えます。しかし今までの考え方が大きく変わるのは必定で、それはヒトは四〇～六〇兆の細胞と千兆に及ぶ腸内細菌フローラ（叢）との共生体だということです。ヒトの寿命や肥満、精神状態に腸内細菌のあり方が大きく関わっているのです。まだ原始的ですが、健康な人のビッグ便を生理的食塩水に溶かして、繊維などをろ過した後、鼻や口、そして肛門からチューブで腸内に注入します。すると末期状態の人の生存期間が延びたり、鬱状態が治ったりします。いまはいろいろと良好な結果が積み重なってゆく真っ最中です。便移植療法と言われますが、臓器移植で、比喩的であれ、栄養物の摂取という言い方の関連で、臓器の取り入れ、摂取という言い方がされたりします。そして摂取は意味合いと連想から摂食につながり、ひと様の臓器を頂く、摂食すると言い方も登場します。便移植療法でも、健康な人のビッグ便を食べるという思いが湧いてきます。

私たち、とりわけ日本列島人の場合、水に恵まれた環境のなかで、潔癖な性分を育ててきたこともあって、ビッグ便はまず汚いという思いがします。ただ、その思いは教育によって強化されるということが大いにあります。もちろん、日本列島人特有のケガレ感という下地があって、自分の箸、茶碗にこだわり、家族であればよけいに自分以外の物は使わない強い風習、習慣があります。

そのようなケガレ感とあいまって、子どもにビッグ便は汚い、触ってはいけないということが躾けられます。そしてその不潔感は、ここ数十年の水洗トイレの普及や消毒・殺菌剤の常備につながり、無菌で暮らすというありえない過剰な衛生思想にとりつかれるという事態にまでなっています。

ところが、子どもはあいかわらず、うんち・うんこが大好きです。自分から出たもの、自分がつくったものとして、不思議がると同時に、大事にするという思いが深層で働いているのではないかと言われます。「ばっちい」と言います。「ばばっちい」の短縮と言われますが、「ばば」はビッグ便の

ことです。子どもは臭い、嫌な匂いということと併せて、大人の教えを受け入れていきます。大人の言うことには歴史を重ねた知恵が含まれているという、これも深層の無意識の働き掛けもあってのことです。

その裏返しというか、密接に関連して、子どもはうんち・うんこが好き、興奮もするという深層意識も、元の場所に抑えられ押し込まれ、蓋をされますが、消えはしないということがあります。

認知症は病気なのかという議論があります。加齢に伴うさまざまな現象は不可抗力的な自然現象だという見方があるからです。さまざまな現象のなかに退行があります。子どもに還《かえ》ってゆくのではないかという指摘です。その帰還現象のなかに塗便や弄便があります。塗便は自分のビッグ便をペンキや絵の具のようにして壁に塗ります。弄便《ろうべん》は玩具や宝物のように扱うことです。塗便や弄便は後始末がたいへんという意味を込めた介護用語ですが、その行為を受け入れて、褒めたりすると、当人は無邪気に喜ぶということが起こります。

次回は、自分では意識できない無意識や深層意識について書きます。

植松青年へ七回目の手紙　二〇一九年一月一三日

無意識について

私たちは明快なことを好むといいます。七面倒くさいことは避けるのです。例えば、生きているか?と問われたとき、「えっ」という答えが単純明快です。答えや身振りがないときでも、息をしていれば、生きているとみなします。それ以上はあまり深入りしたくないのです。でも身体に不調を感じたり、痛んだり苦しくなると、なぜ?という思いがやってきます。単純明快なことでないことがやってきたのですが、でも、やっぱり単純明快に対応処理したい。これは何々のせいなのだ。そしてその原因への対処に効き目があると、それが受け継がれていくということになります。

医療について、中国四千年の歴史と言われますが、科学によってその機作（生物学では機械のメカニズム、作動の仕組みを機作といいます）が証明された薬や治療法も少なくありませんが、依然としてわからないものは多々あります。針や灸のツボ（経絡）はその代表ともいえます。

ほかに、わからないけれど効き目があるという療法を二つ取り上げます。一つはヨーロッパのホメオパシー、一つはアメリカのプラセボ効果です。ホメオパシーは同質（同種）療法と訳されますが、病気を治す薬（物質）が、多量に用いると、その病気を起こすという物質があり、その物質を薄めて飲むと病気が治るという療法です。その希釈度がすごく、もうその物質の分子さえ残っていないくらいに薄めます。病気ごとのその物質をレメディと言います。ドイツでは薬局を二つに分け、その一方でレメディを扱うという薬局があり、常備薬セットを備えている家庭もあります。科学上と言わず、ただの水ですから効くはずがないのです。それでも効くのです。そうすると、それは偽薬効果だという他なくなります。そして偽薬とはプラセボのことです。

偽薬とは、薬としては何の効果もない砂糖のような物質で、ただ、特効薬だと言われて飲むと効く物質を言います。最初は、効き目があるという人の問題だとされました。信頼するお医者さんにそういわれると効くのです。そのうちに権威とか忖度も問題になってきました。医学部のある教授が二日酔いの薬をつくって、自分が教える医学生にその効果を確かめところ、確かに効きました。でもその薬は認められませんでした。その医学生に効いたほどの効果が再現できなかったからです。その医学生たちには、教授の権威への信頼と、その権威を失墜させてはならないという思いと、利かなかったと言ったら教授に睨まれて、自分の将来が危ないという保身などが働いたのです。

こういうことが重なって、二重盲検テストという新薬を承認する際の審査方法が制定されました。被験者に薬を渡す人がそれが新薬か偽薬かわからないようにしたのです。ただ、ガン末期の患者にこういうテストをするのは、倫理上問題があるということで、このようなテストを一律に行う

ことはしなくなりました。新薬が有効なとき、偽薬に当たった人は見殺しにされたともいえるからです。

しかし、偽薬が効くとはどういうことか、という問題は残っています。それで、アメリカで、一歩踏み込んだ試みがなされました。これは偽薬ですといってしまうのです。そして、そのようにして服用してもらった結果のデータを示します。それは統計的に効いたという嘘ではない結果なのです。そして患者が同意して服用すると効くのです。

病は気からといわれますが、回復も気からといえそうです。プラセボ効果は、さらに、「傍に居る」療法へ発展します。例えば、初めて出産する初産婦は出産日が近づくと精神が不安定になります。そこで、子どもを産んだことのある経産婦を派遣して、同じ部屋に居るようにすると、初産婦になる女性の気が落ち着くというのです。経産婦の女性はただ傍に居るだけでよく、勝手に編み物などして、話しかけたりしなくともよいのです。

西欧医学では、打つ手がなくなった、匙を投げた患者に医師はどうするか、という問いに応えて、医師自身を治療と化すのだという言い方があります。どういうことかというと、患者のベッドサイドに、ただ座っているだけだというのです。

一つ、一九九六年のミラー・ニューロンの発見を付け加えておきます。何かしようとするとき、脳のある場所の神経細胞が活性化します。そしてそれを見ていた者のちょうど同じ場所の神経細胞が活性化するというのです。鏡に映った場所のような神経細胞です。何かしようとしているその動作の理解や、共感に関係するのではといわれています。ベンチに並んで座って、同じ方向をぼおーっと眺めている、そのときの穏やかな安らぎを連想します。

無意識を書こうとして、そこまで至りませんでした。次回も無意識について続けます。

植松青年へ八回目の手紙　二〇一九年二月一三日

無意識について続き

自分のことは自分がいちばん知っている、と誰しもそう思います。お前は自分で自分のことがわかっていない、この親がいちばんわかっているのだ、と言われるとカチンときます。まして先生や上司、大人に言われると、反発は強くなりましょう。どうしてそう思うのでしょうか。一つには秘密ということがあります。鶴見俊輔という有数の知識人は、「わたしの秘密は神にも知られない」と言いました。神はお見通しという、相当に強い通念に立ち向かう、というか、複雑多様な個人の唯一無二性を言いたかったのかもしれません。

ひとに知られない秘密があるとして、では、わたしが知らないわたしの秘密はあるのでしょうか。もうすこし広げて、わたしが知らないわたしについての記憶というのはあるのでしょうか。ある、ということが示されました。

ペンフィールドという脳神経外科医が一九三三年、てんかんの治療の開頭手術の際に、女性患者の脳に電極を当てて、電流刺激をしました。すると、あ、川のほとりで男の人と会っています、と言いました。別の箇所を刺激すると、今度は、ああ、「田園」が聞こえると言いました。前者は、家族がそういうことが実際にあったと証言しました。後者はベートーベンの第六交響楽ですが、多くの人が、ああ、と思う主旋律が聞こえたのでしょうか。トスカニーニという指揮者は、頭の中の総譜にしたがって指揮をする、と言ったそうですが、オーケストラの音が全部頭の中で聞こえてタクトを振る指揮者もいるかもしれません。

ペンフィールドの試みは、自分では全く覚えていない記憶が、何らかの手段やきっかけで蘇るこ

とを示しています。すると、わたしたちの脳には、見たり聞いたりしたことがすべて記録されているのかもしれない、という考えも生まれてきます。そしてさらに、記憶はそのような記録のほんの一部ではないのか、という思いも生じてきます。わたしたちの意識は、五感で感じ受け取る現在の外界の情報と記憶が組み合わさっていますが、意識に浮上してくる記憶はほんの少しなのではないか、ということです。

わたしたちは、夢を見ます。うなされたりします。金縛りにあうということもあります。フロイトは夢をいろいろと調べて、わたしたちの意識は氷山の一角だとしました。海面に現れている氷山は全体のごく一部分なのです。つまり、私たちの意識は、どこか深いところ、深層にある膨大な無意識のほんのすこしが表層に浮上してきたのだ、というのです。そして無意識が人を支配していること、無意識は思い出したくない嫌な記憶を押し込めたものだとしたのです。フロイトに続くユングは、無意識は個人の押し隠した意識だけでなく、人に共通の太古からの歴史的な集合的な堆積もあるとしました。

わたしたちが考えたり行動したりするおおもとの根拠は、わたし特有の無意識と、わたしの育った風土がかかわる無意識、さらには人類一般の無意識に基づくというのです。この考えにわたしたちはどれくらい愕然とするでしょうか。一応の答えでは、わたしたち日本列島人はあまりびっくりしません。しかし西欧人となると、大変なショックだったといわれます。ダーウィンの進化論(一八五九)は、類人猿と人類の連続性を指摘して、身震いするほどの衝撃を西欧人に与え、いまでもその考えの拒否が続いてます。フロイトの無意識の支配の指摘はそれに続く大きなショックでした。

西欧では、自分について、理性的な尊厳ある自律(自立)した個人という考えが、普遍的な絶対神への信仰のもとで、人は神の似姿という考えとともに、確立してきました。明晰で理性的な自己、なにものにもとらわれず合理的な判断ができる個人という、その規定が崩れたのです。

二一世紀の今、無意識の問題は続いています。続いているというよりは、いっそう大きくなっているといってよいと思われます。それはわたしたちの判断や決定に際して、不安や心配やためらいを大切にして、時間をかけてそれらの思いに向き合うということをせずに、自分の思いとは切れた、事実に基づいた客観的合理的な科学的判断を重んじ、頼ろうとするからです。振り返ると、権力や権威に左右されずに自律的な個人を育ててゆくことが、科学という営みを推進してゆく大きな原動力でした。しかし、無意識の支配ということが登場してくると、個人という概念は大きく揺らいで、その立て直しのために、今度は科学の支配に身をゆだねるという事態が起きた、といえます。

そして、知は力である科学は技術と結びつき、さらにお金という力と結びついて、強大な非情な力となって、人を支配するようになったのです。権力というと、いくら非道でもなにか人間くさいところがあると思いますが、科学やお金の力となると透明で憎むなどという余地がないようです。それが今、いちばんの問題です。

次回は客観という見方について述べます。

植松青年へ九回目の手紙　二〇一九年三月一三日

客観について

客観は素直に受け取ると、お客をよく見ること、というような意味が浮かんできます。お客は訪問者で、お客さん、お客様という言い方には、よくおいでになった、おもてなしをしなければ、という気持が込められています。では、過客とは、という問いが浮かんできます。訪問客といいますが、訪（おと）ずれる、訪（と）うという読み方から、訪も問も同じ意味だということがわかります。

訪問客とどうして言わないのかという質問に、たいていの家には門がないからだ、秀逸だかなんだか、という答えがありました。お客、訪問客、問、疑問という流れで、過客が出てきたのですが、これは芭蕉の「奥の細道」の冒頭にあるように、通り過ぎる人、旅人という意味です。各という漢字は、四角い石につかえて止まった足で、客は屋根の下、家にとまった人、という意味だそうです。まあ、そのようなわけで、客という字をみていると、問うとか立ち止まるいう思いが湧いてきます。

話がずいぶんずれてきたようですが、主観と対をなす客観は、明治時代の翻訳語ですから、私たちがきちんとその意味や定義を消化しているかというと、心細いのです。客観は理性的な態度が前提にあり、理性的とは主として合理的ということです。理性的、合理的とは、私情をはさまず、善悪の価値判断をせずに、虚心坦懐にものごとを見たり、処理したりすることです。例えば、鉛筆を机の上に置きます。そして私との関係をすべて切って、鉛筆ということも知らないことにして、単なるモノとして、眺めるのです。そして次に、これはなんであるかという問いを発します。そして自分の持っている知識を次々に引っ張り出して、筆記用具の鉛筆であるとします。自分が置いたのですから、当たり前なのですが、部屋に入って机を見たら鉛筆があったという場合には、頭の中を駆け巡って、これは鉛筆だという結論を得るのです。

今、結論を得たと言いましたが、実は、これはなんだという問いを発したところから、客観を離れて、判断という主観の営みが加わっているのです。すると客観とは、私とはちがう、私とは関係がまったくないモノがそこにあり、そのモノが私に見えている、そのことにすぎない、そのことにつきるということのです。

それだけのことに、なんでそんなに説明する必要があるのか、と思います。すると、川端康成が、一九六八年ノーベル文学賞の受賞講演で、月がおのれかおのれが月かという明恵上人の想いを述べたことが思い浮かびます。実際には、「月を見る我が月になり、我に見られる月が我になり、自然に没入、自然と合一してゐます」といったのです。関係の極致としての合一、一体化を指摘したのです。もっとも自然も明治の翻訳語で、それまでの「じねん」と呼ぶ自然とちがいます。「じねん」は天然色の天然に近い意味です。川端康成は西欧と東洋、日本は根本的に違うということをいったのです。

キリスト教文化圏の西欧では、ゴッドとヒューマンとネイチャーはそれぞれ断絶しています。人は神になれない。そして、魂を持つという点で自然の存在ではありません。ただ神は自分に似せて人をつくった、人は神の似姿であるという点では、神と密接な関係があります。自然も神によって創られたのですが、人に対するギフトであり、人はその管理と保護の義務を有するのです。動物愛護の精神にそのことが現れています。

人と自然は断絶している、そこに人の尊厳があるという考えは、西欧の人々が生きていく上で、強い〈よすが〉だったといえます。そして一八五九年、三〇年もあたため公表をためらってきた進化の考えを、ダーウィンが発表しました。ヒトはサルから進化した――その衝撃は私たち、東洋人あるいは日本列島人にはわかりません。その衝撃の強さは今でも、とくに米国の世論調査に示されます。四年ごとの最大大手のギャラップの調査では、二一世紀になって、比率はずいぶん増えてきたものの、ダーウィンの進化論を信じると答えた人は四〇パーセント弱です。

ローマ教皇の発言は、私たちにはわからない大きな影響を西欧の人たちに与えるのですが、一九九六年、教皇はダーウインの進化論や科学をあながち否定するものではない、という見解を発表しました。身体については進化を認めるという流れです。源は一七世紀前半のデカルトの心身二元論です。魂と体は別もので、脳の松果体というところで触れ合うとしたのです。科学は体の成り立ちなどを扱うけれど、それは魂と関係がなく、機械をいじるのと同じだから許してもらいたい、としたのです。日本語ではものとモノを区別します。魂と体はものだが、体はモノだというような言い方をします。時計などと同じく体の仕組みを調べるために体というモノをバラバラにしても魂というものに影響は与えないという見方です。モノは客観的に観ることができます。次回はもうすこし客観について述べます。

植松青年へ一〇回目の手紙　二〇一九年四月一三日

客観について続き

モノは客観的に見ることができる。すなわち、そのモノを利害や好き嫌いを離れて、自分とは無関係に、冷静に見る、ということができる、ということです。冷静にとは、合理的にとか、理解とか、科学的にとか、数学的に、というような処理の仕方に通じます。科学的にということと、数学的にということはほとんど同じ意味で使われることがあります。

自分と無関係に、冷静に、ということが大事なのですが、はたしてどんなもんだろう、というような曖昧な思いが湧いてきます。例えば、そこに石があるとします。石があるなあ、それだけのこと、そこを通り過ぎる、もう石のことは忘れている。ではそこに犬がある、犬があるなあ、はどう

でしょうか。少なくとも日本語では、犬があるとはいいません。逆に石がいるともいいません。桜の花が咲いているといいます。この「いる」は状態をさします。「犬がいる」の「いる」は、犬を見る自分とその犬との間に、見るだけではない関係があることを意味します。その犬が襲ってくるかもしれない、ついてくるかもしれないなど、自分に直接かかわる事柄が「いる」に含まれていて、そういう「いる」を漢字で「居る」と書きます。

桜だってそうだ、どうして桜は居るといわないのか、そう思う余地はいっぱいあるのですが、桜は動かないので、自分から、見る私の方に近寄ってこない、あるいは去っていかないということが、大きな違いに思われて、動く生きもの、すなわち動物と分けて、「居る」という表現は使わないことになったと考えられています。それでも桜はあるとはいいません。桜が存在するという言い方がないのです。桜はもっぱら状態をあらわす「いる」を使います。その中に自分で動く、移動する意味を含んだ「居る」が浮上してきたと考えられます。

じゃあ、自動車はどうなんだといわれると、自分では動かない他動車なので、自動車が居るとは言いません。じゃあ、ロボットはどうなんだと言われると、これは難物です。ロボットが居るとは言わない、とは言い切れない、ここが大問題です。避けては通れない問題だということを確認しておいて、「居る」という表現にもうすこし関わります。

「居る」という言い方は欧米にないといわれます。それは関係性が組み込まれているからだといわれます。欧米では何々が存在するということがまずあって、それから次々にその何々はどのようにあるのかを説明していきます。「居る」は、すでにどこにあるかを含んでいて、場所とか場がくっついているのです。そしてさらに場合もくっついているのです。場合は状況という意味合いですが、少し立ち入ると具合であり、具合の合計が都合になります。「万象お繰り合わせの上、ご出席ください」という丁寧かつ強い口調の招待がありますが、どうしても都合のつかない場合があるのです。

「居る」が居る場を含み、場がその場の関係のあり方を示すとき、場を関係場といいます。場と急にいわれると、すごくむずかしそうですが、電磁場といわれると、むずかしいながらも電気や磁気がおたがいに関係しあって、生まれたり消えたりする舞台みたいだなあと思います。それで場を生成関係場というときがあります。野球場や劇場では、選手や俳優が観客と濃密に関係しあって、興奮や感動、落胆や悲しみが生まれます。

居るというとどうしても場が伴い、場というと「間」が出てきます。時間、空間であり、世間であり、中間であり、仲間であり、そして一間、二間の距離をあらわす単位です。仲間の「間」は間柄の関係を表しています。「人間」はどうでしょうか。なんとも思わずごくふつうに使っていますが、考え出すと実に不思議です。人を指して人間という。ふつうに使い出したのは明治からのようです。

もとは人間（じんかん）と言い、「人の棲む場所」を意味しました。

それが人を指すようになった移行期は中世か、とされます。その末期、織田信長が謡曲の「敦盛」のなかの「人間五〇年、下天の内にに比ぶれば」を「本能寺の変」で謳い舞った、かどうか、事実ではないようですが、「人間」を「じんかん」というのは確かです。意味は人の寿命、人生です。それが「にんげん」という人の意味で使われるようになったのは近世で、井原西鶴の文に出てくると指摘されます。そして明治の近代化の中で一般に通用するようになりました。

その事情としては、マンやヒューマンを翻訳するのに、人よりもまだあまり使われていないことや、格式ばった感じになるというようなことが想像されます。しかし、人間は「場」と「間」を介して「居る」という言い方に密接に関わり、そして「居る」という言い方は西欧にないのです。ですから、西欧の翻訳書の「人間学研究」や「人間の探求」などは、果たして「人間」を扱っているのかという疑問が生じます。

次回はもう少し人間に触れていきたいと思います。

植松青年へ 一一回目の手紙 二〇一九年五月一三日

人間について

人間という言い方はたいへんおかしいです。どうしてあいだという間がついているのだろう。空間や時間、そして続いて世間というときは、ああ、ひろがりだと思います。人間も人のひろがりなのだろうか。人間はもともと「じんかん」と読んで、人の棲む場所を意味しました。人間至る処青山有りといったお坊さんがいます。人が住むところにはどこでも骨を埋めるお墓をつくる場所はある、だから大いに故郷を出て活躍すべきだ、という意味です。

織田信長が好きだったという謡曲の「敦盛」に「人間五〇年、下天の内をくらぶれば、夢幻のごとくなり」というサワリがあります。ここでは人間は人生、人世の意味で、この世に生きている間という意味です。人間がはっきり人の意味で使われるようになったのは、江戸時代に入ってからといわれます。辞典を見ると、井原西鶴の用例などが出てきます。

では人間という言い方が人口に膾炙したか、人々が使うようになったかというと、そうでもないようです。むしろ、明治になって、欧米の本がさかんに翻訳されるようになり、その際に、マンやピープルの訳語として人間を使ったという実情があります。ちなみにマンは男であり、かつ人を意味します。人を代表するのは男なのです。人類はマンカインドです。それはおかしいと女性が声を上げ始めたのは一九六〇年代後半になります。

マンを人という意味だと受けとめる。それは妥当かというと、やはり無理があります。でも人間と訳すと、無理はさらに広がると言わざるをえません。明治期に脱亜入欧を掲げ、昭和に入って鬼畜米英、英語禁止にまで暴走し、敗戦を経て、規範、制度に近代欧米の概念や文化を大きく取り入れるという推移の中で、その無理はさらに深まっているのではないか、という懸念があります。特にアメリカの文化、生活スタイルの取入れは際立っていますが、さすがに、銃の保持となると、踏み切ってはいません。

マン、ヒューマンは男文化を表し、個人と絶対神ゴッドが最も大事な意味を持っています。何かをしでかしてしまったとき、生き抜いてその責任を負うことは、倫理の根幹だと言えます。神から責任を問われ応えることをリスポンシビリティと言います。原義は応答です。責任とは応答責任なのです。

裁判での宣誓は聖書に手をかけて行います。今は拒否できますが、拒否すると、この人は、嘘をつくと永劫にわたる苦しみ、罰を受けるという恐怖の感覚はないのだなあ、という印象を持たれます。良心にかけて嘘はつきませんというだけでは、人は追い込まれると嘘をついてしまう、という

思いが下地にあると言えます。古くは「目には目を、歯に歯を」という戒律もありました。やられたら応分の仕返しをしないと許されないという、力を振るう、あるいは振るわねばならい男という考えが下地にあります

死んで責任を取る、お詫びする、という道はないのです。ゴッドに与えられた命を自分で断つ自殺は許されないのです。人は命を全うして、生を閉じて、世界の終末において、救われるという説示をもつ宗教では、自殺という行為は救いへの道を自ら閉ざすことになるのです。

欧米語で、人を指す語を人間と訳すのは不適当ではないかという話から、ゴッドの話になってきましたが、日本でのキリスト教の宣教過程で、デウス（ゴッド）を神と訳したのはまずかったという重い反省が関係者にあります。絶対とか普遍とか万物の創造主という考えが日本の神にはないからです。絶対は永遠を意味し、普遍は不変です。そこから同一性とか一者性という考えが生まれました。同一性は英語でアイデンティティと言います。

日本でも、この言葉は、自己同一性として、よく使われるようになってきました。自分のことを自我とか自己というのですが、自我や自己は首尾一貫性を保って変わることはないと見なすのです。そのことをバックボーンがあると言ったりします。一本筋が通っているのです。それに対して、これから触れていくことになりますが、日本人は首尾一貫せず、ナマコのようだと言ったりします。

ナマコには背骨がないのです。昨日イエスと言ったのに今日はノーという、それでは信用されないという見方です。

アイデンティティにもどると、絶対神ゴッドが人を創ったとき、ゴッド自身になぞらえて創ったとされ、それゆえに人は神の似姿であると言います。似姿の核心は、ゴッドの永遠に不変の同一性が人に埋め込まれたという点にあります。このアイデンティティこそが人の尊厳の証なのです。もう一つ、人格というパーソナリティがあります。これもゴッドから与えられたものです。

人間という言い方の特異性について、まだ触れるところまでいきませんでした。

次回もこの続きを書きます。

植松青年へ　一二回目の手紙　二〇一九年六月一三日

人間について二人以上を指して

「人の話も聞かないで」とか「人の気持ちも知らないで」と言います。この場合、「人」はそう言っ

た自分を指します。一般的な人ではなく、具体的です。そしてそう言った相手も具体的な一人の人です。いま二人が面と向い合っていて、相手の態度が、自分の話していることを聞いてもいないようだと感じて、怒ったのです。あるいは、この私の気持ちを察してくれない相手の鈍感さを責めるとともに、自分の気持ちの足りなさを嘆いている含みもありましょう。

ところが「人間の話も聞かないで」とは言いません。同様に「あの人はね」と言いますが、「あの人間はね」とは言いません。「あの人間はね」というと、気安いうわさ話しというわけにはいかなくなります。人は一人を指すことも、人々を意味することも、人一般を言うこともできます。それに比べると、人間という言い方は、一人を指して言うことができないという特徴があります。

そうすると、人数でいえば、二人以上ということになり、単位ではありませんが基準ということでは二人で、孤立した人、孤人という言い方はあるものの、孤人間はいないのです。関係というと、二つのものやことの関係が基です。ですから人間関係の基準は二人の人関係です。

じゃあ、二人関係といえばいいじゃないか、といいたくなります。そうはいかないのです。二人はどうしても個別的具体的な感じが先に立つので、一般的に言いたい、となると、人間ということになります。ところが、人間の基準はそもそも二人ということだとすると、人間関係は、二人という個別的な具体的な、好きだとか嫌いだとか、あなたなしにはとか、もうやってられないとか、惹かれたり反発したりの関係から、人間という不思議な呼び方を生み出した背景や環境までを含んでいる、と言わねばなりません。

人間くさいとは言いますが、人くさいとは言いません。人間くさいとは人間性に関わる表現で、人くさいとは言わないのです。でも、人間というものは、という言い方と同じように、人というものは、といえます。

人と人間の使い分けは、複雑です。おおまかにいうと、人は日常的に使い、人間は文章や議論で使います。人と人との関係を説き明かしたいというような場合、人間関係というふうにいうのです。人関係とは言わないのです。

ところが、とりとめのない随想やエッセーでなく、前提と結論を含む文章とか、会議の議論では、論理的であることが要求されます。司馬遼太郎に『坂の上の雲』という近代日本の形成に大きく関わった三人の人物を描いた小説があります。その中に、日本人は会議や議論の仕方を知らなかったということが出てきます。いろいろなことを外国に学ばなければならず、たとえば、歩き方一つにしても、整然と歩調をそろえて歩くという機会や習慣がなく、手の振り方からして外国に学ばなければなりませんでした。

議論となるとこれは問題です。今でも私たち日本人が議論ができているかと言うと覚束ないのです。どうしてか。うまく言えるかどうかわかりませんが、まず絶対とか普遍が正しさを導く、あるいは支えるということがあります。絶対の反対は相対で、どっちもどっちというあり方です。正しさというのはどっちかなのです。つまり、イエスかノーで、中間的な妥協的な正しさはありません。白か黒かであって、グレーはないのです。

そうすると絶対ということがわかってきます。絶対は混じりけのない、ピュアで比較するものがない単一なのです。普遍はひろがりでどこまでも同じで、ローカルにここは違うということがなく、やはり単一です。絶対も普遍も単一という唯一の〈一〉です。

〈一〉という記号を使いますが、一者性という意味です。ゴッドは〈一〉の源です。そしてゴッドが授けた人格をもつ人という定義においては、人格は日々に新しいといわれます。つまり、生まれてくる子に付与された人格はこれまでにない新しい人格であり、唯一であって、〈一〉を表わしているのです。このことが人は神の似姿であるといわれ、また個人の尊厳となっているのです。

議論は正しさを求めてなされます。議論を交わす人はお互いに尊重する異なる人格をもった個人であり、それぞれの根拠から矛盾のない合理的な論理、すなわち首尾一貫した主張を通じて、正しい結論を提示します。実際は結論をはっきり最初に述べて、その理由を順次述べていきます。私たちはそういう話し方が苦手です。どうしても、ああではないか、こうなのだろうかと、自問自答も交えて、相手の立場や、世間を意識しながら、最後に絞り出すように、これこれこうだと思います、というのです。それは最初思っていた結論と違っていたり、自分でも意外に思う意見であったりします。どうしてそうなってしまうのか、日本語を使う人間について、次回も考えていきます。

植松青年へ一三回目の手紙　二〇一九年七月一三日

人間についてあなたとわたしの呼び方

人間は「じんかん」と読んで人の住む場所、「にんげん」と読んで「人」の意味というように使います。いまは「じんかん」はまず使われません。いずれにしても中国由来の文字です。日本語の起源はいまだにはっきりせず、文字はないとされます。カタカナやかな文字は漢字から取られたものです。でもかな文字は独特で、曲線のみで構成されます。文字がない時代にも、もちろん話し言葉はあったわけで、その特徴は一音に意味があることだといわれます。たとえば、あ、い、う、という

音はそれぞれ、一つとは限らない意味があり、それにたとえば、ま、という、これも一つは限らない意味がある一音を加えると、あま、いま、うま、となって、新しい意味が生じます。当然ながらこの複合語の意味は一つと限らず、複数の意味を有します。

話し言葉は、独り言と、二人から数人の間での会話、そして大勢に向かっての情報伝達があります。その中でとりわけ発達したのが、二人の会話です。どう発達したかというと、まず、あなたとわたしのそれぞれの呼び名です。時と場所と状況によってさまざまに変わります。時と場所と状況はＴＰＯというのですが、「場合」が、ふくみと広がりをもたせた、最もふさわしい言い方です。不思議なことに、お互いに対等な呼び名がないのです。英語では、ＹＯＵとＩしかなく、対等な呼び名です。親密さを表すときは名前を呼びます。

あなたとわたしを指すのに対等な言い方がないということは、文化の根底にかかわることです。それで、日本列島とアメリカではずいぶん文化が違うということを忘れないようにしなければなりません。呼び名の不思議さの第二は、同じ言い方で意味が逆転する言い方があることです。お前、貴様は尊称だったのが、罵り言葉になっています。あるいは上から目線の言い方とされます。お前が打たなきゃどうするという意味の応援がいまプロ野球で問題になっています。お前という言い方が一〇〇パーセント尊称ではなくなっているところが問題なのです。

あなたとわたしの呼び名について、だんだんと核心に触れてきますが、第三に、てめえ、とか、おのれ、という一人称が二人称として使われることです。手前どもという言い方は商人言葉として残っていると言えますが、手前、己れはほとんど二人称として使われます。どうして自分を指す言葉を相手に対して使うのだろう。これはたいへん大事な疑問で、一つには相手の目線、立場、あるいは相手の身になっての発言なのだ、という説明があります。

夫婦はお互いになんと呼ぶか苦労します。でも子どもができると、たぶん、ホッとして、たいていは、お母さん、お父さんと呼び合います。これは子どもの身になっての、子どもの立場からの呼びかけなのです。

関西か、大阪でか、お母さんに、子どものことをなんと呼ぶかというアンケート調査がありました。自分と呼ぶという回答が、たしか七〇パーセントに及んだ、と覚えています。とくに子どもを叱るときはそう呼ぶのだ、とありました。「自分、何したと思っているの！」。これは東京弁ですが、「自分」という言葉が発せられたとき、その言葉は発した本人にエコーのように戻ってくると思われます。

わたしのことを自分と呼ぶのは、軍隊や、警察や、運動部では実際にあります。内心の自問自答

のような場合は、男にかぎらず、ふつうに使っています。それだけに、相手が自分の子であっても、いや、自分の子だからだか、「自分」と呼びかけたとき、自分にも呼びかけているという心理が働くと思われます。「自分」と呼びかける自分の声を聞きながら、自分も呼びかけられていると、心のどこかで思うかもしれません。そして、そのことが、かつては実際に臍の緒でつながっていた記憶とつながるということも起こりながら、この子とは簡単には切れない絆で結ばれているという半意識的な思いがやってくるかもしれません。半意識とは意識的にはっきりというほど強くなく、無意識にというよりは自覚している状態です。

このような母と子の絆を土台として、一般に、相手を一人称で呼ぶ場合を経て、相手をあなたを指す二人称で呼ぶ場合にも、あなた―わたしが、あなた―あなたであったり、わたし―あなたであったり、わたし―わたしの関係であったりすることが起こります。そして、このような関係すべて、あるいはこのような関係が、話しの性質によって、複雑に入れ替わるというような状態がお互いに意識されて、ついには、あなたともわたしとも言わない主語のない日本（列島）語になっていった、というふうに考えられます。

植松青年へ一四回目の手紙　一九年八月一三日

人間についてあなたとわたしの立ち位置

あなたとわたしは二人称と一人称です。できるだけ上下の意識を薄めた中立的な呼び方ではあるものの、対等ではありません。あんたとか、あたい、わっちとなると垣根を取っ払った親しみやなれ合いの言い方になります。でもやはり対等ではありません。相手や自分を呼ぶのに、相手と自分の関係を抜きにしては呼ぶことができないのです。そして自分と相手の関係に、対等な関係がないということなのです。

英語の場合、ふつうには、YOUしか思い浮かびません。でも〈I〉はなぜ大文字なんだろうと思い、このわたしは大事なんだろうな、このわたしを抜きにして、ことは始まらないのだろうな、という考えが浮かんだり、でも自己中とはちがうんだろうな、とチラッと思ったりします。

どう整理したらいいか、その一つに、絶対（あるいは唯一神、God）という極があって、そこから下方の平面に光線や視線が放たれて、その平面にIとYOUがいる、というイメージがあります。肝心なのは、そういうイメージをわたしが持ったということです。このわたしがあくまでファーストで、次に目の前にいるあなたなのです。その順序はあるけれど、同じ平面にいるということをもっ

て、あなたとわたし、いや、わたしとあなたは対等、平等なのです。
　このわたしという〈Ｉ〉なる大文字を確定したのが、近代西欧の成立と言っても過言でなく、その結節点にデカルトの「われ思うゆえにわれあり」があります。一七世紀、一六三七年に出した『方法序説』という本に記しました。一七世紀というと、日本ではちょうど同じ一六三七年に「島原の乱」が起こります。キリスト教弾圧と飢えによる一揆です。このあと二年ほどして徳川幕府は鎖国に踏み切ります。それからほぼ二〇〇年、ペリー来航まで、日本は、西欧と完全な没交渉ではないにしても、西欧とはずいぶん違う文化を発酵させました。
　今年は明治維新から一五〇年です。日清戦争、日露戦争、韓国併合、支那事変、太平洋戦争を経て、日本はどのような文化を育ててきたのでしょうか。掛け声としては、脱亜入欧、和魂洋才、超国家主義、鬼畜米英、戦力放棄と続きますが、令和元年、新たな出発として、江戸時代までの文化とのつながりを、私たちはどのように持っているのか、確かめてみることが大事だと思われます。
　ＩとＹＯＵ、あなたとわたしにもどって、その立ち位置ということを考えると、ＩとＹＯＵではこのわたしが、なんと言ってもファーストでありながら、お互い平面上に立っているので、その位置を交換しても、変化は起きません。そのことがＩとＹＯＵという一つの言い方しかなく、しかも対等だという見方につながっていると言えます。ところがあなたとわたしでは、その立ち位置を簡単に入れ替えることができないのです。このことをすこし説明します。

あなたはピッチャーマウンドのような小さい塚の中心、即ち、てっぺんに立っているのです。わたしがそのマウンドの周辺の低いところに立っているとすると、わたしはあなたを見上げることになります。あなたは、子どもであれば、お山の大将みたいに立っているということになります。ところがわたしもマウンドの中心に立っているのです。そしてあなたはわたしの立つマウンドの周辺にいるとすれば、わたしがあなたを見下ろしているということになります。

図を描けばわかりやすくなります。いまは想像してもらうとして、あなたもわたしもお山の大将とは、どういうことかというと、大きな球の上にあなたとわたしがいて、あなた中心のマウンドの中にわたしがいて、私中心のマウンドの中にあなたがいるということなのです。そしてあなたを第一関心事にするとあなたはお山の大将でわたしは家来みたいになります。わたしに焦点を当てると、今度はわたしがお山の大将で、あなたは私の家来みたいになるです。

マウンドという設定を離れて、ただあなたとわたしが大きな球面上にいるとすると、球面の中心はいたるところ、どこでも中心なので、あなたもわたしも球面の中心にいるということになります。そこにマウンドという形をしたテリトリーを付け加えると、あなたとわたしの立ち位置の上下関係が生まれ、視点移動によって、あなたが上ならわたしが下、わたしが上ならあなたは下になる、と

いうわけです。

さらに、あなたとわたしがいる球面を大地と呼ぶことにすると、あなたがわたしに呼びかけるとき、あなたは、内心、オレとオマエは大地の中心にいるという点では同じで、対等なのだが、いまはオレが上としてオマエと呼ぶぜと思案して、オマエなあ、などわたしに呼びかけるのです。その立場を受け入れると、わたしはあなたに敬語を使って応答します。しかし、どっちが上かは、場合、事情によってコロコロ、シーソーのように変わります。

次回、人の立つ平面と球面の話を続けます。

植松青年へ 一五回目の手紙　二〇一九年九月一三日

人間について日はまた昇る

日本では地平線はなかなか見られません。水平線は地平線より多く見ることができ、その先はどうなっているのだろうと、子ども心に思い、また私たちは球面の上に生きているという実感を起こさせます。平面といえば、アメリカには平面協会というような団体があり、地球が丸いとはNASA（アメリカ宇宙航空局、一九五八）の陰謀だと主張する人々がいるそうです。アシモフは科学読み物をそれはたくさん書いた科学者ですが、一平方マイル（一、六平方キロ）はほぼ平面としてよいと言っています。

地球が丸い、というのは同語反復ですが、地球という漢語を名付けたのは、フランシスコ・ザビエルよりすこし年下の、中国に初めてキリスト教を伝えた、マテオ・リッチです。地球は一六世紀に中国から伝えられた言葉ということがわかります。地球は、では英語ではなんというか、第一にはアースでしょう。そしてアースは大地です。直截に球を表すのはグローブですが、大きな広々とした大地としての球体ということになると、やはりアースです。そしてもう一回日本語に帰ってくると、地の玉という一つの言い方しかないのに気づきます。きっと、平野とは言うものの、広大な広々とした大地は少ないからかもしれません。

埼玉にいたころは家の周り一キロは平坦という感じでしたが、横浜に来てからはコブコブだらけのようで、無駄な坂が多すぎる、というのを耳にして、言いえて妙と思いました。住む場所が心に与える影響は大きく深いと言われます。逆に言えば自分が思い考えることや感情に風土が大きく関わっているという自覚が大事だと思います。

地球規模となると、地球の風土とは言いません。きっと、地球の他に人や生物がいる星や惑星が見つかっていないからです。風土は歴史も含めて、違うとか他にはないという意味が含まれているのです。それで地球というとみんな同じ思考や情感に心が向きます。その最たるものは、地球は丸いこと、一日に一回回転すること、朝太陽が昇ることのように思われます。地球は直径は1万キロを超え、重さとなると兆トンという単位で六〇億・兆トンというのですから、どのくらいの重さだろうと思っても想像できません。

そして「日はまた昇る」のです。お日様は動かず自分が一回転してまた出会ったとはとうてい思えません。夕方もそうです。「月は東に日は西に」。月は昇り日は沈んでゆくのです。昇ると沈むは上と下のように、私たちの気分に大いに関係します。夜寝ないように強制すると、人は驚くほど早く死にます。そして朝、陽を浴びることは体内時計の調整に必須のことです。

「日はまた昇る」と書きました。「陽はまた昇る」は谷村新司の歌を思う人が多いと思います。この歌は太陽は燃えているということが下地になっています。「日はまた昇る」はヘミングウェイの第一作品で、扉に旧約聖書の「伝道の書」の冒頭部分の詩句が引用されています。その詩句の「日はいで、日は没し、その出た所に急ぎ行く」が「日はまた昇る」という書名の下敷きになっています。「伝道の書」は「空の空、空の空。いっさいは空である。日の下で人が労するすべての労苦は、その身になんの益があるか。」で始まります。仏教的でもあります。実とはいえないこの世界で、実を目指して苦労して何の意味があるか、与えられた食べ物を食べ、与えられた飲み物を飲んで、夫婦相い和して暮らすがよい、という教えです。人が、よい目的をもち、その実現のために励み努力する、その過程で人はいがみ合い人を殺さなくてはならない、というのであれば、いくらよい目的であろうと、その目的は捨てたほうがいい、という意味がまず浮かんできます。

今日は昨日の繰り返しだ、明日もまた今日のようだろう。なにか大きなことを言おうとしています。小さいことで言えば、違うことはそれこそ無数にあります。同じことは一つもないと言っていいくらいです。それを一言でいうと無常ということになります。何一つ変わらないものはないのです。片方でなにかしっかりしたものは何もない、ただ繰り返しだけがあると説き、片方では変化のみがあると言います。

「海は繰り返しの大切さを知っている」（工藤直子・児童文学）はわかるような気がします。カリフォルニアでは四〇日も真っ青な空の天気が続く」（リービ英雄・アメリカ生まれの文学者）となるとわかりません。ここは晴れているのに一町先は雨、と言われるような、微気候の四季がめぐる風土に住む私たちは、無常のほうが身に沁みます。そして変化極まりないということから、定まった、変化しないものは、ないのではないかと思って、「空」を導く、というか、「空」にたどりつくのです。ここには、実とか仮りとか虚とか、という考えが絡まっているのです。
次回はそのことと関連して「風土」について述べます。

植松青年へ 一六回目の手紙　二〇一九年一〇月一三日

風土について

生まれ育った土地の、ほかの土地とは違う特性は、心や体に刻み込まれます。それは自分が生まれてからの刻み込みだけでなく、母親や父親から受け継ぐ遺伝子にも刻印されているのです。農耕が始まって人々が、移動や流浪、漂泊をやめ、落ち着いた定住を始めると、風土が発生します。

風土とは、私たちが住む場所のあり方です。人間が住んだことのない場所、例えば、原生林とか、人間がまだいない地球には風土がありません。エベレストにはずいぶん人々が登頂するようになりましたが、そこに山がある、だから登る、というかぎり、エベレストの風土はありません。それは人間の自然の征服の証しの一つです。

征服とは、相手をねじ伏せる、屈服させることです。相手とは、かたくるしくは対象といいます。さらに相手と自分が切り離せる、つながっていないとみなせるとき、その相手を客観的対象と言います。例えば、鉛筆が机の上にある、というとき、鉛筆はわたしと違う、はっきり別なもの、わたしが机を離れても追っかけてこない、ということがはっきりしていて、そしてわたし以外の多くの人が、そりゃそうだと、そのことを認めてもらえると期待できるとき、その鉛筆を客観的対象といます。

客観的対象と書くと漢字だらけで厳めしいのですが、わたしとは切れている、わたしとは関係のないと、ひとまず見なすことができるもの、と言えばいいでしょうか。でも、そういうものはあるか、と言われると、難題ですと言わざるを得ません。

空の月は客観的対象か。お月さま、というと、もう違うようです。お月さまがついてくるよ、どうして、と問われて、きっとお月さまは君のことを好きなんだよ、と答えると、月はもう客観的対象ではありません。明恵上人と月、となると、奥が深くなります。月がわたしか、わたしが月か、というのです。川端康成がノーベル文学賞記念講演で取り上げました。

虚心坦懐に見る、という言い方があります。自然科学で、ものごとを観察するときの要諦、肝心かなめのことは、と問われて、そう答えることが多いのですが、間違っているといわれます。心を

無にして対象を観察しても何も見えてこないというのです。自然科学の作業はまず仮説を立てることです。例えば、鳥の卵はすべて丸い（立方体のサイコロやコーンのような角（かど）がある円錐型はない）とします。そして第二に実例を集めます。千種類集めたけれど、すべて丸い、となれば、そろそろ仮説は正しいということになってきます。そして観察や収集を続けて、仮設の確かさを高めていきます。

しかし、その過程で、一つでも角のある卵に出会ったら、卵は丸いという仮説は捨てなければいけません。すなわち、仮説の正しさが認められても、その正しさを確かめ続けることが必要で、その作業を検証と言います。検証がそもそもできないとき、その事実は科学上の事実ではないとします。検証にはその事実を再現することも含まれます。それで神のように具体的な像を結ばない存在や、幽霊のように再現しようと思ったら再現できるというふうにはならない存在は、科学上の事実ではないのです。

バートランド・ラッセルという英国の数理哲学者がいます。非核の訴えを続け、アインシュタインとともに提唱したパグウォッシュ会議には、一九五七年、日本からも湯川秀樹や朝永振一郎、小川岩雄が参加しました。ラッセルは平和運動で四六歳のとき投獄され、非核の座り込みでは八九歳で投獄されました。一九七〇年九七歳で死去したのですが、ノーベル文学賞も受け、一九四五年には『西洋哲学の歴史』を書きました。

その中で、日本の一九世紀末から二〇世紀半ばまでの現人神について、次のように述べました。「日本人は一九六八年以来、ミカドは太陽女神の子孫であり、日本は世界のどの地域よりも早く創造された、と教えられてきた。学術的に、このような説に疑問を呈した大学教授は、反日活動の故をもって追放された」。現人神を定めた明治天皇制は一九四六年の天皇人間宣言で終わりました。しかし、政治、国家、宗教では、科学、学術が無視され、あるいは弾圧される例は、二〇世紀後半から二一世紀の現在まで、世界でしばしば繰り返されてきました。日本も例外ではありません。

科学、学術は論理で構成されます。しかし人の心は論理とともに、非論理、情の世界でもあるのです。しかし、とまた言いますが、その世界は二人から始まり、顔見知りのせまい世界です。それをもう少し広げると言ったらいいでしょうか、そういう世界を風土といいます。エスペラント語を話すコスモポリタンを思い浮かべると、その逆が風土に生きる人々です。風土に戻ってきました。

次回も風土について述べます。

植松青年から最首悟への手紙 四回目（二〇一九年一〇月一四日）

最首悟様

御手紙を拝見致しました。

最首さんのお考えは判りましたが、奥様はどのように考えているのでしょう。聞く必要もありませんが、今も大変な面倒を押しつけていると考えております。

「朱に交われば赤くなる」と云いますから、障害児の家族が悪いのではなく、生活する環境が悪いということです。

乱文乱筆、失礼致します。お体をどうぞ御自愛下さいませ。

二〇一九年十月十四日　植松　聖

植松青年へ一七回目の手紙　二〇一九年一一月一三日

母ということ

一〇月一五日手紙をもらいました。話の趣旨はわかった、ということと、つづいて、娘の星子を世話している母親のことについて、言及がありました。その部分を抜き書きします。

「奥様はどのように考えているのでしょう。聞く必要もありませんが、今も大変な面倒を押しつけていると考えております」。

大変な面倒を押し付けている、とは、第一に、母親と父親と子どもの三人暮らしで、手間のかかる子どもの世話を父親は母親にみんな押しつけている、というふうに読めます。第二には、すこし広げて、手間のかかる子ども、一つには障害のある子どもが挙げられますが、そのような子どもの世話は社会的に行われるべきだが、いま日本の社会は十分にそのようにはなっておらず、親に、特に母親に、ほとんどの世話を押しつけている、というふうに読めます。

後者は今、子どもから大人まで重圧を感じ、身に染みる自己責任との関連という問題につながり

ます。自己責任だからね、と念を押されると、萎縮したり、大げさに言うと、金縛りになったような状態に陥る、あるいは孤立無援状態になって、人や社会に助けを求められない苦しみになります。家庭でも職場でも、その空気が重くよどんでいます。そうではなく、安心して、何かやる、人を助けたりする、という状態を考えてみます。

　誰かが、やってみろ、と言う。それは口に出していうわけではないのです。もちろん、口に出して言う場合もありましょうが、気配、雰囲気として、それを感じ取って、安心という思いを持つことが大事なのです。生きていく、あるいは、成長するには、自分は、どこか、守られているという安心感が不可欠です。大丈夫、請け合うからやってみろ、という促《うなが》しが、どこかある。その発信元は、まず、第一に、母です。

　ただ、母的なもの、母性の元型は誰にでもあると考えられます。しかし、母が無意識に発散する安心の素は、ほかの者、特に男にとっては、意識してそういう思いを持つ必要があります。保母さん、保夫さん、看護婦さん、看護夫さん、介護職員、先輩、先生、上司、上役、そういう役柄で慕われる人は、みんなそれぞれ、安心の素を分泌していると思われます。ただ、そうなるには、やはり、共に生きる場という意味を含んだ、人間という人は、頼り頼られるはひとつのこと、ということを噛みしめて、まず人に頼らねばなりません。そのことを意識することが大事です。自分は独立している、人の世話にはならない、というのでは、大丈夫、という安心を発散させることはできないのです。

子どもプレイパークの案内に、「ここでは子どもたちは自己責任で自由に遊べます」というのがありました。これでは子どもたちは思い切って遊べません。一億総活躍という標語がありますが、自己責任というという重しがそれを打ち消しています。でも、考えてみると、自己責任は個人というあり方にとって、当たり前のことなのです。するとやはり、わたしたちは個人ではないのです。個人になりたい、個人にならねばならない、という思いも切実です。でもなかなかなれません。無理になろうとするとおかしくなってしまいます。

第一の、母親が背負いきれない苦労を押しつけられているのではないか、という問題に入ります。わが家では、子どもの身からの呼び方の、お母さん、お父さんを、夫婦のたがいの呼び方としています。ほかの呼び方がどうしてもしっくりないのです。「あなた」はお互いに使うことがありますが、すこし距離を置いた言い方で、「あんた」となると逆に狭すぎる感じです。

それで、お母さんの苦労ですが、そのことを思うと、どうしても、専業主婦の矜持ということを思わざるを得ません。もちろんそこに、お母さんという役割は大きく含まれているのですが、ここは私の持ち分、専管領域、むやみに干渉するな、という意識です。その領域の中に、父親がなすべ

きこと、というのも当然入っているのです。第一はお金を稼いでくることです。

わが家は、大もとのところで、専業主婦が取り仕切っています。その表れのひとつが、お願いします、と声をかけられたら、待ったなしは大げさですが、文句なく父親が応じることです。手が離せないとか文章を書いているから、というような言い訳は一切許されません。何を頼まれるかは、母親の体力の減退もありますし、父親の器用貧乏度にもよりますが、基本は専業主婦の裁量です。その裁量の中に、けっして頼まない、口出しさせない、ということが含まれています。

専業主婦の矜持が崩れる、あるいは崩すと、家庭は不安定になり、社会はぎすぎすしてきます。専業主婦は寄生虫、とは八〇年代に言い出されたことです。わが家は概して平穏です。そうでないと娘星子の様子がおかしくなります。

【資料】植松青年の衆議院議長宛ての手紙（犯行声明）

衆議院議長大島理森様

この手紙を手にとって頂き本当にありがとうございます。

私は障害者総勢四七〇名を抹殺することができます。

常軌を逸する発言であることは重々理解しております。しかし、保護者の疲れきった表情、施設で働いている職員の生気の欠けた瞳、日本国と世界の為（ため）と思い、居ても立っても居られずに本日行動に移した次第であります。

理由は世界経済の活性化、本格的な第三次世界大戦を未然に防ぐことができるかもしれないと考えたからです。

私の目標は重複障害者の方が家庭内での生活、及び社会的活動が極めて困難な場合、保護者の同意を得て安楽死できる世界です。

重複障害者に対する命のあり方は未（いま）だに答えが見つかっていない所だと考えました。障がい者は不幸を作ることしかできません。

今こそ革命を行い、全人類の為に必要不可欠である辛（つら）い決断をする時だと考えます。日

本国が大きな第一歩を踏み出すのです。

世界を担う大島理森様のお力で世界をより良い方向に進めて頂けないでしょうか。是非、安倍晋三様のお耳に伝えて頂ければと思います。

私が人類の為にできることを真剣に考えた答えでございます。

衆議院議長大島理森様、どうか愛する日本国、全人類の為にお力添え頂けないでしょうか。何卒よろしくお願い致します。

文責　植松　聖

作戦内容

職員の少ない夜勤に決行致します。

重複障害者が多く在籍している二つの園を標的とします。

見守り職員は結束バンドで見動き、外部との連絡をとれなくします。

職員は絶体に傷つけず、速やかに作戦を実行します。

二つの園二六〇名を抹殺した後は自首します

作戦を実行するに私からはいくつかのご要望がございます。

逮捕後の監禁は最長で二年までとし、その後は自由な人生を送らせて下さい。

心神喪失による無罪。

新しい名前（伊黒崇）本籍、運転免許証等の生活に必要な書類。

美容整形による一般社会への擬態。

金銭的支援五億円。

これらを確約して頂ければと考えております。

ご決断頂ければ、いつでも作戦を実行致します。

日本国と世界平和の為に、何卒（なにとぞ）よろしくお願い致します。

想像を絶する激務の中大変恐縮ではございますが、安倍晋三様にご相談頂けることを切に願っております。

植松　聖

介護の力が人を変える

相模原障害者施設殺傷事件をめぐって対談（最首 悟×三好 春樹）

最首　二〇一六年、この神奈川県で「相模原障がい者施設殺傷（以下、やまゆり園事件）」という、四〇人を連続的に刺していって一九人の方が亡くなるという事件が起こりました。今日は、それが今の社会とどう関わっているのか、これからの社会にとってどういう意味をもつのかということを三好さんに伺っていきたいと思います。

青年からの問いかけに応えて

最首　植松青年は二八歳です。二八歳の人が連続的に四五人を刺していったのです。想像だにできないです。部屋の中は、文字通り血の海です。一〇人だったらあっという間かもしれません。でも、刺し続けて四五人です。今までの日本の犯罪で、到底想像できないぐらいの気力、体力です。私は植松聖という青年を植松青年と呼んでいます。植松被告とか、植松被疑者とは呼ばないで、植松青年と呼ぶことにしよう。そして、植松青年から私宛てに手紙が来ましたので、それに答えてい

くということを長丁場でやろうとしています。これは植松青年からの手紙も含めて『神奈川新聞』に公表していきます。被害者が多いので裁判は長引くでしょう。それを念頭において、植松青年から返事が来ようが来まいが、植松青年を透かして見える、植松青年はよくやったというＳＮＳなどの反応を含めた人たちへ向けての私の便りというか、そういう形でやっていきたいと思っています。

私も何か当事者みたいなことにはなっていました。というのは、植松青年が手紙の中で、最首はああだこうだと言いながら何もしないし、矛盾に満ちている、大学というところは優生思想だろう。つまり能力を先へ先へと伸ばしていって、結果的には能力の劣るものを切っていくところだろうというのです。翻訳すると、オリンピック競技と同じように、「より高く、より速く、より強く」というのが、大学でやっていることではないのかということでしょうか。あんたはそういう職業に就いていながら、切って捨てるべきターゲットを育てている。それは情に駆られているんだ。情に駆られずに理性的に振る舞えば、そういう生活はできていないはずだというのです。

最首 悟

これは相当大事な問題です。とても精神異常者が起こした犯罪ではなくなってくるわけです。私は少なくても五年間ぐらいは覚悟して、植松青年と向かい合っていく作業をしていきます。そのことをふまえて、まず三好さんからやまゆり園事件について、話していただきます。

植松青年に対する違和感　なぜPTSDにならないのか

三好　オウム真理教の死刑囚に対する死刑執行がありました。一三人つるされたのは「大逆事件」以来だと言われています。私の友人に偉い刑務官の息子がいるのですが、死刑を執行した夜には、担当した刑務官がぐでんぐでんに酔っ払って家に来て、吐いて、また飲んで……を朝までやっていたそうです。死刑の執行は、三人の刑務官が同時にボタンを押して、誰が押したかわからないようになっているらしいのですが、執行を担当した大はみんなPTSDみたいになるらしい。ということは、一三人殺したということは、三〇人の刑務官がPTSDになる可能性があるということです。

三好 春樹

植松青年は一九人殺しました。何でPTSDにならないんだろうというのが、私の最初の疑問です。私はPT養成校の解剖実習で、二か月かけて遺体の骨と筋肉をばらばらにしました。すでに亡くなった身体ではあるものの、メスを入れるためには、人間は崇高なものだという私のロマン的な人間観を解体しなければなりませんでした。

ましてや、植松青年は生きている人を一九人殺したわけでしょう。

それで、ＰＴＳＤにもならない。極めて冷静にいろいろな新聞を読んで反論を書いて、本人に会いに行くと非常に礼儀正しくあいさつをしてというのが、まず理解しがたい。彼は自分の中の何かを殺しているのだろうと感じます。

二つ目の違和感――奇妙な誇大妄想

三好　『創』という雑誌が最首さんの文章も含めて、植松青年が書いた文章を集めて特集を組みました。それを読むと、さらに違和感が増しました。彼は、日本の財政は非常に苦しいから障がい者をみる余裕はないと言って、その解決方法を提案しています。誰も彼に日本経済をどうにかしてくれと頼んだわけでもないし、彼は経済の専門家でもありません。さらに、セックスの方法や、男は全部ムダ毛を剃るべきだとも言っているのですが、すべて幼稚な理論で、かつ上から目線なんです。

　誇大妄想と言えばそれまでなのですが、たとえば、五〇年前の学生運動も集団的な誇大妄想だったわけで、でもそれは開かれた誇大妄想だったという気がするのです。彼はたった一人で、そういう非常に奇妙な位置に立っている。これが二つ目の違和感です。

三つ目の違和感──排泄物に対する異常な嫌悪

三好　さらに文章を読んで見えてくるのが大便や小便の後始末に対する嫌悪感です。彼は、介護という仕事はそれほど大変ではなかったと言っています。しかし、私は介護は難しい仕事だと思っています。言葉にならない人の表情や、身体の調子で何を訴えているのかを分析しなければいけないから。それがわかると、俄然介護という仕事が深みのあるおもしろいものになるのですが、彼はここには入り込んでこないで、ただ便を処理することに対する嫌悪感がすごいんです。

私の特養ホームでの最初の仕事は特浴介助でした。裸のおばあさんを順番に抱えて特浴に入ってもらい、翌日は頭部外傷の人をトイレに座らせて、呼ばれたら行ってお尻を拭くという仕事でした。私はそのとき、「自分はこんな仕事ができるんだ」と感動して、新しい自分を発見した感じがあったのですが、彼の場合は、むしろそれに対する嫌悪感がすごいということです。

嫌悪はどこから来ているのか

三好　私は「オムツ外し学会」という学会の呼びかけ人を一九八八年からやってきました。トイレに安全に行けない人はオムツという貧しい二者択一の介護が病院にはあって、それに倣って介護施設をつくった人はそれが当たり前だと思っていた時代です。オムツという屈辱に耐えかねて、わずか

三日でぼけた人もいます。

その屈辱をどうにかしたくて、オムツにしない方法、障がいがあってもトイレに行こうよ、それを介助しようよというのが、この「オムツ外し学会」の最初の目的で、これが安静看護から介護が自立していく一つの象徴のようになって、現在まで続いています。

認知症の人にも尿意・便意はあって、ただそれを尿意・便意だと識別できない、識別できてもトイレに行くという判断に結びつかない、結びついたとしてもトイレがどこにあるか覚えていないということなので、それらに応じた対応をすれば、やむなくオムツはしていても、オムツの中に便はしなくて済む方法論はちゃんとあるということを、私たちは認知症の世界で提案してきました。

さらに、認知症老人の人間性崩壊の極致といわれている異食・弄便《ろうべん》に対しても、老人は「便は汚いからさわっちゃいけないよ」と後からしつけられたときではなくて、その前の快・不快の原則で判断する口唇期にいるのではないか――、そうであれば、オムツの便が不快だからそれを除こうとしてオムツの中に手を入れる、つかんだ便は不快だから壁になすりつける、口唇期だから口に入れるのは当然ということになります。それらは異常ではなくて人間の自然の一部だからです。そこから不快をつくらない、オムツの中に便をしない、快適な排便をするという方向に向かうことで、介護の方法論は出てくるという啓蒙をしてきました。

「やまゆり園事件」のあと、最首さんと対談しました（ブリコラージュ二〇一七年初夏号）。そのとき、最首さんがこんなことを言われたのです。

お嬢さんの星子さんは便秘気味で何日かに一回漢方薬を飲ませてオムツの中に便を出すのだけれども、主たる介護者である奥さまはすぐにはオムツを替えないそうです。なぜ替えないかと尋ねると、「星子はあれが不快じゃないのよ」と言われたそうです。不快じゃないから星子さんはさわろうともしない、だからそのままでいいのだと。

なるほどと思いました。便を不快だと感じるのは、〈快・不快〉に〈いい・悪い〉がくっついたからではないかと、本当は便がくっついているとか、おしっこがくっついているというのはそう不快なことではなくて、もっと深いところにいくと、むしろ快じゃないのかと思い始めたんです。

シークレット（秘密）という英語の語源は「分泌物」だそうです。唾液とか汗とか、誰にも知られたくない一番身近な自分の分泌物だというわけです。分泌物と排泄物は違うものですが、胎内では同じです。胎児は羊水を飲んで、おしっことして出して、それをまた飲む……という循環の中にいるわけですから。

分泌物や排泄物を汚いものだという価値観は、快・不快だけで判断する口唇期の後の肛門期に親を通して与えられるというわけですから、フロイトが植松青年を分析するとしたら、肛門期の親の

しつけが非常に厳しくて、快・不快の原則を全否定して、〈いい・悪い〉、〈きれい・汚い〉という世界を押しつけられたからというのは、仮説としてあり得ると思っています。植松青年の父親は教師ですが、校長を介してＰＴＡに謝罪の言葉を届けただけで、あとは一切語っていません。漫画家の母親も何も語っていません。私は子どもが起こした犯罪に親が責任をとる必要があるとは思いませんが、でも、今回はやはり語るべきだという気がします。

植松青年をインドに連れていきたい

三好　植松青年は、自分の中の一番基本的な人間としての部分を非同一的なものとして殺し、狭いところで自分のアイデンティティをつくっていったという気がします。ところで、これは彼だけの問題かというとそうではなくて、世の中全体がそうなっているようにも思うのです。

私は「介護職よ、北欧に行くよりインドに行こう」と呼びかけて、毎年インドツアーをやっています。インドは牛のうんこだらけです。日本はうんこや汗の臭いを一切許さない、消毒、滅菌した世界になってしまいましたが、そこには植松青年が求めているものと共通性があるような気がします。インドには、常識人の妻と長男、次男を強引に連れていきました。潔癖症の長男はうんこを踏むからというので捨ててもいい靴、食べるものはカレーだけと聞いてパンを大量に持って行きましたが、翌年「また行く」と言いました。勝ったと思いました（笑）。なぜ家族を強引に連れて行ったのかというと、たとえば、学校のこのクラスでは孤立していても世界で孤立しているわけじゃない、日本で孤立しても世界で孤立しているわけじゃないということを知ってほしかったから。日本のいじめはなくならないでしょう。いくら先生がいじめをやめろと言っても、現に先生の世界、教員室でいじめがあるのですから。

夜、インドの街に出ると、ホテルの周りで犬と人が一緒に毛布にくるまって寝ているのです。それを見ると、廊下で認知症老人が寝ていても別にいいじゃんとなる（笑）。自分のベッドで寝なさいと言って追い立てたりしなくても、人間というのはこうやって生きてきたんだなあと思えるようになります。

排泄物や分泌物の臭いがいっぱいある社会の一種の健全さみたいなものがインドにはあって、それが今の日本ではどんどんなくなっているという気がして、だから私はチャンスがあれば植松青年をインドに連れていきたいと思うんです。だけど、あそこまで自分の中の分泌物、排泄物は自分自身の分身であるという、自己確認の一番の基本を完全に殺して、優生思想というところで凝り固まっている人には、インドの治癒力も通用しないかなと思ったりしています。今後最首さんとの往復書簡を注目して見ていきたいなと思っているところです。

「心失者」という造語をめぐって

最首　植松青年が完全にシャットアウトしているのは、父親と母親です。

三好　父親と母親のことは一切語りませんね。

最首　植松青年は自分の子ども時代のことは一切しゃべりません。相当強固なバリケードがあります。言っているのは、「自分は差別主義者じゃない」「優生思想ということでもないんだ」です。じゃあ、なにかというと、障がい者は人間ではない、物という感覚なんです。物というのを表現するのに、彼は「心失者」という言葉をつくりました、心を失う者というので「心失」です。「失心」「心失」という言葉はありません。「失神」はあるけれども、これは失う心ではありません。神経的に不調が起こって人事不省になるのが失神です。そのとき心はどうかということについて、私たちはそこに心のはかり知れない何かを見ているのだけれども、彼は「心を失った人間、それは人間じゃなくて物だ」と言うのです。それに対して、私か「心失者というのはない」と言った第一信に対して、直接の応答が来ました。そういう文句があるならというニュアンスを込めて、「実は自分は最初、心失者と言ったんじゃないんだ、化け物と言ったんだ。化け物では人に対して失礼に当たるので、心失者ということにした」と。確かに化け物の物は物です。でも「ものこと」です。「もの」は物であり物ではない。さりとて者とは言い切れない。そのような言い方をする日本列島人にはいろいろと変わっているところがあります。最たるものが「人間」という言い方です。

これは中国では人の住む場所という意味で、日本に入って来たときもそういう意味でした。それが、戦国時代あたりになると、織田信長が謡曲の中で人間（じんかん）と言っているのですが、人生という意味で使っている感じです。直接人を指してはいません。

江戸時代になると、直接「人」を指して、その周りに人間がいる、場に生きる人という意味で使うようになりました。場というのは、たとえば居間が一番適切にあてはまる場です。私は『星子が居る』という本を出しましたけれども、「人間」は「居るという場を含めて人を指す言葉（意味）」だったのです。明治時代になると、パーソン、マン、ヒューマンビーイングの訳語として「人間」を使うようになりました。これは致命的な間違いだったと私は思います。

日本的な意味の「人間」は関係的存在ということになるでしょう。社会学者の濱口恵俊さんは「間人」という言葉を使っています。

西欧的な個人と日本列島人の個人

最首　西欧的な意味の人間は自他が区別されて、自分と他というのがはっきり分かれています。

赤ん坊は、まだ自他の部分で区別がつきません。人が人になるというのは、まず母親と自分が分

離する、親もそれを自覚する、そういうところから大人になっていくというとらえ方です。さきほどの三好さんの話はちょうどそのあたりの口唇期から肛門期に至る話なのですけれども。

植松青年はそのあたりのことは全部シャットアウトしていますけれども、どうもそこを切っちゃったという感じです。人間というのは関係存在ですから、私とあなたというのが一番大事なのですが、そこを切ることで個人になれるかというと、なれない。別のカテゴリーの個人になってしまう。それは「孤立の個人」です。「孤人」です。

では、インディビジュアルという個人、「個別の個人」はどうかというと、神との関係の中の個人で、それを自立と言っているんです。無神論者、唯物論者は神の代わりに普遍を置きますが、それは神の属性（本質を表す性質）の一つです。それで個人といっても、神という存在と自分との垂直の関係が基にあります。ユダヤ教、キリスト教、イスラム教といろいろな宗教がありますが、その系譜も含めて、私たち日本列島人にはそういう垂直関係はありません。日本列島人となぜ言うのか、いつかお話ししなければいけませんね。

日本列島人である私たちの「あなたと私」は横的な関係です。横的な関係は一人にはなれないというか、ならないというか、なる気持ちはないというか、そういうものです。そういう意味では、独立しなさい、自立しなさいという圧力が西欧絡みの思想とともにみんなに無意識的に圧力、ストレスをかけているわけです。遊んで食う人は社会的にはいつだってそんなに認められるものではないけれども、それを受け入れる土壌がどのくらいあるかというのも、また同じことです。

『大地』を書いたパール・バックは、住んでいた中国から神戸を経由してアメリカに帰りました。中国にいるときに女の子が知恵遅れで生まれたのですが、それが牧師の夫には受け入れられなくて離婚するんです。神戸には三か月ぐらい滞在したのですが、日本では知恵遅れの子がそこら辺を走り回っている。彼女はその著作『母よ嘆くなかれ』で「アメリカではできません。神の愛の下に、社会の周辺で生きるしかない。一緒にこの町で障がいをもった子と暮らすことはできないんです」と書いています。プロテスタントの倫理としての「働かざる者食うべからず」は強く社会を支配していて、「穀つぶし」の考えは強く、金持ちは一生懸命働いていると自負がある。遊んで食う、などというユルミはアメリカにはないのです。障がいをもつアメリカ人法（ＡＤＡ）は能力ある障がい者が就職できないのは国家的経済的損失だ、と謳っています。

ケアが持つ世界観

最首　日本では、個人となる下地（バックグラウンド）がないのです。私たちは何となく「私たちは個人で権利とか人権とかいうのがあるみたい」と漠然と思っています。その根拠はというと、一神

教を借りるわけにはいかないので、天と言います。そういうことをふまえた人間ということのなかで、自他未分がはっきりできているかどうかという問題にぶつかるわけです。入り口は、私たちは主語がない日本語をしゃべっているということです。たとえば、「私」と言っとき、これは私の考えというのははっきりしなくちゃいけないんだけれども、どこで人の意見がどのくらい交じっているのかがよくわからなくてというのも、すでにすごく大きなことですけれども、二人称共同性というのがあって私―あなたというのがこんがらかっているのです。

一番の基盤は母性にある。母性というのは協同態をふまえた共同性で、協同態は何かというと胎盤のイメージです。胎盤は自分の膜です。そして母親の子宮の一部と合体した共同物です。胎盤のように、免疫の問題などを全部クリアした本来は排除される異物の合体は他にほとんどあり得ない。しかも、胎児のほうから「私は異物じゃありませんよ」という信号を一回送る。胎児のほうが実はリードしているわけです。それを認めて、共同性物としての胎盤を経て胎児をずっと抱えていく母性、これが共同性の塊です。

そもそも無意識に私たちは二人を単位としているのではないかということが日本列島人にはあるように思うのです。個人として自立していて、そして後からもう一人出てきて関係を結ぶという人間関係なのかというと、どうもそういうふうにはならない。

ところが、植松青年は、そこのところでまったくの「孤独の個人」になってしまったのではないか。そういう価値観の目線から人間を物と見ることができるようなことになったのでよないか。

つまり、一人として存在できないものは即、物みたいな。これは介護そのものの基本の問題でもあるでしょう。三好さんのお仕事を見ていて、私は自他未分の世界で人間のケアが成り立っているのではないかと思うようになりました。つまり、「職業として私は介護しているんですよ」と、百パーセント言えるかということです。そこら辺のところがどうなのか。これから先の問題として、自分と関係のある人をどう思うかという問題について、三好さんにバトンタッチします。

介護の意味

三好　今の介護は、契約だからその分だけやりますというのが近代化であるという流れの中にあります。介護をマニュアル化したり、教育もそうです。だけど、いい介護をやっている人たちはそうではなくて、眼の前に困っている人がいたらほっとけないと言って、制度があろうがなかろうが関わっています。

目の前にいるから、それに動かされてやっているんだというのは、最首さんは内発的義務という言い方もされないで、今言われたような二者性とう言い方をされて、無数の二者性の中で生きてい

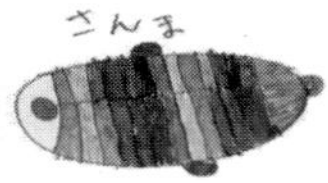

る。基本は母胎の中の母との二者性というか、あれは一者性なのかなみたいな、そこにあるのだろうと思いますが、二者性という言い方をされていて、最首さんと星子さんとの間の二者性ということの中で、ケアを四十何年やってきたという言い方をされているのですが、内発的義務という言い方で、内発的だけれども義務というとなんか上から来たような気がするんだけれども、それもなくなっているという気がします。

植松青年の論理が幼稚だということは、それをやったら世の中がどうなるか想像すればすぐにわかることです。むしろ彼の主張のネガをポジにしちゃうと、われわれがやっている介護の意味が見えてくると思うんです。要するに、生産性のないやつは排除してしまえということになると、恐らくみんなPTSDになります。犯罪がむちゃくちゃ増えます。アメリカみたいに無差別殺人が起こるし、人間が信じられない、金持ちは外を歩けないという状況にあっという問になると思います。生産性がないとか言うけれども、人間と人間との基本的な信頼関係をつくって、金もうけしようという自由の前提や秩序を介護という仕事がつくっているので。いわば、社会が成り立っているのも私たちが介護をやっているからだとはっきり言えると思います。それがなくなると、金もうけすらできない状況になるわけです。

人類は、わかっているだけで一七種類あったらしいのですが、そのうちの一種類だけが今生き残っているわけです。絶滅したネアンデルタール人は、われわれ人間よりはるかに体格がよかった。力はあるし、脳も私たち人類より大きかった。でもつぶれたんです。なぜかというと、私たち人類が協力して狩りをすることをやり始めたからです。脳を大きくするのは限界があるので、脳と脳をくっつけるというニューロンを増やしたのです。それで抽象的に考えることができるようになって、仲間という観念が生まれました。一緒に狩りをし、一緒に猛獣から身を守ることができるようになったことで人類が生き延びたと言われています。個体として優秀だったのではなくて、想像力、仲間という観念があったからです。たとえば、「あいつは狩りはできないけど、絵はうまいぜ」と言って、洞窟の奥にこもっている人に油や食べるものを運んであげたのではないでしょうか。芸術も介護も、恐らく同時に私は存在したと思います。介護とアートが人類を存続せしめたのですから、それを失いつつあるということの象徴が植松青年ではないかなと思っています。

植松青年に介護のおもしろさはわからない

最首　ジョセフ・フレッチャーという人が「こういうことができなきゃ人間じゃありませんよ」として基準を定義しました。その第一条が「ＩＱ二〇以下は人間ではない」です。私の子どもの星子はもろにここに含まれます。それが私たちに入ってくるとどうなるかというのが、植松青年を考えると

きの問題でもあるんです。植松青年が、「人間は物だ」とか、「心失者は物だ」とか、「化け物は物だ」とか言うときに、どういう思考回路で言っているのかということになる。この辺、三好さんに。

三好　化け物では失礼だから心失者と言ったと言うんだけれども、大体殺すこと自体が失礼なんだから、言い換えなんか意味ないじゃないかと思うけれども。化け物は僕らの世界の一部だという気もするし、僕らの中にもあるような気がするし、そういう意味ではそういう化け物の世界、自分の中の異質なものを意味がないというふうに殺していることの表れなのかなという気がします。化け物はいろんな怨念の塊だったり、愛嬌のあるのがいたり、いろいろおもしろい世界だと思うけど、彼がそういう世界も拒否しているというのは、自分の中の何かを拒否している気がしますね。

たとえば、認知症老人はそういう意味では異文化の世界をいっぱいもっていて、それをおもしろがることができるかどうかがいい介護につながると思うのですが、植松青年には介護のおもしろさは、一切わからなかったんだろうな。「楽な仕事でした」みたいな言い方をしているのは、それなんだろうなと思います。

最首　まず介護はしていない感じですね。介護の中には、ようやく解放された老人を相手にしているということがあると思うんです。西欧的には三歳から自他を分離して独立する存在になって、大人になるともう二度と子どもには戻れないということの上で成り立っているのですが、認知症老人は、世間体などいろいろな制約を外れて、解放されて思いがけない自分をやっているような感じです。

三好　退行ではなくて、現実原則から解放されて、人間の基本的な部分が戻っている。老いとか認知症は、そういう世界だと思います。現実の世間や常識から解放されて、人間の一番基本に回帰したというとらえ方です。

最首　それを〈常識の塊〉人がとんでもないと怒るという構図です。意外性とか予想外とか、たとえば、この「カプカプ」がそうですけれども、カプカプの人が描く絵なんかが本当に予想外。そこに私たちは刺激されて、新しい世界の中に分け前をもらえるみたいな感じになるんです。

先日、オンブズマンを務めている児童寮「ぶどうの実」で職員面接をしたときのことです。「この新人学生、頼りないところもあって」と施設長が言っている男子が、「私は大学で習ってきたのは管理ケアで、私はそれには興味がないんです」と言うんです。「私は障がいのある人に出会ったときに、予想外とか意識外、えーと驚くことが、普通の人とつき合うより多いだろうと思ってやって来た」と言うんです。私は心の中で拍手をしたんですけれども、新しく思いがけないことをする、できるというのは、解放されたと言ってもいいんじゃないかな。

三好　私は二四歳で特養ホームに入って、人間というのはこうなるんだって知って人生観が変わり

ました。五七歳でインドに行って、また変わりました。
自分か大きな影響を受けたマルクスもサルトルもインドを知らないんだと思うと、すごく自由になったというのはあったんです。

最首　要するに、私たちは可能性を伸ばせとか相当せっつかれているんだけれども、そう簡単に可能性なんて伸ばせないけれども、ぼけたら伸ばせるんじゃないかと私自身思ったりしていて。それで悲しいことには、自分か新しいことをしたしかときに、自分でそれをわからないということがちょっと悲しいような気もするけれども（笑）。でも快感とかは何とか残るんだろうな。言葉になんかはできないけれども、何かあるんじゃないかと。
中原中也が男の子を亡くした後、『ゆきてかへらぬ』という詩の中で、「目的もない僕ながら、希望は胸に高鳴つてゐた」と書いています。それを認知症老人と知恵遅れと言われている子どもだちというか、わが家の星子にも当てはめると、それは星子そのものが希望をもっていることだし、星子と私ということの中での希望なんだという思いがしています。

三好　目的はないけれども、希望はあるということですね。目的があって、生きがいがあってとか言うけれども、生きがいなんていうのは生の効率主義みたいなものですよ。
私は快・不快の原則や二者性みたいなところにちゃんと着地していくことができるといいなと思っ

ていますね。生きているだけでいいじゃないかと思うし、ぼけたときに新しいものが開かれるのではないかというのは、それこそ大いなる希望という気が私はしました。

最首　ぼけてからのいろいろな振る舞いは、私たちまだぼけていない者への贈り物みたいな、そう思えたらすごくいいなという気もしているんです。

今日は、ありがとうございました。

初出・『ブリコラージュVol.260』２０１９年　初夏号（6・7月）。発行、七七舎

ケアしているつもりがされている

自他未分

四人の子どもの末っ子で三女の星子は四〇歳になった。相変わらず、というか、あまり変わらず、〈目見えず言葉なくものつかまず、したがって自分で食べず噛まず丸のみで排泄は無頓着医者いらず〉で過ごしている。

このあいた三好さんと話していたら、星子さんは胎児期にもどっているのかもしれない、と言われた。自他未分というか、無分別というか、どれほどのことが弁別されて、どれほどのことが区別されているのだろうという思いがやってくる。無分別というと貴重という思いもともなってくる。その主な意味は、けじめがない、やってはいけないことがわからないというマイナスの意味ではある。だが、なんでも、いいか悪いか、きれいか汚いか、分けすぎて、果ては生きていていいのか悪いのかまで分別が及ぶと、無分別のたいせつさが呼び出されてくる。

この無分別の中に自他未分ということがある。丸餅みたいな場があるとして、それを引き延ばすと、瓢箪みたいなピーナッツの殻みたいなかたちになって、気づいてみると、あなたとわたしがそこに登場している。つき立ての柔らかい餅は、容易に延びてちぎれる。千切れると書く。いくら細かくちぎっても餅は餅なのだ。いのちのイメージの一つになりそうな気がする。いのちの分有というが、いのちはいくら分けてもいのちなのだ。それで、いくらちぎっても餅は餅、の言い方を借りて「いのちはいのち」ということにしている。丸餅みたいな場といったが、丸餅はいのちなのだ。ただいのちの場合は、ちぎれるのか、あくまでつながっているのかよくわからない。そのことを含めて、いのちは場であって〈いのち場〉などということにする。

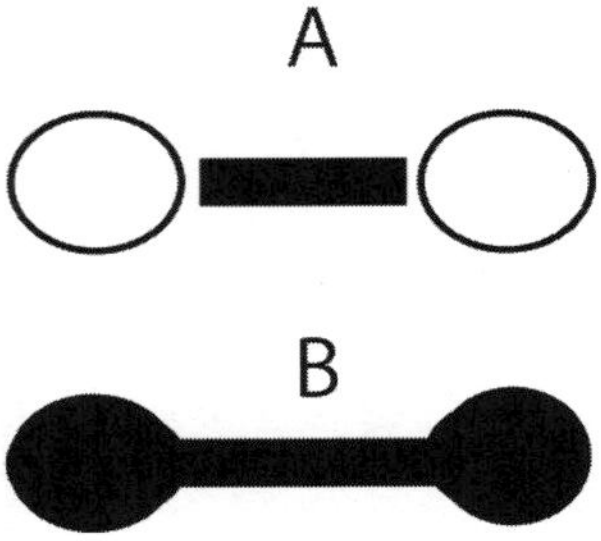

図一

丸餅を引き延ばしたような〈いのち場〉に二人が登場してくる。中根千枝の『適応の条件』（一九七二）に出てくる図一に似ているような。その図を見てみよう。この本のサブタイトルは「日本的連続の思考」で、この図はそのことを端的に示す。日本と西欧の人間関係を比べると、日本の場合（B）「、あなたとわたしははっきり区別できなくて、関係という中に入ってしまっている。西欧（A）では、わたしとあなたがちゃんといて、そのうえで意識してお互いの関係をつくる。だからわたしという存在と関

係は不連続になっている。つまり連続とは無意識にということで、日本の場合、お互い無意識に関係がついてしまっていて、そのうえでわたしとあなたが意識された。そして関係はつながりであるから、わたしとあなたは通じていて、どの程度かは、ことの次第によるけれど、自他未分の状態にあるのだ。

生まれてきた子どもには、自分ということがわからない。したがって他人ということもわからない。その区別がわかるようになるのはいつか。自分と他人を区別する言葉を習得したとなれば、もうはっきりしている。それまでの段階についてはいろいろと言われてきた。その論議はさておいて、三歳ごろ、自分と他人を区別する言葉を覚えても、それだけではわたしとあなたはちがうという決め手にならない。

決め手としては、神によって他のなんびとでもない新しい人格を与えられたということがある。アウシュビッツから生還してロゴセラピー（意味中心療法）を広めたヴィクトール・フランクルは、わたしの人格はわたしの背後にあって、その背後に神がいると言った。人格はアンタッチャブルなのだ。対照的なのは夏目漱石の「私の個人主義」。この講演で、人格は陶冶するもの、自分でつくってゆくものだとしている。こっちのほうが、人格者といった私たちが日ごろから使う言葉に通じ、なじみ深い。

パーソンと人間

パーソンは人格をもった人という意味で、正確ではないが、人と訳す。人間とは訳せない。このことが中根千枝の図にはっきり表されている。異なる人格の二人が存在して、おたがい自覚的にその間に関係をつくる。存在が先行して関係を結ぶので、存在と関係は切れて不連続になっている。自覚的にとは、言葉をもち、理性的に意識を働かせるということである。

これと人間はちがう。人間とは、無意識というに及ばず、すでに関係がついていて、意識に目覚めると、おお、あなた、おお、わたし、というふうになる。インド的にいえば、あなた―わたしはいうまでもなく、森羅万象、網の目のごとく、〈縁〉でつながっている。

それで、指紋からはじまって、姿・形で言えば、わかしは一人しかいない。「独存」といえる。でも、思いとか心の世界は、網の目のように広がっているので、結び目の結を使って、わたしは「結我」じゃないかと思う。つなげると、唯我独尊のもじりのようだが、結我独存になる。結我の利点は、利己とか自己中と言われるけど、わたしは世界そのもの、全体己なんだからね、と居直れること。欠点は独創がなくなってしまうこと、わたしが考えることは誰かがすでに考えていることに決まっていると落ち込む、でもこれは私の独創だ、賞ものだなどとさもしいことを考えなくて済むとなれば、まあいいか、という気がおこってくる。

それにしても、わたしの、育つにつれて広がる意識の世界は、網の一部分ではあるけれど、あなたの世界とはちがっている。どのくらい?と問われるとうーんわからない、ただダブつている世界もいっぱいあるよね、と答えるはかない。ここで自他未分が登場するというわけだ。世界の縁（ヘリ）は雲みたいにボーっとしているのだから、わたしとあなたは連続してしまう。そしてあなたに力点がかかると「あなたのあなたとしてのわたし」という主体性のないわたしになる。森有正がいったことで、「おっしゃるとおりのわたし」なのだ。何らかの権威がある相手だと、相手によって、わたしの考えが変わるので、首尾一貫しない、バックボーンがない、ナマコのよう、と言われる。でも主体性がないとはいえない。あなたの思うようなわたしに、わたしは自分をカメレオンのように変えるわけで、したたかでもあるのだ。

　そこをすこし中和すると、芥川賞作家の平野啓一郎の唱える「分人」になる。幾つもの顔を用意しておいて、相手によって顔をとりかえればいい、そもそも幾つもの顔があるから、どれが本当の自分の顔なんだろうと、アイデンティティ探しに悩む自分なのだから、そういう悩みは捨てて、個人などになろうとせず、「分人」でいればいい、というのである。とはいっても西欧の個人の日本バージョン、といった感じがする。

二者性

すこしまとめると、わたしたちは「あなた―わたし」性を基本としてもっている。それを二者性と呼ぶことにする。二者性は三つの特徴をもつ。すなわち、(一)あなたとわたしがごっちゃになっている部分がある。(二)わたしは自分が可愛い、自分か得するように常に振舞っている。(三)あなたをいつも立てている。(二)と(三)を一緒にすると、わたしを可愛がってくれるように、私の得になるように、相手をそう仕向けるのだ。

たとえば、上司に「愛《う》い奴」と思わせるように気を働かせる。ごますりとか甘えなどは下の下で、わたしにとってはちゃんとした得にならない。才能をひけらかしては逆効果である、というような。そして別格として、あなたとわたしは、TPOに応じて、お互いギッタンバッコン、シーソーのように見上げる、見下ろすの位置の変化がある。

イメージとしてはお山の大将である。いじましく可愛くないこともない。そもそもは、あなたも私も球面をした場に立って居るのだ。どうしてそうなのかは、別の機会にゆずることにして、球面はいたるところが中心であって、あなたもわたしも中心に立って居るということが、お互い平等ということなのだ。しかし球面であるから、あなたの立って居る場はピッチャーマウンドのような小山で、あなたはその中心、すなわち頂上に位置している。そしてわたしはといえば、お山のちょっ

と下、裾野に居てあなたを見上げている。あなたはお山の大将でわたしはその子分みたいだ。で、視点が移動すると、わたしはわたしのマウンドのてっぺんに居て、お山の大将、あなたは子分ということになる。

　リーダー性ということを考える。先頭に立つ、音頭を取る、言い出しっぺなど、拡げてゆくと能動性になる。能動性は受動性と対である。「あなた―わたし」という二者性では、この能動性が固定されず入れ替わってしまう常態がある。ともに生きるとよくいうけれど、能動性と受動性が入れ替わりながら、どっちがどっちだかごちゃごちゃになってしまう、というような有様を指していっているのだ。ケアはあなたとわたしの間でのことが原型で、ケアするとケアされるが入れ替わりながら、ケアすることはケアされることなどと思うことが生じる、というような按配である。

　右手と左手を組んで引っ張り合う、手の位置が動かないようにする。するとどっちが引っ張ってどっちが耐えているのか、わからなくなる。そう思うのはわたしである。では、右手があなたで左手がわたしとすると、そう思うのは誰だろう。あなたとわたしが入り混じって、でもわたし、というようなニュアンスで、「わなた」というのはどうだろう、といったことがある。中根千枝の餅を引き延ばしたような図の真ん中あたりからわたしのほうにかけての領域である。一心同体でなく、あなたとわたしがはっきり違う存在でもなく、「二者性」を体現したわたしということになるだろうか。

昨年出会った短歌に「つなぐ手のわたしの部分が少しずつわたしではなくあなたでもなく」（新井由利子）というのがあって、現代的には別人という違和感、不思議さ、暗さと解されるのだが、人間の二者性から見ると、他人じゃなくなるという驚きと一蓮托生の怖さの同居ということになる。

初出　『ブリコラージュ Vol.248』　２０１７年　初夏号（６・７月）発行、七七舎

生きづらさ、からはじまる未来

カプカプひかりが丘喫茶開店一六周年記念トーク（二〇一四年九月六日）

鈴木励滋（地域作業所カプカプ所長）
伊藤英樹（NPO法人 井戸端介護代表）
菅原直樹（OiBokkeShi主宰）
司会　藤原ちから（批評家/アーティスト/orangcosong）

「障がい」や「老い」はネガティブなものとして扱われがち。隔離されたり管理されたりして、社会の片隅に追いやられてきた。しかしそこには、急ぎ足の人たちが置き去りにしてきたような、新しい価値や、輝きや、未来への種があるんじゃないかしら……？

ロックンロールな木更津の宅老所・井戸端げんきの伊藤英樹さんをお迎えし、これまた枠からハミ出がちな地域作業所カプカプの鈴木励滋所長が迎え撃つこのガチンコトーク。途中から「老いと演劇のワークショップ」を岡山で展開する菅原直樹さんも飛び入り参戦。

「障がい」「老い」「演劇」「社会」などをめぐりながら、それぞれの現場から未来を構想します。

井戸端げんきとカプカプの出会い

藤原　みなさま、こんにちは。今日は「カプカプひかりが丘喫茶開店一六周年記念」であると同時に、分室の五周年記念のイベントです。こちらのトークでは、木更津の宅老所創設者「井戸端げんき」の伊藤英樹さんをお迎えしました。そのお隣にいるのが、カプカプ所長の鈴木励滋さん。司会を務めさせていただきますのはわたくし藤原ちからで、十数年前にカプカプに非常勤職員としてお世話になったことがあります。
さて、なぜ今回、伊藤さんにお声がけをしたのか、そのあたりから伺いたいのですが。
鈴木　木更津で「吹く詩の宴」というイベントがあって、どういうイベントかというと「福祉業界の変わり者を呼んで来てトークをするというイベントなのですが、伊藤さんが実行委員をされていて、二〇〇八年の宴のとき、カプカプの前の運営委員長だった最首悟さんに話を聞きたいと伊藤さんから声をかけてもらったんです。カプカプの話をしてるうちに「鈴木さんも話してよ」ってなって、僕

が木更津に行ったのが、知り合った最初ですよね。

藤原　伊藤さんは『奇跡の宅老所「井戸端げんき」物語』という本を二〇〇八年に講談社から出されていて、かなりカプカプに近いものを感じました。鈴木励滋さんという人もちょっと変わった方だと僕は思っていますけど（笑）、たぶん、お互いに盟友だなって思ったんじゃないですか。

鈴木　あはは（笑）。伊藤さんには、去年のカプカプ祭りにも来て頂きましたが、ベタベタ仲良くするっていうよりも、「伊藤さんは木更津でやってんだろうな」って時折、思い出す人ですね。あちこちにそういう人が何人かいて、自分がブレそうになった時にそういう人のことを思うと踏ん張れる。そんな人のひとりです。

藤原　井戸端げんきについて、あらためて教えていただいてもいいでしょうか。

伊藤　三分くらいでしゃべってみますね。僕は一九七一年に生まれて、このひかりが丘団地で一〇歳まで、すぐそこの一五―一棟に住んでいました。鍵っ子でしたが、家に帰ると近所のおばちゃんがベランダから「おかえりー」って言ってくれるような場所で、みんなに囲まれて生きてるなって、実感しながら生きていました。

一〇歳のときに、そこから山をひとつ挟んだ若葉台団地に引っ越して、時代のせいかわかりませんけど、そこはイケイケな感じで結構息苦しかったですね。団地を逃げ出すように東京の学校に行きました。入れた大学がたまたま福祉の大学で、相変わらず自分が生きて行くことに前向きになれないで不器用だったものですから、職を転々としました。その中で辿り着いたのが千葉県の木更津市だったんです。

最初は働かないでプラプラしていたんですが、一緒に住んでいた彼女に働かないでいたことについてお叱りを受けまして……美味しそうなシャケを目の前で飛ばされたんです（笑）。あ、怒ってるんだなとそれで気づいて、それが引き金になって真面目に働き始めたんですが、その働き始めた老人ホームがどうも僕の思う福祉と違った。でも「工場で働いているんだ」と割り切ってがんばっていたんです。

そんな最中、シャケが飛んだ時と同じように目の前を飛行機が横切って、それはテレビの中だったんですけど、二〇〇一年の九月一一日。飛行機がビルにぶつかるのを見て、激しく時代性を感じて、ムラムラと社会に関わりたいと思いました。そこからセミナーに行ったり本を読んだりして、その時出会ったのが「生活リハビリ」という考えでした。老人ホームではなく、なるべく家で、生まれ育ったなじみの関係の中で暮らしていくのがお年寄りにとっていちばんいいという発想でした。

そういう場所を僕も地域の中でつくりたいと思って始めたのが、井戸端げんきという宅老所です。「生活リハビリ」は三好春樹さんの考え方なのですが、彼の講座の中に最首悟さんがいらっしゃ

るセミナーがあって、それに参加して衝撃を受けました。記憶にググッと残ったんです。それからしばらく井戸端げんきで「吹く詩の宴」をやっていた時に、ああ、最首さんに来てもらいたいなあと思ったんです。でもどうやって伝えたらいいのか……そのあたり記憶が曖昧なんですけど、確か僕、ここに来たんですよね？

鈴木　はい。

伊藤　僕は非常に嬉しかったんです。生まれ育った場所にカプカプみたいな場所ができていて、励滋さんが温かく僕を迎えてくださって。それで最首さんを紹介してくださって、木更津にも来てくださった。

　井戸端げんきはカプカプとそんなに変わらないんですけど、「来るもの拒まず、去る者追わず」で、閑散とした中でも温かさがこぼれるような。ギュッとね。とにかく人がいつも集まってなきゃいけないとか、たくさんの人に出入りしてもらいたいとかではなく、本当に必要な時に、必要な人が立ち寄れる場所があったらいいなと。その時にベースとなる、場所を維持するための事業として介護保険を使っている。そこをいいようにみんなに使ってもらっているんですね。

生きづらい人たちが集まってくる

藤原　さきほど井戸端げんきの所長の加藤正裕さんのお話を聞いた時に、失礼ですけど、この人も生きづらそうだなって感じたんですね。だって、施設に努めた時に「お年寄りを縛ってください」と言われて「どうしてもできません、縛るぐらいなら殴られる方がいいです」とか言って三日でクビになったそうですけど、彼も含めて井戸端げんきに集まってくる人たちは、世間一般に「利用者」と言われる人も、職員やボランティアも、みんな、やむにやまれず来たのかなという印象があるんですけど。

伊藤　はい。僕らのところは九割九分くらい、ハローワークを通して就職してくるんですが、他の職種と比べて違うのは、募集要項の資格欄に「ヘルパー二級以上、もしくは介護福祉士以上」って書かれていないところです。資格もなくて、他のところを転々としてうまくいかなかった子が、たまたま募集を見て「あっ」っていう感じで面接に来て、そのまま就職してることが多いんですよ。

藤原　井戸端げんきのドキュメンタリー映画をさきほど拝見しまして、認知症のお年寄りの方が日中を過ごすデイサービスということになると思うのですが、突然「ここは自宅だ」と言って加藤さんのことをボコボコ殴るおばあさんがいて、彼が土下座して謝っているという……言うなれば修羅場が結構あるんですかね。

伊藤　サシで向き合ってるとキツい場面なんですけど、みんながいるのでそんなにキツくないんですね。なおかつ「井戸端げんき」はいろんな人が出入りするんで、僕らくらいの年代の人でもこういうことをしてしまう人が結構いるんです。だから「お年寄りは大変」という感覚は特にないですね。

藤原　カプカプのメンバーと一緒に加藤さんのお話を聞いていて、いちばんウケが良かったのが「貴婦人のヨウコさん」の話。かいつまんで話してもらっていいですか？

伊藤　本当は加藤くんがしたほうが臨場感あるんですけど……。ヨウコさんは、精神病院に入院されてた方で、そこを出されてしまって路頭に迷っていたところに、僕らのところを紹介されて、ご家族が連れて来られた方です。でも入院していた時と変わらない状態で、どうしても奇声が出てしまう。彼女の心の傷つきから発せられているのですが、「殺せー！」とか「殺してやるー！」というなにもかも憎んで否定する発言があって、同時に髪を引っ張ったり、自傷行為として肛門に指を入れて便をかき出して「検査しろー！」ってやったりとか。僕らはそれにただ付き合うしかないんです。

他のお年寄りは「こんな人が側にいたら、楽しいデイサービスにならないじゃない」って言うし、僕らも彼女のための特別な部屋をつくって寄り添ったり、車で出かけたりしました。車に乗ってる間は「殺せー！」って騒いでも他の人に迷惑かからないから。そんなふうに時間をつないで、夜になると一緒に暮らしていたお父さんに委ねてたんです。

そんなところに、ヒデキさんっていう当時三〇代後半の青年がやってきたんです。彼は青年期に統合失調症を患っていて、その後、一緒に暮らしていたお母さんが病気で亡くなってしまったんですね。それで近所の方が心配して「井戸端げんきにでも行ってみたら?」って紹介してくれた。

ヒデキさんは眼光鋭く、薬も結構飲んでて、時間帯によってはフラッと来ることもあったから、結構「うーん……」というところもあったのですが、僕らもあまり深く考えず、とにかくいいですよって。そうして彼が座って半日過ごす中で、なにか役割があったらいいなって思っていたら、歌が得意だったんですね。

その時、僕らが困っていたのがヨウコさんのことだったんです。スタッフひとり取られちゃうから。それでヒデキさんに、ヨウコさんの好きなひばりさんの歌を歌ってもらおうってなったんです。そしたらヒデキさんが「僕なんかでいいんですか!」って威勢よく言ってくれて。そしてヨウコさんの側に行ってヒデキさんが歌うと落ち着くということが目に見えて起こったんですね。僕らとしては「いい感じになってきたじゃん」っていう心の余裕が生まれたので、彼女がそわそわしてる時に「ヒデキさん来るかなあ、来ないかなあ」って突っ込みを入れたりすると、ヨウコさん、玄関を気にしたりするんですね。

すると以前は「ヨウコさんがいると、ここの雰囲気、台無しよね」なんて言ってたおばあちゃん

が、茶化す仲間に入ってくるんです。「ヒデキさん、まだ来ないねぇ」なんてね（笑）。で、ヨウコさんがヒデキさんと一緒に仲睦まじく歌ってると、今度は他のおばあちゃんが「あらいいわねぇ」とか言って、それをこちらも逆手に取って「ヨウコさんが素敵だから、彼氏ができたんだね」なんて言うと、他のおばあちゃんが妬くという（笑）。とにかくそれでヒデキさんとヨウコさんは仲睦まじく過ごすようになっていった、ということなんですけれども。しかしあまりに彼女については、そのあと第二の恋、第三の恋があって……（笑）

藤原　恋多き女になっていると（笑）。しかしそうやって物語がつくられていく中で、周囲の関係が変わっていくのは面白いですね。

いかに笑えることにしちゃうか

藤原　励滋さんもカプカプを一六年もやっていれば、いろいろあると思うんですけども。

鈴木　僕らはここでいろんな人が出会ってつながることが面白いと思っています。僕がいつも関わっているのは障がいがある人たちですが、そういう人たちの中には昔は座敷牢とか入れられていたり、僕の生まれた群馬県には街から離れたところにでかいコロニーがあって、そんな昔でなくても大きな施設から外には出ずに過ごしていたり、社会と隔絶させられていた。つまり障がいがある人たちは、社会には登場しない。まさに、存在を否定されていたんです。

さきほどのヨウコさんもそうですけど、厄介な「問題行動」を起こすって思われている人でも、誰だって面白いんですよ、人間って。人間の面白さを見えなくしちゃうのが、僕らの狭い価値観だったりするんで、出会って笑っちゃうのが手っ取り早いっていうか、笑わしちゃったもん勝ち、みたいだなって感じでここをやっているというのがあります。いかに差別をなくすかを理屈をこねて考えることも重要なんだけど、要はつながっちゃえばいいじゃん、って。

よくこの話をするんだけど、うちのメンバーで「左利きの子どもに興味があるんですけど」って会うたびに言う人がいて、それは彼が前いた作業所では禁止されてたんです。見るからにおじさんが「左利きの子どもに興味がある」っていうのはちょっと危ないって思う人がいるのは判るよね。でも禁止されればされるほどイライラがたまって、前の場所では爆発してたのね。でもここでは、話していいよって。この団地にいる人生経験豊富な方たちは、ちょっとのことではビビらない人が多いんですね（笑）。青山、原宿あたりのカフェの店員がそんなことを話したら捕まるかもしれないけど、ここでは「私たちの頃は、左利きも多かったよね」みたいな感じで、そこから話が生まれてくるの。話が続くと彼の話題も全く違う方にどんどん広がっていく。爆発だってしないんです。

「左利きの子どもに興味がある」なんて言う人間はダメな人間だから治しなさいっていうのが、よ

くある福祉なんですけど、それがいかに成立するかを考えるのが面白い。人がつながるには、そこに作り話／フィクションが入ってもいいと極端にいえば思っています。そこで人がつながって「面白いな」って関係が生まれるなら。

「左利きの子が気になる」って言うだけで捕まっちゃうのと、お客さんとの会話が広がる店員が生まれるのと、全然違う成り行きなのに、それが施設にいるスタッフの価値観で変わっちゃうのは、なんてひどいことだって片方では思うけど、可能性だとも思うんですね。価値観さえ変わっていけば、どこでもできそうだなって。だから僕は、他の施設では受け容れられず困った人だと排除されていく人があることには「なんてことだ」って怒るのもごもっともなんだけど、怒っているヒマがあるのなら、いかに笑えることにしちゃうかって方に僕は興味がある。それにはどんな手があるかっていうことを日々ここで試している。そうすると本当にいろんな人がつながっていく。排除とは逆の流れが起こる。

藤原　今日は昼に「カプカプ音頭」を踊ったんですけど、わりと音が出ますよね。もし団地の人が「うるさい」って怒ったらやりづらくなると思うんです。だから団地の人に包容力があるのかなって思うんですけど……今日は団地の方もいらしてるようなので、ちょっとカプカプをどう思ってるか聞いてみましょうか？（笑）

鈴木　団地の人って言っても、今日ここに来てくれる人ですからねぇ（笑）。ふだん、店の前でリサイクル品のバザーをやってるんだけど、なぜやり始めたかというと、相鉄ローゼンが第三火曜日お休みしちゃってたんです。そうするとここを誰も通らない凄まじいことになっちゃう。だから、少しでも賑やかそうと思って。そのうち小出しに地域の人とつながるやり方を考えてたんだけど、わーわーやるのが好きな人がいるから、太鼓を出してみようとか、笛もどうだとか、キーボードもらったから置いてみようとか、どんなコンサートだっていうね（笑）。みんな好き勝手に弾いていたら、さすがに怒られたんです。「いい加減にしてくれ」って（笑）。で、そうですかってなって、しーんってなると今度は「ちょっとさみしいね」って（笑）。さみしいって思わせたもん勝ちじゃん。で、「そうですよね！じゃあ、ほどほどにします」って言って、でも今日とか相当うるさいよね（笑）。地域の人が受け入れてくれることに甘んじて傲慢になってもしょうがないんだけど、謙遜してる暇があったらいかに巻き込むかっていう。これで受けない人がいたら、違う手を考えようって。サンバでダメなら音頭だ！って。来年はワルツになるらしいけど。そういうふうにとにかくあの手この手を使う。

関係性を組み替える

伊藤　僕から会場にインタビューしてもいいですか。（会場の人に）ここはどんな感じですか？

団地の人　最初はちょっと入りづらかった。でもちょっと入ってみちゃった（笑）。

伊藤　僕、ここで一〇歳まで過ごしていて、昔の光景が焼き付いてるけど、今はシャッターが閉まってるところもあって、七〇年代の商店街とは違う姿になって。

鈴木　昔はここの商店街は、入るのに支店を持っていないといけないとか、年商はどれくらいじゃないといけないとか、そうそうたる基準を持っていたんです。僕が来た頃は厳しい基準はなくなってたけど。だから伊藤さんの頃は、すごかったんですよね。

伊藤　仮面ライダーの大きい人形があったり、遊具もあったり……ねぇ？　昔ここの商店街にぎやかだったよねぇ？

団地の人　そうねぇ。

伊藤　ひとつひとつの出会いはひとりひとりとの出会いなんですけど、その一対一の後ろ側にもうひとりいるっていう組み合わせがいくつもあって。最初はこの人に会いに来たはずなのに、別の人が視界に入っちゃったから、思わずつながっていく……みたいな連鎖が延々とありますよね。人間って毛肌の違う人と接触する時は警戒心がどうしても働くものだけど……。

あ、全然違う話思い出しちゃったんだけど、いいですか？（笑）

藤原　どうぞ（笑）。

伊藤　僕が昔働いてたところで、声の出ない子がいたんです。手話を混ぜて身振り手振りでコミュニケーションをとってたんですけど、お父さんに対してだけは声が出るんですよ。ある時、僕がお父さんの影に隠れながらその子に話しかけたんです。そうしたら声、出ちゃったんですよ、思わず。それからみんなに対して声が出るようになったっていう。あいだに人が入ることでスッと警戒心が取れることもある。その積み重ねですよね。

藤原　それって演劇とかダンスにも通じますね。お父さんの背後に隠れる、つまり関係を組み替えることで、声が出るという身体性を誘ったわけですよね。僕も励滋さんも演劇やダンスを見て批評を書くということをずっと続けてるんですけど、励滋さんはどうして舞台批評とカプカプの両輪を続けてきたのか？　それは、まさにそういう身体に関わるというところでつながってるんじゃないかって気がするんです。

鈴木　僕も全く違うことを思い出しちゃったんだけど（笑）。

藤原　はい、どうぞ（笑）。

鈴木　うちのメンバーでも、卒業した学校の先生から言葉でのコミュニケーションが難しいと言わ

れていた人がいます。小林くんっていうんだけど。彼、助手席に乗るのが好きなので、夕方三時半くらいになると、地域ケアプラザという施設に入っているうちの喫茶店で働くメンバーの交代とかで迎えにいくときに一緒に行くんですが、そうするとケアプラザにいる非常勤のおじさん、藤井さんという方ですが、必ず声かけてくるのね。最初、小林くんがどう反応するか探ったりして、そのうちにおばけが好きだって分かった。カプカプ音頭におばけが入ってるのは、彼から着想を得てるんですが、「おばけー！」ってやると彼は声を出して笑うんですね。それで、ケアプラザに行って帰ってくる時に、藤井さんが「小林くん、おばけー」っていうのを、必ずやってくれるようになったんです。毎日毎日延々と繰り返して、何年もです。その度に「藤井さん、おもしろいね」なんて言うと、さらに笑う。しまいには、そこら歩いてるおじさんみて「藤井さんじゃない？」なんて言うだけで、小林くんは大爆笑するようになりました。小林くんがこの界隈で初めて人の名前を呼んだのは、そのおじさんなんです。「フジイ！」って。そりゃそうだよね。

　僕らはけっこう無駄だと思っちゃうもんで、そういうコミュニケーション。毎日「おばけ、おばけ」ってやらないけど、それをやる人がいるの。やる人がいて、ごほうびをもらえたわけですよ。藤井さんはやっぱり、そういうふうに人間と関わる人なんだと思う。「この人は言ってもわからない」「応答できない」とか思わない。

ここに寝ている最首星子さんだって言葉がないとか反応がないとか思う人が多いんだけど、うちのメンバーは必ず声をかける。こういうところに寝てたりするから、跨ぐときに「星ちゃん、ごめんねー」って。それを見て若い職員がそこから学んだりする。星子さんは、とても耳がいいから聞き分けてるし、反応したりする。僕は肉付きがいいからおんぶする時にとても喜ぶらしいです（笑）。声とセットでちゃんと覚えていて、僕が「車から降りるよ」って言うとすっと降りる。（星子さんのまなざしと会話して）あ、星子さんのこと話してますよ。でも、若い、痩せてるスタッフだと反応がなかったりね。で、こちらが勝手に諦めちゃう、決めつけちゃう。なんというつまらなさ。藤井さんの飽くなき働きかけとか、出会いとか関係が生まれることっていうのがおもしろいなぁと思い知らされて、そういうのをもっとじゃんじゃんやりたいなぁ、と。そういう時に演劇に可能性をすごく感じます。

藤原　出張してるケアプラザの話も出ましたけど、いま、カプカプの拠点はいくつあるんですか？

鈴木　地域活動支援センターという形態の事業所（二〇一七年一二月から「生活介護事業」へ移行した）が三つあります。それぞれに二〇名くらいの人が通ってるから、メンバーは六〇名弱です。ケアプラザの喫茶コーナーっていうのはうちの枝の部分。斜向いのあそこもうちの分室っていうかたちなんで、だから事業所としては三つです。

藤原　このひかりが丘に分室ができたのも、すごく大きいことだと思います。空間的に広がったし、ワークショップもできる。今日も絵本作家のミロコマチコさんがいらっしゃってましたし、できることのバリエーションが増えている印象があります。

鈴木　二ヶ所になると、それ以上の効果がやっぱりあります。最初、ここができる時は、「なんだなんだ」って、まわりの商店の人も言ってたけど、二ヶ所目の分室ができる時は「どうぞどうぞ」ってなって、「なんならもう一店やってよ」っていう感じで。ワークショップも、八メートルくらいの長い布にみんなで絵を描くっていうのを分室の前の通りにブルーシートを敷いてやったんだけど、それもいいよいいよって。当然、まわりの店にはお断りをいれてますが、なにもないよりもにぎやかになるよねって。伊藤さんが住んでいた頃は、ローゼンの方から逆側の商店街の端っこが、人垣で見えなかったなんて話も聞きますが。

伊藤　子どもの頃、そっちの駄菓子とあっちの駄菓子、「どっちがいいかなあって、行き来してました。

鈴木　それくらい人がいたのに、今は全然人が通ってない。少しでもにぎやかにしたいよね。

伊藤　移動ってすごく重要で、福祉の施設でも移動が伴うか伴わないかって、発信の仕方が全く変わってくるんです。僕はあまり好きじゃないけど、朝と夕方、あらゆるところでデイサービスの車が走っています。それを見ると、本当に高齢化社会が来たなって思うんだけど、家から施設への「移動」があるから、デイサービスの車が走ってる。昔だったら、要介護老人の姿って本当に見えなかった。

今はなくなっちゃったんだけど、井戸端げんきの近くの駅前に、フリースペースを設けたことがあったんです。そこにお年寄りが散歩がてら、用がなくてもぶらっと行けるわけですよ。ヨウコちゃんなんか叫びながら歩くし、お店のものを取っちゃったりもするから、僕らは説明をして、ごめんなさいて町の人に頭を下げるんだけど。でもそれで結局、町の人に存在が知られるんです。それは移動が伴わないと起こらない。昔から「交易」が重要だったように、結局、人が移動するようになって状況が変わっていくんです。だから通所というシステムは大事だなと思っているのですが、いまは老人ホームが足りないってことに話が戻って行くのが残念だなって思う。

藤原　つまり閉じ込める方向に向かうということでしょうか。カプカプも送迎だったり、通所で通ってたり、バスに乗ってる人もいるから、町に出ていくということが起きてるんだろうと思います。

ではここらで、いったん休憩を入れようと思います。

演じること、剥がれること

藤原　今日は、演劇を介護の現場でやっている菅原直樹さんが岡山の和気町から駆けつけてくださったので、ここからは彼にもご登壇願いたいと思います。二年前まで東京で俳優として活動をされてて、いまは岡山で介護の仕事をしていると。

菅原　東京でも介護の仕事はしてたんですけど、奥さんが岡山の田舎で暮らしたいって言ったんで、じゃあそうしようかってことで移住しました。介護の仕事はどこにでもあるじゃないですか？　ただ「東京から離れると演劇できなくなっちゃうよ」って周りの人からはよく言われました。だけど、施設で働く中で、介護と演劇は似てるところがあるなって感じていたので、そこを結びつけたら岡山の田舎でも演劇活動ができるんじゃないかという予感はあったんです。

　それで岡山の和気に移り住んで、特別養護老人ホームで働きながらOiBokkeShiという、「老い」と「ボケ」と「死」をもじった劇団を立ち上げて活動しています。この六、七、八月には、介護と演劇が相性いいって思った実感を一般市民の方にも体験してもらうワークショップをやりました。

藤原　どういうワークショップですか？

菅原　先ほどみなさんがお話しされてたことを演技と結びつけただけですね。たとえば、認知症の方は、ぼくらからすると突拍子もないことを言ってきたりするわけですよね。その言葉を、ぼくらの価値観に合わせて押さえつけるのではなく、演技をすることで受け入れようっていうことです。さっき井戸端げんきの加藤さんも「セッションする」って言葉を使われてたんですけど、まさにアドリブ、即興劇の練習ですね。

岡田忠雄さんという人がいて、すごいんですよ。「おかじい」って呼ばれてるんですけど、このワークショップで「ボケを演じる」ってことを発見して。こないだ、自分のお姉さんが入居している特別養護老人ホームに行ってボケを演じたんだそうです。たくさんいる利用者さんたちに向けて「今日入所しましたおかじいです」って言って、ボケ老人を演じたんです（笑）。そうしたらみんなすごく盛り上がったって。まぁ、ぼくは別にボケ老人になることをすすめているわけではないんですけど、八八歳のおかじいがボケを受け入れる演技をするとどうしてもそうなっちゃうみたいです。まさに映画の『カッコーの巣の上で』みたいな。

伊藤　人は日常的に誰かを演じてる、と思っていて。でもボケてるおじいさんやおばあさんといる時こそ、僕らのその「演技」が剥がされるんですよ。それがたまらなく面白い。

菅原　そうなんです。僕は今度、おかじいと芝居しようと思ってるんですけど（認知症徘徊演劇『よみちにひはくれない』として二〇一五年一月より月一回ペースで上演）、アドリブばかりだから純粋な演劇ができないんです。おかじいにどうにか物語を展開してもらいたいんで、僕は俳優という名

の介護者になるんです。その時に俳優の技術ってすごく問われると思うんですね。要は見せかけの演技をしてたらダメなんです。

菅原　菅原さん自身の俳優としての技術が問われるってことですか？

菅原　はい。人間と人間との関わり方ですよね。

伊藤　剥き出しになる瞬間が面白いなって思うのは、病院でも施設でも自信満々の介護職や看護師が、笑顔で「どうですかー？」ってやってる時に、いきなりバーンって凄いことが起きて、こらえながら「やめてください、そういうことは」って思わず本心が出てくる……みたいな瞬間は、たまらなく愛おしいですね。

菅原　ボケた人とのコミュニケーションを最初から否定したり、無視してかかる職員っていうのはいるわけですよね。それに対して、ボケを受け入れる演技がありうる。話を合わせたり。でも失敗する時も結構あるんです。それは俳優の技術っていうよりも、人間力になっちゃいますけどね。

「こっち」は立派で正しいのか？

鈴木　そう思いますよ。カプカプに当てはめて考えたときに若干違うのは、ボケていくんじゃなくて、知的障がいがある人は「そもそもそういう人」だったりする。どういうことかというと、だんだんヘンなことを言い出すんじゃなくて、そもそも交通しにくいことを言っている。

だから、僕は自分の仕事を考えると、気づきにくいかなっていう気もしていて、この人たちは喋らない人だっていうのと同じように、こういう理屈が判らない／通じない人だっていう対応の仕方をしちゃうんだけど、僕らが当たり前……「僕ら」ってあえて言いましたけど、理屈とか言語での遣り取りがすっきりくる人たちの中で「そうじゃない人」って捉えちゃってるけど、なんでこっちの方だけそんなに立派で正しくて揺るがないのかっていう、自分が理屈っぽいからこそ、そういうの不思議なんですよ。なんで、「理屈の通じない」、「脈絡が分からん」、「なに言ってるかよく分からない」って言われる、わたしが日頃関わっているこの人たちが、そんなに全否定されちゃうわけ？　たかだか論理くらいで？　って、日々、思います。なんだか分からないすごさを持ってるじゃないですか。日中、来ていただいた方なら分かると思いますけど、お客さんでうちによく来てくれる人は、うちのメンバーとなんだか分からないやり取りしてるんです。もはや言語とか論理ではなく、やり取りをしていて、それが心地よいと思って来てくれている。そこに豊かなやり取りがあるのに、なんで僕ら理屈っぽい人が立派で、こんなに利権を持って、金も儲けられて、そんな理不尽ってどういうことなんだって。この仕事にたまたま僕はついてしまったんで、ずっと思ってますね。

藤原　……励滋《れいじ》さん、なんで、この仕事についたんですか。たまたまって、今おっしゃいましたけ

ど。

鈴木　藤原くんと私の先生は同じで、その先生（栗原彬さん）の本をつくってる人が、横浜で小さな出版社やってたんだよね。僕は大学の四年の時、「バイトしながら物書きやろうと思ってます」って言って就職活動しなかった。そしたら「作業所つくろうと思ってるから、とりあえず説明会あるから聞きに来なさいよ」って。すぐそこの公団集会場っていうところの和室なんだけど。それで行ったら、説明会に来ていた家族に「今度職員になる鈴木くんです」って紹介されちゃって（笑）。やることなかったし、ちょっと付き合うかと思ってやってたら、一七年経っちゃった。

伊藤　それいつですか？

鈴木　九七年。

伊藤　声かけてくれればよかったのに！なんにもしてない頃だあー（笑）

鈴木　知らんよ（笑）。僕は福祉を学んでもいなかったので、精神障がいも知的障がいもなんにも分からない状態で入ったけど、だからこそ良かったかもしれない。先入観なく、それぞれが持っている生き難さがあって、その家族も苦しみのようなものを抱えているなかで、なんだかね……なにかしてあげたいとか、そういうのじゃ全然なかったんですよ。こんなにすごい人たちがいるのに、本人も家族も苦しい思いをしてたりするのは、理不尽だなって思って。そういうようなことを、大学の時に理屈では考えていたので、だったら僕が面白いと思ったことを他の人も面白いと思えることができる場をつくることで、僕みたいな考えに共感してくれる人が増えていけば、ここは少なくとも生きがたさが少し緩む場所になるかなあと……。

藤原　カプカプに遊びに来ると、だいたい野元さんが「あ、よく来たネッ！」みたいになるんです。前に一度、二日酔いで来たことがあって、それ以来、野元さんの中ではどうも「この人、二日酔いで来る」ってキャラにされてて（笑）、彼女の中ではパーッと物語ができてるんですね。だから僕が来ると野元さんが他のメンバーをどやして、「水持ってこーい！」ってなる。そんなにあなた偉いんですかっていう問題もあるんですけど（笑）。でもそれは、野元さんの中である役割を演じてるんだと思うんですよ。ダメな二日酔い野郎をどうにかするっていう（笑）。

鈴木　恐らく野元さんはもてなす側で、親しくしている可愛い若者がやってきたのに、「なんでみんな気が利かねぇんだ！」って同僚に言う感じですよね（笑）。

藤原　あのこれ、どうでもいい話なんですけど、数年前はここに来るとメンバーたち　に結構ちやほやされたんです。つまり「若い人が来た時対応」だったんですよ。でも今や、くたびれた酔いどれのおっさんが入ってきたなぐらいの扱いに……。さっき若いスタッフの千葉くんが入ってきた時のアイドルっぷり？　キャー！っていうのがあったじゃないですか。あ、負けたな、老いたな……っ

ていう（笑）。

鈴木　あったよね、そういう時が（笑）。

藤原　あったでしょ、アイドル的ないい時代が（笑）。

周囲の関係を変えてみると……

藤原　ところで、ちょっと踏み込んだ話になりますが、さっきの井戸端げんきの話にもありましたけど、暴力的なことが起きちゃうこともあるわけですよね。それはその人が否定されてきたことが大きな原因なのかもしれないけど、「殺せー」という言葉だったり、実際に手が出ちゃったりとかもあると思うんです。そういう暴力的な衝動は実は誰にでも起こりうると思うんだけど、そういう人たちが、同じ場所を過ごせるようになっている。それはすごいことだなって思うんですよね。しかも井戸端げんきやカプカプは、他の施設では断られちゃった人たちが、一緒にいるじゃないですか。

鈴木　さっき、菅原くんが言ってた結局、人間力。そこなんだよね。使うのは、嘘でも演技でもなんでもいいと思ってるんですよ。この前、演劇センターF（二〇一四年にスタートした演劇の拠点プロジェクト）の企画で、藤原くんが「嘘をつくのとオレオレ詐欺がどう違うんだろう」って言ってたじゃない。それは大きく違うのは、その人のことを思ってるかどうかっていう話で、オレオレ詐欺は金のために関わってるだけじゃない。もしかしたらオレオレ詐欺の中から情が生まれて、違う関係が生じる可能性はあるけどさ。でも、要は相手をどう思うかという話で、そこはまさに人間力。相手とどう関わりたいかというところなんだろうなと。

菅原　新たに考えているワークショップで、「介護度を重く見せかける演技を教えるワークショップ」っていうのがあって（笑）。

伊藤　それね、うちの加藤くんは得意だよ！　どう見ても「要支援」にしか見えない人を「要介護五」にしたんですよ。演技指導してね。

菅原　だからそういう演技が役に立つんじゃないかと思って（笑）。

伊藤　（加藤さんに）コツなんかは？

加藤　その人のことをよく知らなくちゃダメなんですよね。癖とかいろんな身体情報を掴んで、どのタイミングでそれが出るかっていう。質問の仕方も大事ですね。

鈴木　「要支援」から「（要介護）五」でしょ？　もう段違いです。こんな話は、ヤバイですよ（一同笑）。でも、そんなあやふやなもので人を輪切りにして、受けられるサービスが違うなんていうのは国の施策に大きな問題があるので、僕はいかようにでもしてしまったほうがいいって思っています。役所の人もいる前ですが（苦笑）。介護料や障害程度区分で測れない苦しさなんていくらでも

あって、障害者手帳がもらえないボーダーっていう、知的障がいってあれの尺度IQですからね、このご時世で！　で、ギリギリで手帳がもらえない人の苦しさってちょっと想像すりゃ分かるじゃないですか。相当に生きがたいわけですよ。僕は、障がいというのは、なにかが「できる／できない」という話ではなくて、関係の中にあると思っています。障がいが「重い／軽い」とかじゃなく、生きがたさがある人の生きがたさをなんとかできないものかと。その生きがたさの根源は自分にもあるので。そういうことに興味があるの。それが緩められるのであれば、もう嘘でもなんでもいいじゃないとさえ思う。

菅原　僕の演劇の入り口は平田オリザさんで、僕の介護の入り口は三好春樹さんという方です。三好春樹さんは「関係障害論」として、認知症のお年寄りは関係に障がいがあるんじゃないかってことをおっしゃってる。僕自身も人見知りだったんですよ。だけど平田オリザさんの演劇ワークショップで、電車のボックス席で知らない人に話しかけるっていうのがあるんですけど、案の定、人見知りの僕にはできなかったんです。その時にオリザさんが言ったのは「その人が頑張るんじゃなくて、言いやすい環境をつくればいいんだ」ということなんです。たとえば、僕がサッカー好きで、目の前にいる人がサッカーの雑誌を読んでいたりする。そうすると「ご旅行ですか？」っていうひと言が掛けやすくなるでしょ。それを体験した時に、あ、僕にでも演劇できるかもしれないなって。引きこもりの人間でも、環境を変えるだけで台詞をしゃべることができるんだって気づいたんです。

伊藤　やっぱりね、場があって初めて人間が人間になれるんだよ。ひとりで自発的に人間があるわけじゃないんでね。

菅原　周りを変えることによって、生きやすさが生まれる。

伊藤　今のこの場の雰囲気も、みなさんがいることでできあがっている。絶えずそういうことだと思います。講演なんかでも、ふだん誰かになにかを伝えるっていう場合でも、いつも同じではなくて、話す相手や場の雰囲気によって、違う話し方が出てきていいと思います。こうでなきゃいけないって決めている人のコミュニケーションは、社会の決まり事に入っていくことをやめた僕みたいな人にとっては、苦痛でしかないんです。共に歩み寄ることが常にあったらいいな。

狭い社会がおかしい

鈴木　ほんと理不尽にね、許容される範囲が狭いんですよ、この世の中。特に障がいなんていうとそこを訓練して克服して、立派な人間になろうみたいな教育をしちゃうんで……ほんとにね、狭いんですよ、こうあるべき人間像が。僕もそもそも「そうあるべき人間像」になれないような人間なので、でも頑張れちゃうからその中での葛藤とかイライラとかずっとあったから……かもしれない。

なんでこの人たちがこんなに頑張らせられて、「立派な人間」にって……「立派な人間」ってそんな立派なのかよ？って。

伊藤　その狭い社会の在りように対して、おかしいよなって、かなりの人が思ってるんですよ。

鈴木　そうそう。

伊藤　誰もが思っていながらその狭さに合わせるから、統合失調診断や躁鬱診断を受ける人はますます増えてると思うんですよ。

鈴木　いや、増えるでしょう。だって世の中がおかしいんだもん。

伊藤　分裂しないと生きていけない状況を社会がつくってくれちゃっている。

鈴木　めちゃくちゃですよね。でもそういう世の中の大きな仕組みに対しては、僕はもともと政治学をやっていたんで、諦めたとこがある。そういう仕組みだなあっていうのを理屈でわかっちゃっているのに、直接制度を変えたいとか、政治を変えたいとか思わないのは、何百年もかけておかしくなってるので、僕の一生じゃ間に合わないなと思っているからです。むしろ、生きがたさがなくなっていくような、とにかくつまらん尺度で相手を測ったりとか、「立派な人間」を演じて苦しい思いをするのをやめていけるような世の中へ向けて、出会える人たちとのあいだの関係をよくしていくことの方に興味があります。

藤原　伊藤さんの本（『奇跡の宅老所「井戸端げんき」物語』）にも書かれていましたけど、右肩上がりの時代はもう無理だから、「落ちるんじゃなくて、降りるんだ」という考え方もありうるわけですよね。最近こういう言い方もしないのかもしれないけど、オルタナティブ？　というか、別の生き方をするということです。

そこで井戸端げんきのキーワードかなって思うのは「生き直す」ことだと思うんですね。それは菅原くんがいう「演じることで普段の自分が脱げる」ということにも近い気がするし、カプカプで励滋さんたちが日々やっていることも「生き直す」ことの積み重ねだと思うし、そこが魅力なのかなっていう気はするんです。

でもさっき励滋さんね、何百年もかけた社会の仕組みって言ってましたけど、そこは僕はちょっと違う意見で、人を輪切りにして要介護いくつです、みたいに数字で人間を管理する近代のシステムって、せいぜいここ一〇〇年くらいだと思うんですよ。だから意外と強敵でもないんじゃないか？っていうのが最近の気分です。そこでみなさんがただ抽象的・論理的にその近代的システムのゆがみを糾弾するんじゃなくて、それぞれの現場で日々活動していくなかで、周辺にいる人たちと一緒に新しい生き方を模索しているのが、すごくいいなって思うんです。

鈴木　そういう活動があちこちで起こっているのは、それに魅力を感じる人たちがいるからだと思っ

ている。世にはびこっているのは、生産性とか、経済の役に立つとか国力に資するとか、つまり使える人間かという尺度なんです。その尺度でいうと老いることって、使えなくなるってことじゃないですか。障がいがある人はもともと使えないって話なんですよ。でも、「なんだその尺度は?」って思う。そんなのは戦争したいとか無駄に金を儲けたいとかいう人の中では有効な話かもしれないけど、その土俵になんで僕らまで乗せられなきゃならないんだって。もっといろんな土俵あってもいいでしょ。僕は欲張りだから、その根っこのところまで変えたい。人間が道具であるカネに支配されるようになった「何百年」を、政治や経済じゃなくて人々の関係から覆していく。

「雑」の有機的な面白さ

藤原　もしよかったら、会場に最首悟さんがいらっしゃっていますので、一言、頂けたらと思うんですけど。(拍手)

最首　最首です。あの、みんな結構年とってきたなあと思って(笑)。私は七八歳になります。星子が四〇歳のときの子だから、星子ももう三八歳。ここのメンバーでも野元さんに次ぐのかな。

　ほんとに、今みなさんが話されていることっていうのが、今の基本みたい。人それぞれ。私はそれを「雑」と呼んでるんですけど、「雑分類」といって、分類できないものをみんなそこに押し込むんです。和歌集なんていうのもそうで、この歌をどこかに分類したいんだけど、いろんな要素が入ってて分類できないとか、なにを言ってるか分かんないとか、そういうのを全部「雑」に突っ込むんですよ。その「雑」というのが、今まさに語られていることでね。その「雑」の中に、演技や嘘がどんどこ入ってきて、余計面白くなるじゃないですか。そういう話、聞いててすごく嬉しいです。どうも。（拍手）

藤原　ありがとうございました。今日ここにいらっしゃってる客層もまさに「雑」に混ざってる感じですね。僕は仲間たちと一緒に演劇センターFという拠点をつくって、演劇のノウハウを使っていろんなイベントをやったりもしてるんですけど、今日はそこによく遊びに来てくださる方もいるし、団地の方もいらっしゃったり、福祉に興味がある人もいらしたり、あるいは劇場でよくお見かけする人もいたりとか……だいぶ混ざってる感じがありますね。

伊藤　以前は農業に興味もなかったんですけど、今「縁側よいしょ」っていう田んぼにいることが多くて、地域の農家の人たちと関わること多くなったんです。それで農業のこと知らなきゃなと思って、有機農業の本を読んでる時に思ったんですけど、有機農業というのは「雑」こそが美味しい野菜をつくるっていう話で、人間も一緒だなあって。雑草をあえて排除しないで、雑然とした中で野菜に育ってもらう。

藤原　農薬で排除するんじゃなくてってことですよね。

伊藤　うん。虫に食われたり、形の悪いのもいっぱいできるけど、あえてそのままにする。その中ですごく美味しい野菜がいっぱいできる。雑然とした中にあるほうが生命は輝くのかなって。

藤原　雑味があるほうが種としてたくましくなるのかなっていうのは感じますね。

伊藤　同じ人間を均質につくろうとした教育っていうのは、それこそ、この百年ですよね。それまではシステムとしての教育はなかったわけだから、それから人間はどんどん変わってきてるなあと。あれはまさに有機農業の逆ですよね。

ユーモアと人間らしさ

藤原　もうひとつ、さきほども話に出た「笑い」の話をしたいんですけど、お三方の活動にはユーモアがそれぞれにあるなって気がするんですよ。井戸端げんきでは、お年寄りを看取るシリアスな場面もいっぱいあるはずですけど、その日々の記録にはすごくユーモアがありますよね。カプカプもすごくユーモアがあるところがいいなと思うんですよ。笑とかユーモアの可能性についてはいかがなもんでしょう？

菅原　老人介護の現場には最初、演劇人として好奇心があって行ったのですが、入ってみて一八〇度考えが変わりました。老いってシリアスなものだと思って入ったんですけど、認知症のお年寄りってすごいユーモアがあって、僕の狭い価値観を壊してくれるような一言を言ってくれたりするんです。

OiBokkeShiでは、お年寄りに芝居に出てもらいたいなって思うんです。そうすると見せ物的な感じに受け取られちゃうんですけど、そうではなくて、老いた姿っていうのは俳優として魅力的なんですよね。お年寄りが歩く姿を見ただけで、俳優として負けてるなって思う。それくらい存在感がある。

それに、老いていく姿を人に見せるっていうことは、自分の老いの姿を受け入れていくことにもつながるんですよね。だからどうにか僕はお年寄りに演劇に出てもらって、拍手をもらってほしいなって思うんです。

藤原　拍手というのは？

菅原　拍手をもらうってことは、そこにいて良かったってことになるじゃないですか。お年寄りは最高の役者だと思うのは、存在感があるのと、人生のストーリーがあるからです。それを丁寧に読み取ったら、そのストーリーを字幕で出して、ただ歩くだけで演劇が成立するんじゃないかなって思うんですよ。そういうストーリーを―知ることで、尊重する気持ちが生まれるでしょう。それは

介護の基本だと思うんです。だから介護の現場に演劇・物語を持っていくだけで、だいぶお年寄りとの接し方が変わると思います。その時に、僕らの狭い価値観を壊すようなユーモアとか人間らしさがそこから出てくるんじゃないかと思うんです。

伊藤　八〇年代にお笑いブームが盛り上がったとき、僕はネクラって言われるほうの質だったんで、非常に嫌な感じがありました。僕は意図的になにか笑いをつくることよりも、思わず笑っちゃうことをつくるほうが面白いと思うの。たとえば、スーツ姿のサラリーマンが一生懸命営業しているときにプッとおならが出ちゃったのを椅子の音でごまかそうとしてるみたいな（笑）、そんな日常の出来事。意図的でない「人間」が剥き出しになるような、「あ、人間だ、コイツ」みたいなことが露わになることが笑いかなあと思っています。井戸端でも「ごめん、思わず笑っちゃったよ、ばあちゃん」みたいなのはすごく人を豊かにするなって思っていて、人間的だなって思いますね。

鈴木　障がいがある人とか、じいちゃんばあちゃんのことを笑うのは気が引けるって思っちゃうのは、そういうふうに思っちゃう人が、気づかないうちに乗っている土俵から降りようとしないからなんだよ。いかに立派な人間であるかの狭い尺度や価値観の枠内から出ない。出ないと、その中でダメな人とか劣る人を、劣るところで笑うわけだから、罪悪感もあるし、気も引けるのかもしれないけど、プッて笑っちゃう時って自分の価値観が崩されてんの。そこから自分も飛び出る可能性がある。そこで笑えるっていうことは。だからすごく可能性があるんだよね。ダメさを笑えるってことは、ダメさが愛おしいもので、ダメでいいじゃん、ってこういう方向もあるじゃん、ってことなの。だから笑っちゃいけないなって思う人は、笑わないことで自分がなにを守ろうとしてるのかを考えた方がいいと思う。

藤原　さっきカプカプメンバーの某君が、僕と一緒に来た女の人を見て「む、胸が大きい！」っていうのを本人の目の前で言ってて、で、誰よりも本人がめっちゃ笑ってるんです。で、おいおいそんなこと言ってたらこのままエロじじいになるぞって言ったら、さらに笑ってて、なにか……まあいいかって感じがありました（笑）。いや、セクハラと紙一重だけど、「セクハラ」として処理することもひとつの紋切り型なわけで、たぶん彼は、その女性が僕と一緒にいたから、その関係の中だったら言っても大丈夫だろうな、っていうのは感じてたと思うんですよね。

カプカプは近未来！

藤原　さて、他に質問やご意見はありますか？

参加者　最近、木更津に関していくつか聞いた話だと、一七時になるとお店が全部閉まっちゃうとか、パチンコ屋さんがなくなるという……パチンコ屋って町に活力がなくなった象徴なのに、それ

すらなくなるという、そんな話を聞いて、どうしてそういうふうになっていったのかなって。

伊藤　僕らはどこにでもある郊外の町と思ってたんですけどね。力のある人たちが思い通りに動かしやすい町ですかね。

藤原　具体的に言うと、再開発して町を変えたりとかがやりやすいってこと？

伊藤　そういうことです。だから今もそれが継続してますね。

鈴木　この裏には生協があったんですよ。それが潰れた時に各スーパーの人が見にきて「ここはダメだから出店しない」って言って、結局そこは更地になった。つまり経済的に価値がない。それはここに住んでる人たちにとても失礼な言い方なんだけれど、実際、経済的にはそうなのかもしれない。廃校になった小学校は売れない。でも、でもなんですよ。さっきのダメな人間の魅力っていうのと同じ話で、ダメな町っていうのはすごく狭い意味なんです。経済的な、ここにはマンションを建てられないとか、せいぜいそんなカネの話。それよりももっと豊かなものがこの地域にあって、ここで、だからこそつながる、この場を許容してくれたりする人がいるんです。

　たとえば、これがなんかおしゃれな場所で、うちが間違って土地なんかもらって展開してったら、こんなに地域に愛されなかったと思いますよ。もしかしたら、道徳的・倫理的に、障がいのある人も受け入れなくちゃっていう「温かい」人たちが表面的には受け入れてくれたかもしれないけどね。

ここだと、うるさかったらうるせえって言われるし、全然休まらない喫茶だとか言われたりして、でも長く付き合ってくれたら「味があるね」って言われたり、やみつきになって来てくれたりする人がいるわけですよ。経済的にはダメだと言われる街でも、むしろ、だからこそ、そこに豊かさがあったりとか、都会の人たちが捨ててきた大切なものがあったりする。僕はそういう地域こそ、人のつながりがあって、そこに人間としての可能性がすごくあると思ってます。

伊藤　ここは近未来ですよね。

藤原　おお、カプカプは近未来！　確かに！

鈴木　それは言われますよ。二〇二五年の姿だと（笑）。

伊藤　その近未来の中で、どう生きていけるかってことを先取りしてやっている。

鈴木　その高齢化で、二〇二五年は三人に一人が高齢者になりますが、ここはすでにそうなってる。だから、そんなに悲観することないじゃないって思うんです。日々面白いよって。スカした東京なんかの偏った発展をしたところよりも、人のつながる可能性があると思うし。どこでもやりようはあるけど、でも世の中的には廃れて経済的に価値がないとか、いろいろ言われるかもしれないけど、僕はそんなの相手にする必要なくて、違う尺度を打ち出せばいいんだって思う。木更津も。

伊藤　あそこはね、なんだろうな（笑）。使いやすい街なんじゃないかな、力のある人にとっては。

それによって浮いたり沈んだり、アクアラインバブルで浮かれた人たちが「できたあ！」となったのにやっぱりダメで、でもそのおかげで夜逃げされた方がいて、井戸端げんきを始めることができたんで（笑）。

藤原　大きな資本とか政治力によって、どこの町も再開発で同じ顔になっちゃう。そんなネガティブな流れもある一方で、どこにでも人はいるわけだから、人がいて場所をつくっていけばなにかできるという。その力を証明している気もします。

伊藤　ずっとやってて思うのは、人間落ちるところまで落ちたほうが、いろんなことやりやすいですね。逆に落ちないとできないところがある。だから老いというのはそういう意味ですごいチャンスだなって。老いに対しては人間は圧倒的に無力で、それをみんなが感じることができる。老いがみんなに共有されていくと、自然に、今の尺度はどうにもならないから、違う尺度を持つようになるんだろうなって思います。その時、僕らは八〇か九〇になってるんだろうな。

鈴木　そんな生きるんだ（笑）。

藤原　ぜひ生きてください（笑）。ではこのへんで。ありがとうございました。

初出「ザツゼンに生きる」、ＮＰＯ法人カプカプひかりが丘発行二〇一六年五月

開放し、抵抗する「そこ」なる世界へ

二四年前の一九九二年、埼玉県の日高市に住んでいるころ、『人権と教育』という雑誌に「街中のカオススペース」という文章を書いた（この文章は『星子が居る』〔世織書房、一九九八年〕に「星子一六歳、養護学校二年目」という題で載っている）。一九七五年の養護学校義務化のころ、『養護学校はあかんねん』[注1]という映画が撮られ、その中で、養護学校を出た女性が、「自分と同じ子がいるのが我慢できないんだ」と叫んでいたことについて、自分も障害者、相手も障害者と規定されていて、その相手と毎日接することによって、自分の規定性が否応なしに確認されることに、彼女はきっと我慢がならないのだ。障害者という、人間と見なされないおそれをもつ存在ではなく、ふつうの人が障害をもつという転換が行われなければならない、と書いた。

そういう転換が行われ、ひろがってゆく場がほしい。養護学校という別世界とこの世界をつなぐ、「そこ」なる世界を見つけ出す、そういう場を「カオススペース」と呼ぼう。そのあとのくだりを少し長いけれど引用する。

条件は、①母子の絆を切らないこと、②いろんな人たちに出会えること、③刺激を受けたり怒ったり泣いたりリラックスできること、④街に住むこと、⑤そこに居るということが、ある人（たとえば星子）にとって仕事であること、などである。「そこ」なる世界をつくる目論見を仮にFHS（フリー・アンド・ホット・スペース）などと名付けてみる。フリーとは「人それぞれに」と言えばいいだろうか、自由と個性はほとんど同じことである。ホットは怒りもふくむ「生き生き」した様子である。「共に仲良く」というスローガンが人を息苦しくさせるのは、ある静的な完成された人の関係を思わせるからで、そのような関係に赴こうとするスタートや途中の道程が人を刺激し開放させる。怒りのない状態、怒りが抑圧された状態はともに人を受動的にする。そんなわけで少し刺激的なホットを選んでみる。

スペースは「そこ」という場所である。

「ここ」は確定した場所であり、「あそこ」は人々が漠然とお互いに了解している場所である。「そこ」は確定も了解もされていない狭間で、ある人にとってははっきりしていても、他の人には見えなかったりする。しかし逆にその「他の人」が「そこ」と思っているところが「ある人」にはわからないかもしれない、そのような場所である。「あそこ」は理想の場所だろう。理想とは実現しないということに力点があるのではなく、実現した途端に魅力が失われ常識化してしまう何かである。「ここ」

という場所には、私たちが意識しない理想の実現態がいっぱいあるはずだ。

私たちがめざすのは、それはいつだってそうだったのだろうが、私たちという共通項に収らず、のりこえようとする私を保存し育てる場所のはずである。共通項が制約になってしまったり、私がとめどなく私たちから逸脱しては、そういう場所は育たない。それをそれとして名指しすることはできないが、にもかかわらず私たちが求めているという、万華鏡的であやうい、緊張した混沌の場所を「そこ」とかスペースと呼ぶことにしよう。カタカナや略称を使うのはいまの流行りではあるが、そこには異質さを追求し、枠をはみだしたい意識が働いていると言ってもよいのである。

ＦＨＳ（フリー・アンド・ホット・スペース）は、かくしてカタカナなのであるが、日本語でいえば、「みんながそれぞれ生き生きと暮らす街を」ということになるだろうか。


それから五年後の一九九七年夏、「むくどりの家」の家主として、横浜市旭区に引っ越してきて、そして、「カプカプ」づくりに加わった。器は横浜市の援助を受ける作業所であるが、ある人（星子のような）にとって「寝転がっているのも作業（労働）の内」をアッピールし浸透させていこうとするＦＨＳの試みである。

一九九七年に「カプカプ」が開いて、今は三ケ所になったが、自然のカオスと努力工夫のカオス

が入り混じった場所づくりが続いている。スタッフの努力は並大抵ではないが、時代の動きがそれに輪をかける。千兆円を超す国の借金財政、認知症八〇〇万人の予想、南海大地震のほぼ確実な襲来、原発再稼働、戦争による矛盾解消の企てなど、容易ならない事態である。そのようであればこそ、一つの方向に走り出さない、人々が勝手に暮らせる余地のある社会をイメージし活動することが大切になる。一昨年一〇月、運動誌『市民の意見』に「静謐ではない穏やかさ、騒然ではなく雑然、熱気ではなく澱まぬ活気が求められる」と書いたが、この混然が時代への抵抗でもあることを心してゆかねばならない。

初出　「ザツゼンに生きる」、NPO法人カプカプひかりが丘発行2016年5月

注

注1　養護学校義務化の年である一九七九年の一月、義務化を阻止しようと集まった障害当事者を中心とする人たちの六日間の姿を収めた記録映画。その批判には、これまで地域で共に生きてきた障害をもつ子どもたちが、義務化によって、強制的に養護学校に通わされることについての危機感があった。

二者性

星子がやってきて、四〇年経ち、二者性ということに思い至るようになった。人間は二者性を刻印されている。人間というとあたりまえのように人のことなのだが、でもどうして間がついているのかと問い始めると、いのちが出てきそうで、しかもいのちはそもそも希望をはらんでいるのだということになりそうなのである。

人間とは、人々が住む場所を指し、それが人と人の間という意味に転化し、さらに人を指すように転化したという。江戸時代の初期のようで、歴史の新しいことで驚く。「居る」という言い方が西欧語にないという。居場所居間をはじめわたしたちには「居」があふれていて、人間に人々の住む場所と切っても切れない関係にある。

人々の住む場所というと、複数の人を思い浮かべる、複数の出発は二からだ。それで、人間というと複数性、その始まりは二人、それを二者性といってみる。すると、わたしという一人の人間は二者性を帯びている、というふうになる。あなたとわたしがコミになっているわたしといったらよいだろうか。

現実にあなたとわたしが居て、常にあなたを無視できず、気遣い、あなたを立てるようなわたし。

そのマイナスは、森有正のいうように「あなたのあなたとしてのわたし」になって一貫性のない人になってしまう。平野啓一郎のように、摩擦を避ける智慧としてはいくつもの顔を使い分ける分人だということにもなる。

プラスは、あなたがハナから勘定に入っているという関係が、親和性、接着性、結合性、協調性、協働性を意味することである。そして、ものごとや人を生み出す場がいのちだとすると、いのちとはそもそも統一的調和的構築性であって、その性質自体が希望ということなのだ、という思いまでやってくる。二者性という、あなたとわたしがコミになっているようなわたしにあって、そのあなたの一番目にものいわぬ星子が居る、というのが八〇歳のわたしである。

初出　コラム「虫めがね」『人権と教育』五三〇号、二〇一七年一月二〇日

新たな関係「二者性」の模索

孤人化した疑似個人の非情

やまゆり園事件には社会のあり方、これからの社会の姿が反映されています。端的に言うと、〈二者性〉を欠いた姥捨てです。

団塊の世代が後期高齢者となる二〇二五年問題というのがあります。あるいは、社会的資源が一方的に流れ込む、子どもにかえった寝たきり老人をどう処遇するのかという問題です。フランシス・フクヤマは『人間の終わり—バイオテクノロジーはなぜ危険か』(ダイヤモンド社、二〇〇二年)で、八五歳以上の老人をカテゴリーⅡとし、そのなかでの「消費するだけの人」をどうするのかと問いました。

六年後からの二五年問題は、当初、認知症老人四〇〇万人と言われましたが、今は七〇〇万人とも八〇〇万人とも言われます。その対策はというと、経団連会長の「原発について感情的議論をされても困る」という言い方に象徴されます。経済合理的な処理です。原発はそもそも廃棄物を処理できないという非合理性を抱えているのです。やまゆり園事件は、人間とみなされない状態の人を

廃棄物として処理する、捨てるという見方の実行です。

社会の許容量が満杯になったとき

では、満杯になったらどうするか。清算する、ご破算にする、チャラにする、などの対処が浮かびます。満杯になったら空にして出直すという考えです。背負った借金はなかったことにするという徳政令は実際にありました。現在は中近東、アフリカ諸国が日本に対して求めています。恐ろしいのは戦争を始めることです。日本では、私たち一人ひとり、赤ん坊も含めて、国の借金は一人当たり九〇〇万円になろうかという額です。どこかで破綻が待っていて、苦しむのは私たちです。苦しむというより五〇基を超える無防備の原発のいくつかが被弾するだけで、日本は住めなくなってしまいます。やまゆり園事件は満杯にならないようにする露骨な非情な手段の先駆けです。

植松青年は、「幸福とはお金と時間があることだ、お金と時間に寄与しないで、ただ食いつぶす存在は社会の不幸をもたらす、抹殺しかない」と言います。それは生産性の問題と同時に、社会の許容量が問題になってきたことを意味します。そして、今水面下で動き出したのが、与死です。社会のお荷物という考えのもとに、基準をもうけて、基準以下の人に死を与えるという与死法の制定にいたる、という尊厳死、安楽死の次の段階のうごめきです。

与死という考えは日本で実際に提示されています。どうしてこのような考えが出てくるのか。相当根本的な問題に、エゴ、自分勝手を砂糖衣で包んだような、戦後の中途半端な個人意識があります。そのような意識の持ち主は、人間関係において、「寄る辺なき孤人」といってよく、権力、国家や教祖に頼り、直接つながってしまいます。オウム真理教はその一つの典型です。日常的には身近な人との関係の断ち切りです。それが深層的にはどんな不安やストレスになり、どんな振る舞いをもたらすかが大問題なのです。

日本列島人の「あなた」と「わたし」

日本は、お隣はいうまでもなく、南はポリネシア、北はシベリアと関係があり、亜寒帯と亜熱帯の複雑な微気候の変化の下で、さしたる侵略も受けずに日本列島人という他ない集団で暮らしてきました。

明治維新を経て近代的な民族国家が成立したのかという問題に明快な答えはありません。そのことは日本語という主語を必要としない特異な言語をつくった日本列島人、という言い方に表されると言えます。

敗戦後フランスにわたって、その地から日本を見続けた森有正は、日本には「あなた―あなた」し

かないと言いました。お互いに「あなたのあなたとしてのわたし」なのです。二人称しかないということに、主体性のなさ、首尾一貫性のなさが示されているというのです。始点が「あなた」にあるのですから、気配り、気遣い、忖度は骨がらみです。

関西では、母親が子どもを叱るとき、「白分、なにをしたと思っているのか」と関西弁で言うそうです。少なくともアンケートではこの呼びかけは高率です。子どもの身から発して「自分」なのですが、そこに私という自分がまったく入っていないとは言えません。「おのれ」「てめえ」もそうです。

夫婦が互いにどう呼び合うか、子どもができるとホッとして、子ども目線で、お母さん、お父さんと言い合います。我が家では四二歳の星子はあいかわらず赤ん坊のようなので、その呼称は続いています。

「あなた」なしに「私」はいない

困るのは外で配偶者をなんと呼ぶかです。問題は親近関係にある相手と私は対等関係ではないということにあるのです。家とか家庭とかが希薄になって、浮かび上がってきたのは、シーソー関係です。情況に応じて上になったり、下になったり、頼り頼られる関係です。平等は抽象で、その基本の上に尊厳、権利、義務が立てられているのですが、頼り頼られる関係では、なかなかその考えは身につかず、あえて言えば「人間みな同じ」で、絞り込むと、「あなた―〈わたし〉」は、あなたなしには〈わたし〉は居ない、切っても切れない関係で、ピーナッツの殻の中の二つの豆のようなあり方なのです。二つの豆は通じていて、そのようなあり方、関係を〈二者性〉と名付けてみます。良くも悪くもの〈二者性〉なのですが、外部に確固とした拠りどころを持たない日本列島人にとって、〈二者性〉は根本的に必須の生きるよすがなのです。

〈二者性〉は、頭の中では抽象的なあなたと私のたえざる問答を意味し、具体的にはさまざまな場でのさまざまなあなたと〈私〉の関係を指します。西欧的な自己とくらべると、同じ場に居る二人の自他不可分性を表すと言ってもよいのです。自他不可分性は共死・共生に通じます。死なばもろとも、それは一億総玉砕にまでもっていかれますが、一九四〇年八月一五日の一晩で消えました。でも〈二者性〉の「死なばもろとも」は、「共に生きる」と不可分にくっついています。星子について母親に、母親が死んだら星子の世話をどうするかと聞くと、「大丈夫よ、私が死ねば星子も死ぬから」と一蹴されます。心配はいなす・はぐらかす、に始まって、本気でそう思っているまで、いろいろ忖度するのですが、やはり〈二者性〉を考えざるをえません。

神をもたない日本列島人の緊急避難の危うさ

冒頭に述べた〈二者性〉を欠いた姥捨てとは、満杯対策もその一つの緊急避難です。神に与えられた命を最大限存続させることを前提としたザイル問題、漂流問題などが典型です。ザイル問題とは、一本のザイルに結ばれた二人が宙づりになっていて、その重量では早晩ザイルが耐えられないとき、上の人が下の人とのザイルを切断していいという罪責免除の倫理です。有名な例は一九七二年雪のアンデス山頂付近の飛行機墜落事故です。乗客四五名、生存者三二名、七〇日目に一六人救助、熱心なカトリック教徒で冷蔵された人肉を食べて生き延びたのです。司教はまったく問題ない、ほかに食物はなかったのだからとしました。死者の中には人肉を食べられなかった人たちがいましたが、倫理的にどうかという問題も提起されました。

緊急避難は、神に与えられた命の大切さという倫理意識がないと、経済合理的な非情の対策に堕します。日本列島での孤人化した疑似個人には神に与えられた命という意識はなく、また熱心なクリスチャンでも緊急避難にはなかなか踏み切れないでしょう。ほのぼのとした日常、わからなさのなかでこそ穏やかに暮らせるなど、〈二者性〉について語ることはまだまだいっぱいあります。

初出『ブリコラージュVol.260』２０１９年 初夏号（6・7月）。発行、七七舎

ついに来るものが来たか

二〇一六年七月二六日深夜、神奈川県立の知的障害者福祉施設「津久井やまゆり園」で大量殺人傷害事件が起きました。「津久井やまゆり園」のある津久井地区は神奈川県の相模原市にあり、周辺には津久井湖を始め三つの湖があり、神奈川県の水がめである閑静な町です。施設の規模は比較的大きく、入所者は一四九人いて一六四人の職員がそこで働いています。

この「津久井やまゆり園」で冒頭の大惨事が起きたのです。未明に元職員の青年が死に押し入り、持参した刃物で、一九人（男性九人、女性一〇人）を殺し、二六人（うち職員二名）に重傷者を負わせたのです。犯人の元職員の青年は一時間後警察に出頭しました。この事件がやまゆり園事件と呼ばれています。寝ている無抵抗の人であれ、四五人を刃物で刺して回るのは、時間的にも体力的にも容易ではありません。そこに彼の犯行に対する強い意志を感じるのです。

そのニュースを聞いて、ついに来るものが来たかという思いが湧き上がって来ました。おりしも、当時国会では集団的自衛権を認める安全保障関連法案が衆議院で可決され（二〇一六年七月一六

日)、日本は憲法を逸脱し戦争へ参加する態勢に大きく踏み出したころでもあったのです。加藤周一が「日本の七〇年間の戦間期は終わった」と言いました。また自己責任という言葉が一人歩きし、同じ年に元在京のキーテレビ局のアナウンサーが糖尿病から腎臓をやんだ人に、ブログで「贅沢病だ自業自得の人工透析患者なんて、全員実費負担にさせよ！　無理だと泣くならそのまま殺せ！」と書いて批判を浴びました。腎臓病の透析には多額のお金が必要で社会保険から現在約一兆円以上支出されています。高額医療費なので本人の負担は約一万円くらい。これが財政を圧迫させているとしたのです。これは社会のお荷物だと。終末期の患者は自らの意思を示せば、透析を中止することが出来る。そうすれば二～三日後には死ぬ。患者に暗に「自らの意思で透析をやめるように」と社会的圧力がかかることは否定できません。合法的な与死です。しかし知的障害者や認知症老人にいくら圧力をかけても、自らの意思で死を表明させることはできない。どうするのか、そのような社会情勢の行き着く先を如実に示したのがこの事件ではないか、と思うのです。

　やまゆり園事件では、犯行の数か月前に衆議院議長あてに犯行計画書簡を届け犯行の意図を表明していることから、犯人にとって障がい者の殺人は義務的な仕事であり、その報酬を国家に求めるという点で、大阪の池田小学校の殺傷事件や秋葉原の群衆に車で突っ込んで大勢の死傷者を出した事件とは異なのです。精神的錯乱、一時の激情、怨恨ゆえの犯行ではなく確信的な正気の行為と言えるのです。

その意図とは、一言で言えば、「足手まといは始末する」というものであり、社会的なお荷物、汚物を排除、廃棄することは、社会にとって清潔で快適な生活の維持、国家の財政難などの国家存立の自衛のためには不可欠条件であるというものです。

「国家」のためなら戦争も厭わず、国家にとって不必要と思われるものは排除する、そんな風潮の拡散を感じ取られずにはいられません。犯人の植松青年にとって不必要と感じたものは知的障害者であったのかもしれませんが、おそらく認知症老人も同様にお荷物、汚物として廃棄すべきものとしてあったのではないでしょうか。

消費と廃棄

快適な生活を維持するためには、その前提に、いわゆる先進工業国における経済的社会的な「消費」の確保が必要とされます。二〇世紀の幕開けとしてポール・ラファルグの「Le droit a la paresse」『怠ける権利』（一八八四）があります。マルクスの二女と結婚した過激な社会主義者の医学生である彼は、獄中でこの本を書きました。のちに夫婦で自殺したのです。彼は原料獲得の植民地争奪戦が終ったあと、工場労働者は自国生産物の消費を強いられ、中間階層化、プチブル化す

ると予言したのです。この本が日本で出版されたのは、パリ五月革命と対比され、何も生み出さなかった「壮大なゼロ」と評した大学闘争の終焉、高度成長期の終わり、公害列島の激化の時期でもあったのです。

日本での一九六〇年代半ばからはじまったいざなぎ景気といわれた時代には、3Cといわれたカラーテレビ（Color television）・クーラー（Cooler）・自動車（Car）に代表される耐久消費財が盛んに喧伝され新・三種の神器と、消費をあおられたのです。そして消費文化の高揚による一億総中流化は、あっという間に戦う姿勢を見せていた労働組合の消滅とともに、大量消費によるゴミ問題を招来していたのです。消費は必然的に廃棄を伴うものです。廃棄しなければ消費は活性化しない。ラファルグの予言の一歩先が現実化しようとしていたのです。ゴミ問題、つまり「廃棄」が人体にもたらした激甚な被害として表層化されたものの代表が「水俣病」です。その「水俣病」が公害として国家に認定されるなかで、実際には被害者が国家に切り捨てられ棄民とされる事態が、ちょうどこの六〇年代末のこの時期に起こったのです。その後の廃棄物処理などの技術的な発達により、当時と比べて汚染物質の減少は出来たように見えますが、再処理などの難しいプラスチックごみなどはお金を払って東南アジアなどに輸出しているのです。国内ではそれは見えてこない。ごみを外国に押し付けているのです。輸入国の業者は処理できないから積んでほったらかしにしている。さらに、大量消費・生産にはエネルギーの確保が重大な問題となってきます。

その問題を解決するには原子力発電しかないと。豊かな生活を維持するためには原子力が必要だと。原子力発電が無ければ、今の快適な生活は維持できななくなる。それで良いのですか?と脅しをかけるわけです。しかし高レベルの放射能のごみの処理はできないのです。地中深く掘った穴にひたすら保管する方法しかない。福島の原子力発電事故のように、事故が起きるとその被害は甚大で、広範囲の人がいまだに故郷に帰って生活ができない。事故の処理にこの先最低百年くらいはかかる。

そうなると現在の先端的なごみ問題は廃棄できない廃物管理としての放射性核物質の問題でもあり、国内で処理できないごみを見えなくする輸出でもあり、一見技術革新により汚染やごみの問題は技術で解決できつつあるように見えますが、より複雑に見えにくくなっているのだと言えます。縄文時代には、当時の廃棄物である食べた貝などのごみを穴に埋めて処理し、それが貝塚として今もある。縄文時代の海岸だったところの遺跡を掘れば石化した貝が出てくる。現代の高レベル放射能廃棄物も容器に入れて地中深い穴に廃棄しているだけなのです。全然進歩しているとは言えません。

人体の廃棄利用

また人体の廃棄利用が試み始められたのも一九六〇年代終わりです。一九六七年に南アフリカで生きていなければ機能しない心臓を他人に移植する手術が行われました。翌年の一九六八年には日本でも実施されたのですが、ドナーの脳死判定や死の基準、移植を受ける患者の移植の必要性などいろいろと問題が取り沙汰されました。その移植の必須条件としての脳死が人の死とされる、つまり脳死が人の死と認められたのは一九八三年、英国においてです。

「脳死は死」にいたる生命倫理の条件整備が始まったのは一九七〇年代です。ジョセフ・フレッチャー（一九七一）は「IQ二〇以下は人格（person）ではない」との「人間とみなす基準」の提示は、心（脳）こそが人間であり、体は単なる心に従って動くもの、心（脳）が人間そのものであるとする、心身二元論を受け入れたキリスト教の教義に基づいています。それ故に心（脳）の死を人の死とし、脳が死ねば臓器が生きていても人の死とする認定が受け入れられたのです。その動きはトップダウンではなくボトムアップであったのです。米国では植物生存状態のわが子を医療が生かし続けるのは人に対する冒涜であるという訴訟が一九六〇年代から起きました。端的にいえば「人格を意識できない人は人ではない」というテーゼでもあるのです。日本ではこのテーゼは定着せず、「臓器移植可能な人に限って脳死は人の死」とする基準は工業先進国では少数です。その一方日本人にはキリスト教徒とは違う死生観があり、その思想の根底には、人と動物の画然とした切断がなく、和辻哲郎の言う「生物が次から次にわいてくる」「生の横溢」（一九三五）という精神風土があります。いくらでも替わりが効くのです。日本では人は代替不可能な存在つまり「唯一無二の人格存在」という基本がないゆえに、人は容易に代替可能な人材としてモノ化し、使い捨てにされてしまっています。

教育と問学（いのち論）

一五〇年前の日本の近代化に当たって、権力中枢が力を注いだのは欧米列強に追いつくための富国強兵です。

人は動物を餌と引き換えに調教をして役に立たせようとしますが、教育は国家に役に立たせるための人材を育成するための調教の別名であったともいえるのです。それゆえ教育を受けられなかった人は、よけいに使い捨てにされてしまうのです。

わたしは子どものときから喘息で、さらに結核が加わって、小学校五年から皆より三年遅れることになります。エフェドリン、アドレナリンに限られた喘息薬に副腎皮質ホルモンのプレドニゾロンが登場して、喘息が驚異的に軽くなり、高校二年から思ってもみなかった大学を目指すようにな

ります。一九五九年東京大学に入り、動物学専攻を経て、一九六七年東大教養学部生物学助手になりました。おりしも、法学部と共に権威の権化であった医学部で、研修医制度拒否の学生の闘いが始まっていて、翌年一九六八年、学生の大量処分の中に、明らかに冤罪の学生が含まれていたこと、そして大学評議会のその対応に対する態度から、瞬く間に全学に闘争が広がるという事態になったのです。助手はあくまで教学の手伝いで、しかも学生でなく、大学側の一員なのです。そのような身分の者が学生の闘いに加わるというのは前代未聞のことです。それだけ問題の根は深く、学問研究自体に関わることであることから、学生の闘争に参加する、ということになりました。そして一九七六年、四番目の末子で三女の、ダウン症で重度複合障がいの娘、星子が生まれます。

わたしの研究の対象は、生物研究から東大闘争や娘の星子、そして水俣病の現地調査を通して、人間に移りそして「いのち」論に転じてきました。人間とはパーソン（人）、インディヴィジュアル（個人）でなく、コンテクスチュアル（関係性の存在）であり、また「いのち」は生物、生命でなく、万物であり万物と相互作用する「場」であると考えるに至ります。そして対象が全体として「いのち」であるかぎり、それに向かい合うのは、対象を解明する学問でなく、自らを含めて問う営みが「いのち」論だとして、その営みを「問学」と称することにしました。

以上のようなわたしの問学の観点に立って、やまゆり園事件について考えていきたいと思います。

問学からのやまゆり園事件・国家にとっての有用さ

やまゆり園事件にかかわり植松聖青年の三つの文書を見ました。大島衆議院議長宛に「犯行の理由」と「私の履歴」、「私の計画」の三つの内容からなっています。(資料参照)これらを見て、「これはもう普通の青年だ」と思いました。しかし、社会通念としては、普通の青年とはあまり言えないところです。つまり、「普通」とは大多数を意味するからです。多くの人々がこのような大量殺人事件を起こしかねないとメディアは報道するわけにはいきません。思っていることと実行することの間には大きな溝が厳然としてあります。それを飛び越えるのは常人ではありません。わたしが犯人は正気であり、確信犯だと言ったのは、その思いは密かに多くの人に共有されていて、その実行は単なる激情からではない、という意味でのことです。それゆえにやまゆり園事件は身に沁みる怖さがあるのです。精神を病む者の錯乱行為だったとしたら、その怖さの質はまた違ってくます。

わたしの自宅には「むくどりの家」という作業所が併設されています。この作業所には、統合失調症での入院経験があり、投薬を自己管理できる、という人たちが主として通っています。ただし、この施設が町なかにあるということは不断の緊張をはらんでいるのです。

通所者は、新聞記事やテレビのニュースは言うに及ばず、メディアに対して非常に敏感です。

「統合失調症の人が、こういう人が、こういう殺人を犯した」と報じられると、実際まわりの住民の雰囲気はビリッと変わっていくのです。この作業所が移転を余儀なくされるという事態が起こったとき、わたしは頼まれて足掛け六年をかけて再建をしました。横浜市で最初の町なかでの統合失調症予後の作業所だという歴史もあるのです。わたしは現在、地域の町内会長を引き受けているますが、引き受けた気持ちのなかには、このような作業所を町なかで維持するにはできるだけ多くの防波堤が必要だという思いもありました。

「精神障がい者は何するか分からない」。その恐怖は人々の心に巣食っていて、どこかで事件が起こると、精神障がい者に対する警戒心は一挙に高まるのです。ただ、やはり精神疾患が「病気」であることは抜きにはできません。たとえば呆《ぼ》けということで考えれば、公の行政の場でも（魚市場の豊洲移転問題についての）元東京都知事の石原慎太郎のように「忘れました」と言えば、それは社会的に容認される理由になるのです。もう責任は問えない。呆けてしまったら問えないのです。病気となれば、それは本人を収容するにしても、犯罪ではないのです。

そうした意味では、精神病者が起こした事件は本質的な意味・責任を問えないということになります。責任をもつのは、正気な人間がやったときなのです。ヒトラーを狂気とするか正気とするのかでナチズムの見方は全然違ってきます。あるいは、ユダヤ人の大量虐殺を実行したアイヒマンを平凡な普通の人と見るのか、あるいは権力欲に満ちた異常人格と見るのかでは全然違うのです。そして、アイヒマンが問題になったのは、どう見ても平凡なサラリーマンだったからで、それが震撼すべき問題なのでした。

やまゆり園事件は、まさにその小型版と言って良いのですが、この事件がもつ意味はもっとすさまじいのです。普通の青年が起こした犯罪、まだまだこれから起こり得る同種の犯罪の始まりかもしれない、ということなのです。普通の青年であることを保証するのは、彼がかつて教員を目指していたという点からも伺えます。このことは医者の場合と同じ意味をもちます。医者は医学部入試をはじめ、果たして医者にして良いものか、判断されます。教師に対してもその目配りはあるのです。イデオロギーが問題にしても、それは表立った理由にはなりません。一番は病気かどうかをふるいにかけることなのです。そのうえで国家に有用な人材を育てるための有用な人材であることが求められます。教師は国家という強力な有機体を支える国民をつくる職業なのです。そして彼の親御さんも教師です。彼の場合、両親の方が家族で暮らす家を出てしまっている。普通とは逆です。子どもが出ていくのではなくて、両親が出ていってしまったのです。

ところで、教育学者の本田由紀は、この事件にかかわり「棘のような一つの仮説」というコラムを書いています（二〇一六）。そこで本田は、この事件にたゆたっているのは、能力主義や学力主義

といった教育の問題だと指摘しています。「人体の廃棄利用」の項に書いたようにジョゼフ・フレッチャーは「IQ四〇 以下は人格 Person があるか疑わしい、二〇以下には人格はない」（一九七二）と言いました。ヴィクトール・フランクルは（Homo Patiens 一九五〇）で、「人格についての一〇の命題」の九番目で「動物は人格でない」としました。動物は生きものでもモノと見なしています。能力テストで、ある点数以下の人は人間ではなく「モノ扱い」にされるということになるのです。無用なモノを片付けるとき殺すとはいわず、捨てると言ます。植松青年は、殺人の罪に問われることに意義を申し立て、維持にお金ばかりかかる不用品を廃棄しただけだと主張するかもしれません。そしてこの考えが多くの人々の内心に巣食っているのです。その根拠の重大なものに「人格概念」があることを指摘せねばなりません。

フランクルの命題の最後は「人格は神の似姿として理解すべきである」です。これに対し、わたしたち（日本人）の大多数（日本ではクリスチャンは一〇〇万人前後を推移している）は、「人格は自分で育てるもの」という考えを持っています。したがって、自分で人格を育てられない者は能力に欠けるものだということになってしまうのです。この関連で自らの行動もその人の能力の表れとされ、さらに自己責任となるのです。社会の存立にかかわる「人格の概念」が異なります。神と関わる人格のもとで、神に対する応答責任としての責任をもつ人が社会契約を結んで成立した市民社会という歴史を持たない社会で、自己決定・自己責任が強調されると、国家や資本のシステムが能力主義や学力主義に支えられて強力に作動する体制のなかでは、自己決定は「無力な一人」を象徴するかのようにしか機能しません。しかし一人ひとりに対しては、この社会のあり様の責任は「自己決定によって参加しているあなたにもあるのです」という言明で、強迫観念として迫ってくるのです。権利としての自己決定が「あなたの責任」という自縄自縛《じじょうじばく》の枷《かせ》になってしまうのです。

ムラ社会

戦後二〇歳以上の人はみな選挙権を持つ普通選挙が行われた中で、投票用紙引き換え券を売るという事件が起きました。選挙権は私権でなく社会権だということが身についていないためです。それに類したことはいまでも起きているといえます。選挙という民主制度の根幹において、少数は量としてのみ計量されて質として評価されていません。選挙や採決での少数は、大多数に従うという、結果的に参加してそのことを成立させたという意義しか与えられないのです。そうなれば事業に参加するより棄権の方がましだということになりかねず、実際そうなっています。強固な普遍的な原理がなく、それを参照軸にできない日本列島人(わたしは国家単位の日本人はまだ成立していないと考えています)に多数決による決定はなじまな

いのです。談合・駆け引き・説得・譲歩を重ねながら、全員の利解（「理解」ではない）が成り立つようにする根回しと合議の沈黙を含む全員一致制が地域では生きています。会議は議論の上の多数決の場でなく、会議の前の根回しの手打ちの場なのです。時間制約のなかで根回しでの合議が得られない場合、それなりの資格を備えた（肚の坐った）顔役が「私に任せろ、悪いようにはしない」と、ことを決着させるのです。これがムラの決定のあり方なのです。顔役は成員同士の金銭に限らない貸し借りに精通していなければならないのです。ムラは現在確実に生きています。というより、普遍的原理への参照がない限りムラの原理でいくほかないのです。

日本の現状は多数独裁であり、そして利権集中のためのムラがはびこっているのです。原子力ムラなどはその典型です。そうしたなか、正気で真面目な青年が、自分はどのように有用な存在であり得るのかを考え、人によき影響を及ぼしたい。社会に、そして国家に貢献したいと思う。ここでいう国家はいわゆる官僚が考える国家です。短命な時の政権に左右されず、官僚が運営していく安定した国家なのです。顔が見えない国家、抽象的な国家、超国家などと言われるものです。顔がないとはいえ、国家であるからシャッポが要る。権威のみあって権力のないシャッポなのです。

モノ化した人

有用な存在でありたいと思う真面目で正気な青年の考えの行き着いた先が、結局、国家に収斂する思考のなかで、国家に褒めていただくという形の存在確認にたどり着くことになっていったのではないかと思われるのです。その国家に褒めてもらう内容は、障害がい者の抹殺でした。

植松青年の手紙には「障害者総勢四七〇名を抹殺する……日本国と世界の為と思い、居ても立ってても居られずに本日行動に移した次第であります。……理由は世界経済の活性化、本格的な第三次世界大戦を未然に防ぐことができるかもしれないと考えたからです」と自分の行動は日本と世界のための行為であるとします。

その報奨として彼が要求したのが、顔の整形手術代と五億円の現金、戸籍の新設の三つでした。現実的なのかどうか。これは、さしあたり二六〇名、次に四六〇名を殺すという行為の報酬を求めたのです。一人でしかも刃物でこのような人数の人を殺害するとなると、もはや相手はヒトではなく、モノ化しているとしか思えません。殺すというより片付ける、始末するという感じがします。モノ化した人とされるのは、重度の知恵遅れ、認知症、植物生存、脳死の人たちであるのです。物質的精神的生産を一切行わず、社会的資源を消費するだけとみなされる人たちなのです。

フランシス・フクヤマは『人間の終わり―バイオテクノロジーはなぜ危険か』(Our Posthuman

Future 二〇〇二）でこの議論の典型を提示しています。

――あくまで仮定だが、バイオ・テクノロジーの発展で今後人間は一五〇歳まで生きるようになる。その老人をカテゴリーⅠとカテゴリーⅡに区分する。カテゴリーⅠは六五歳から人によっては八〇代までで、健康的な活動や生活を今までの報酬などで期待できる老人である。カテゴリーⅡは八〇歳以上の超高齢者であり、その老人たちのなかに意識のない人たちが発生する。その人たちに社会的資源が一方的に流れ込み消費される。医療がその人たちを生かし続けるとしたら、社会はどうなるか。――という次第です。

この論調の底には、本人たちの生きがいの問題とともに、「働かざる者食うべからず」のアメリカ的鉄則があり、敬老は若い世代の一定の生活レベル保持の上でのことだという条件が置かれて「寝たきり老人の比率には上限がある」とするのです。日本では、戦後の団塊の世代が七五歳の後期高齢者になる二〇二五年問題が迫っています。現在四〇〇万人の認知症老人が八〇〇万人になるとも見込まれています。

人間の「自己家畜化」

日本列島人には極端と極端が同居していると言われます。「氷炭相通ず」とは、冷たい氷とカッカ燃えている炭も本質としては同じところがあるという意味です。一九七〇年代から八〇年代に日本に滞在したオギュスタン・ベルクは日本の風土について、「三公理」を発表しました(一九八六)。自然と文化、主観と客観、個人と集団は互いに通じ、さらにこの六者のどの二者も通じているとしたのです。そして日本はたしかに近代ですが、西欧の近代とは別な近代だとしたのです。全てが融通無碍に通じるとは一元的領域を示唆します。一方で西洋では心と体ははっきり区別されるのです。それに対してベルクソン研究者の澤瀉久敬は大阪大学医学部で日本で初めての「医学概論」を論じ始め(一九四一年)、生命を一元的二元として提示しました。

モノはあくまでモノでありながら「もの」と「こと」は通じ、ブツはあくまでブツでありながら生物であり動物であり、優れた人を人物という。しかし人間と畜生はあくまで違うのです。このように生命を一元的二元とするということを念頭に置いておきます。

人間の「自己家畜化」(self-domestication)とは、ドイツの人類学者E・V・アイクシュタットによって一九三〇年代に提起された概念です。議論は、家畜と人間のあいだの哺乳類としての解剖学的類似の指摘に始まるのですが、獲得形質による遺伝を導入しないと理解できないのです。つまり、人間に対して品種改良はされて来ませんでしたが、人間は明らかに変化しているということです。その原因には親から子への獲得形質の遺伝があるのではないか。たとえば戦後日本の場合、

七〇年間のうちに肉類やミルクの摂取など食物の変化がありました。もともと私たちの胃腸ではミルクを消化できず、下痢するのは当たり前だったのですが、それが変わってきました。これは獲得形質による「自己家畜化」現象なのではないだろうか。と考えます。

二一世紀に入って前世紀に否定されたラマルクの獲得形質遺伝のことが改めて取り上げられるようになり、その一環としての議論である自己家畜化の特徴として四つ挙げられます。

一つ目は、人工的環境。つまり人がつくる環境です。ここでは「適応」が問題となります。適応とは、環境に合わせて生物が変化することです。はたしてそうでしょうか？「人のつくる人工環境に人が合わせていくことを適応と言うのだろうか」と単独で異議を唱え続けた今西錦司が日本にはいます。二つ目は、食料が与えられる。自給自足ではない。日本という国家は食料自給率の低さから言ってもその「与えられる」典型だという問題も関連してきます。三つ目は、危険がない。安全である。十分保護され監視され管理されるということです。そして四つ目は、人にとってより有用になるように品種改良がおこなわれる。

これに加え五つ目に、家畜の定義に有用性は不可欠なので、有用性を失ったものは排除する。競争馬はその典型的例なのです。そもそもそういう無用な個体は出生前にチェックして排除する。人間に対して、その有用性が忍び込む原因は、なんと言っても経済合理性です。生産に寄与しない人間に対して社会的資源が一方的に流れ込むことは、有用性のない人間を逸脱した金食い虫とみなされることになるのです。

このような自己家畜化が再浮上する原因は高度工業技術化社会における規格・管理・監視の徹底強化にありますが、直接的には、尊厳死・安楽死・脳死の世界的な容認の動きが重要な背景にあります。たとえば一九八三年のアメリカのナンシー・クルーザン事件です。ナンシー・クルーザン(Nancy Cruzan)は交通事故で植物生存状態になりました。中心静脈栄養で生きるのですが、両親が植物的な、意識のない者を医療が生かし続けるのは医療のおごり、あるいは人間の尊厳に対する冒涜であると訴えたのです。そこでは、人格概念のもと、意識や理性、合理的判断力の有無が人間であるかどうかの試金石となったのです。

西欧では自殺は自らを殺す行為という殺人の範疇に入れられるので、それゆえ許されない行為だとします。では人間ではなくなったと自他が認めるとき、人間の尊厳に照らして、人間であることの規範からはみ出して生きているような事態になったとき、自からの意志で生命を永らえさせている医療的人工的措置をスイッチオフしてもらうことは自殺行為とはならないのです。あくまでもその結果として、動いている臓器をとりだして他の人に心臓を移植できるのです。この筋道を建前としても押し通すのが生命倫理だと言えます。それゆえ社会的にお荷物に

なった人を捨てるなどという思想や発言は欧米社会のパブリックでは許容されないのです。（しかし白人種でない人は同等の人とは認められないので、売り買いすらしていいという特別条項はそうたやすく人の心から消えないという留保つきですが）

日本では、自殺率、自殺数は世界有数だし、死んだら遺体は焼いてしまいます。あくまで脳死は死という状態をめぐっての議論では、人の死とは何かという議論は二の次となっています。そして臓器はモノであることは西欧基準で、国家的に西欧と伍してゆくためには、その基準を受け入れねばならないとします。もちろん日本的にはモノであってモノではないのです。しかも物を粗末にしてはならない、むやみに捨てるのはもったいない、利用しつくさねばならないという思いがある。それは逆にいうと、不用なモノ、かさばるモノ、維持に金ばかりかかるモノは捨てる、焼くしかない、ということでもあるのです。ニワトリは広義の家畜に入ります。ニワトリは大量飼育がおこなわれているので、鳥ウイルス感染となれば、即座に何十万羽が埋められ焼かれる。卵採取の養鶏にオスは必要ありません。オスのひよこは生きたまま大量に袋詰めされて、一部は動物園での餌になり、大多数は捨てられる。鶏肉にするために工場でいかに羽をむしられるか、そんなことは知りたくありません。さばさばと物事を割り切るためには国家的な法的な規格や基準が必要で、それは情誼に欠けないようにしている日常の自分とは違うのです。情を超えた冷血な行為を国家でなければ取り決められないことがあるのです。その点で、国民のために冷血な行為をしてくれた国家に対して借りを返さねばならないし、国家の命令に服さねばならないこともあるのです。

安全で快適な物に不自由しない暮らしを続けるためには、自己家畜化システムが組み込まれた国家による規制と管理が合理的なのです。自己家畜化システムの中にお荷物と化した人の始末が含まれるとすれば、うなずかないわけにいかない。その一方で人の始末なんかできる訳がないという自分がいます。国家も逡巡する汚れ仕事を、あえて引き受けるということは、それはすごいことではないだろうか。植松青年はこれを実行したのです。これは植松青年だけの思いではない。私の深層に横たわる思いでもあるかもしれません。だから私はやまゆり園事件についての新聞社のインタビューに、あえて犯人を八つ裂きにしてやりたいと述べたのです。

汚いということ

国家と汚れ仕事ということを述べたのですが、汚れ仕事の最たることは合法的に人を殺すこと、死にまつわる仕事のことです。そしてその国家とは普通に暮らす人とは直接関係のない超組織体なのです。少なくとも私たちには、私たちが互いに約束して自分たちの社会を運営してゆく機関としての国家をつくったという自覚、即ち自分たちが主役という意識がほとんどありませ

ん。現人神とされた天皇が、戦後国民主権を盛り込んだ条文に署名捺印して、さあお前たちがこれから主人公なのだといわれても、はいそうですかなどと言った途端、自ら主人公でないことを告白したようなものなのです。国民にとって国家は疎遠で、しかもできれば利用したい権力体なのです。いざとなったら汚れ仕事を国家が引き受けるというのも庶民の期待した意識の表れかもしれないのです。安楽死の先をゆく「与死」の考えの論考が発表されましたが、重度の寝たきりの認知症老人を念頭において、一定の条件を充たしたら、医師によって死を与えることができる。そのための与死法の制定が遠くない将来に望まれるでしょう。これも汚い仕事であります。汚いは汚穢《おえ》に通じ汚穢は死に通じ死は腐敗に通じるのです。日本列島人は腐敗臭、腐乱臭を特別に忌避します。日本最古の神話的歴史書の「古事記」では死ぬことは穢《きたな》いとされ「黄泉の国」にゆくことであり、それにかかわった者の水による禊《みそ》ぎ、浄《きよ》めを記しています。人や動物の死体の処理、皮革業は差別された穢多非人の職業とされました。オギュスタン・ベルクの通態概念において、清潔と死臭は一番希薄なつながりの一つかもしれないのです。清潔、無菌、無臭は自己家畜化の一つの項目です。「いじめ」の中に「お前は臭い」があるのです。

　ダウン症をベースとした重度複合障害の娘と私の四〇年にわたる暮らしのなかで、端的に大小便の臭さは大問題であり、それに慣れ受け入れることが、生活の仕方にも人との付き合いにも、そして物の見方、考え方に影響を及ぼしてきました。水俣病にはよだれを流し、赤ん坊言葉のようになる構音障害がみられる症状もあります。それは多く流涎《りゅうぜん》を伴い、水俣病は汚いという差別の原因の一つになったのです。そのことに関連して、水俣病現地調査の最中にメンバーの高名な哲学者から、「重い障害を持つ子と暮らしている君は慣れているから平気だろうが」と言われたことがあります。それはそうなのです。ただ、汚いことに鈍感になったから暮らせる、という意味合いがそこに含まれているわけで、そうなると頭に血が上ってきます。「水俣病は文化を解する感覚が冒される。そうなるともはや人間でなく、人の形をしているだけだ」といった医学者がいたのです。文化を解せないと人間ではないということです。

「臭い・汚い」は根深い偏見と差別の一大構成要件なのです。「臭い・汚い」に平気でいることはできません。しかしそれが人の排除に向くのでなく、「臭い・汚い」と「共に暮らす」ことを続けようとすれば、そこにこれも古来からの日本列島の心情であるのですが、「相手の身になる」という思いが浮上してくる「思いやり」であるのです。思いを馳せるのです。それが「情けは人のためならず」（情けは結局自分のためになる）という成句を生むのです（この成句を、情けをかけるとその人のためにならないから情けをかけてはいけない、との解釈が五〇パーセントを超えましたが）。「情けをかける」は対等でなく、上から目線だという拒否もあるかもしれません。そういう批判を念頭に置く

と、確かに「相手の身になる」とは思いの上だけのことではないのではないかという思いにいたることもあるのです。

言葉を発しない娘星子と暮らすようになって、徐々に人間という言い方が気になってきました。人にどうして「間」という漢字がついているのか。「間は間柄であり関係である」（和辻哲郎一九三五）として人は関係存在であることを表現したという説は、少し調べると出てきます。そこから人間は「間人」であって、存在に重きを置いたインディヴィジュアルに対してコンテクスチュアルであるとしたのは濱口恵俊（一九八二）です。状況は情況であるのです。

関係存在

人間の関係存在に関連して、西欧ではヒュームに始まりアメリカのプラグマティズムを経て、キャロル・ギリガン（Carol Gilligan）の文脈主義を想起させます。ギリガンは男の普遍主義に対して女のその場の事情からする最適判断原理を提示しました（一九八二）。西欧と比較した日本の人間関係の重要な論考に中根千枝『タテ社会の人間関係』（一九六七）があり、続いて『適応の条件』（一九七二）があります（図 一参照）。

この図は西欧では関係は存在に食い込まない外在性（A）を帯び、日本では関係は身ぐるみ（B）

だということを示しています。身とは心身相関体であるのです。もうひとつフランスから日本を観察した森有正の重要な指摘、日本人の我とは「あなたのあなたとしての我」である（一九七六）という指摘があります。

おっしゃる通りと、私としての私は相手の意見に振り回されて、個人としてのアイデンティティを確立できていないとします。バックボーンがない。昨日イエスと言ったのに今日はノーという。日本人はウソつきで信用できないとするのです。

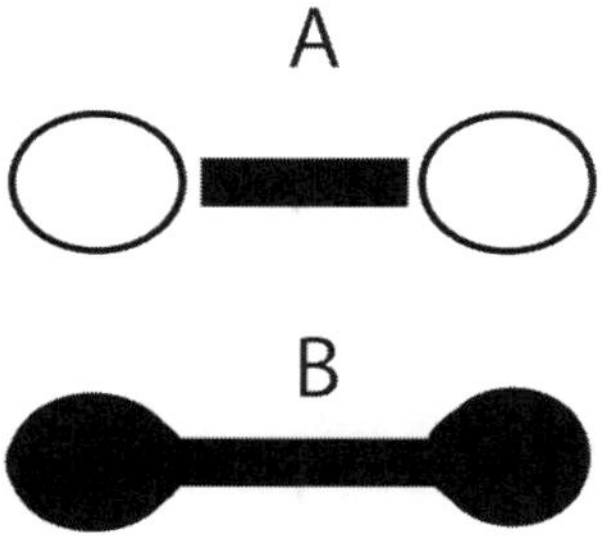

図一

相手の身になるとは、相手を慮《おもんぱか》ることで、相手の考え気持ちを忖度し斟酌し、以心伝心、魚心あれば水心で、自分の判断を決めることとします。そして相手の地位と権力が関わってくると、相手の判断がそのまま自分の判断になり、それでは主体性ゼロではないかというのが森有正の指摘なのです。まったくその通りで、日本のある首相は風見鶏と評されました。風向計と同じで風の吹くままに方向を変えるです。我は主体性とはかけ離れているのです。

一九六〇年代、五〇年代に左翼の主体性論争をうけて、主体性—自立とは何か、が問われました。思想家の吉本隆明の『自立の思想的拠点』（一九六六）が当時多く読まれました。私は理科系

の助手として、東大闘争に参加したのですが、韓国との関係回復（謝罪）とベトナム戦争をめぐって、それまでの、戦前の日本の一般国民は軍国主義者に利用された被害者でもある、という意識からの決別は大きな課題となりました。加害性を見据えながら自立はいかに可能かを問う、それを自己否定的営為と名付け、そうして自分の社会的地位を投げ出す覚悟で当時の大学闘争に加わったのです。エリートが大衆を引っ張る学生運動でも、プロレタリアート闘争でも、もはやなかったのです。しかし自立の単純明快な基盤も把握できませんでした。

学生叛乱に好意を寄せて自ら教授の地位にこだわらず、「基盤はほらそこに、足下にすでにあるのだ」と言うカールバルトの弟子であり、キリスト教神学者の九州大学文学部部長の滝沢克己の呼びかけに惹かれながらも、四面楚歌の立ち往生という事態になったのです。大学闘争が全国に波及している最中に日本にやってきたオギュスタン・ベルクは、フランスでは思想上脱構築のポスト・モダンの時代が到来したが、社会はちっともポスト モダンではない。ところが日本はポスト・モダンそのものだという趣旨の感慨を漏らしました。そもそもモダンがない、脱する構築がそもそも根付かなかったと解釈されるのです。換言すると日本はピラミッド社会でも中心が一つの真円社会でもないということです。すると中心が二つの楕円のアナロジーは効くかという思いが直ちに起こってきます。

思想的にというと大げさですが、つまり単なるあれやこれやの思いでなく世界観に関わる生きて行くための根拠となる論理となると、もうしり込みしたくなるという姿勢がかかわって、そうとうに二進も三進も思考がたちゆかなくなったところへ、ひらめきのようにして——星子がやってきた——と書きました。そしてこの子と「共に生きる」という思いがやってきたのです。わたしは長らく親を離れて暮らしていました。そして星子の上の子ども三人もいずれ離れてゆく者であり、星子を含めた子どもたちの母親については、共に白髪までという気持ちはなく、別れようと切り出されたら、離れてゆく関係だとしました。作家の井伏鱒二は中国の詩句「人生足別離」を「さよならだけが人生だ」と訳しましたが、それは心に響く美意識——執着しない、水に流す、リセット——でもあったのです。結婚式はあげませんでしたが、最初のこどもが生まれる半年前に戸籍を入れました。六〇年代末の学生叛乱からのドロップアウトの煮え切らない反映でもあったのです。

星子がやってきたときの「この子と共に」の思いは、離れない、離れられないという思いであり、星子への大いなる依存でもあったのです。「星子は無力な存在であろう」という半ば確信のような思いが張り付いた依存です。つまりは星子を抱えて生き抜くという決意でもあるのですが、それはあくまで星子が居るということの上での話なのです。星子さんはひょっとして神ですかと聞かれたことがあります。西日本には福子という考えがあり、水俣では重度の胎児性患者のわが子を宝子と称し

た例があるし。その神とする気持ちはわかるけれど、星子はやはり大小便の始末もできない無能力な子であって、でも、いのちが透けて見えるような気がするときもあるのです。そして目の見えないしゃべらない星子が実際に「だいじょうぶだよ」というのです。聞こえるのです。ただそれは私の幻想、幻聴だと言えばそれまでですが、ここに至ると、はたと中根千枝の日本の人間関係の図が浮かんできます。この餅を引き延ばしたような図は存在そのものなのではないか。あるいは場なのではないか。そして二人のいる場所というよりはいのちという場なのではないかという思いがしてきます。人間はもとはジンカンと読んで人の住む場所という意味でした。間は谷間などという場所です。そして二つのものの狭間という意味から二つのものを結ぶものという関係は間係、人間の間は間係の間とされたのかもしれません。中根千枝の図を見ていると千切っても千切っても餅という言い方が浮かんできます。千切られた小さな餅は元の餅とは違うし、千切られた餅片も互いにみな違う。すると、引き延ばされた餅のまだつながっている餅片は同一でありながらもはや違う餅片なのだという見方です。するとブリュル（**Lucien Levy-Bruhl** の **Les fonctions mentales dans les societes inferieures**）における、別個のものを区別せず同一化して結合してしまう心性の原理「分有」が想起されます。山田吉彦は「分有」を「融即」と訳しました。千切られた餅片は少なくともそれぞれ形が違うが餅であることに変わりないのです（一九一〇）

同じ場に居る二人の人間は抽象存在として一人なのかもしれません。あるいは人間というとき具体的に二人を単位とし、それぞれの人間は二者性を帯びているのかもしれません。言い換えれば、星子が私の頭の中に居るということなのです。私がしゃべり星子がしゃべる、そして星子と私が入れ替わったりして、私の思いを星子がしゃべっているかもしれない。その逆もまた然りです。「共に生きる」ことの一つの描像《びょうぞう》であり、「相手の身になる」ことの原像でもあるのです。あるいは自他未分の共同性といってもいいかもしれません。

筒の世界

一五〇年前日本は欧米に伍する国家の「構築」を目指して「脱亜入欧」を目指し、天皇を中心に据え換骨奪胎した「構築」を図ったのですが、結局失敗し、戦後新たな「構築」を始めます。それは「おのずから」のシステムを「みずから」の人為的なシステムに変えようとし、その中で都合の悪い、やりたくない仕事は国家、権力に割り振り、清潔で快適な生活の獲得のためにみずからせっせと励んだのです。その数字的結果が世界有数の経済大国です。いま気が付けば社会は超高齢化の無縁社会となり、しかも主体的な「個人」になろうとした意欲ある人間は組織により、換骨奪胎された個人、即ち「孤人」と化して、国家あっての「私」という主体のない無名のその他大勢になってしまったの

です。

やまゆり園事件の植松青年はその典型と言えるのではないでしょうか。捨てられない廃物で運行に差しさわりが出てきている社会をすっきりさせるために、捨てられない廃物廃棄の汚れ仕事を国家に代わって引き受け、国家のその行為に対する褒賞によってアイデンティティを獲得してその他大勢から脱しようとしたのです。しかし、報奨をもらった後には整形手術で自分の顔を変えその他大勢の無名化を望むという矛盾に陥ちいっています。

西欧の「構築」でいえば、切りのいいところでは、一四八六年のピコ・デッラ・ミランドラ（Jean Pic de la Mirandole）の「人間尊厳宣言」があります。人は小宇宙であるとし、神は人に自由のみを与え世界の中心に置いた、神の高みを目指すのも獣に堕するのも人の自由であるとしました。ここからフランス人神父による「より速く、より高く、より強く（Citius Altius Fortius）」の構築が始まったと言えるのです。ピラミッド型社会です。デカルトの「晴れ上がり」を踏まえて霧を晴らすべく頂上、高みを目指す者がエリートであり、そのルートはできるだけ多数、多様であるのがよいのです。そのためには底面をできるだけ拡張します。その底平面に位置する人々は機会において均等であることを認め合い、それを平等と名付けたのです。ただし底平面の外周には、あるレベルの意志に達しない生産労働をしない者が追いやられているのです。このピラミッドの底面には、さらに逆ピラミッドが接続していて、その頂点が始まり、創造の一点であるのです（図二）。

　これに対して私が「筒の世界」と名付けた寸胴の世界があります（図三）。人為の構築はその真ん中を絞ることであり、底面が開いた円錐の頂点に逆円錐が接続した形となります。この絞られた領域が現在です。過去も未来も末広がりに開いていて、秩序は現在にあり、国家や権力が抑えているという構造です。過去とはだらしなさを含んだ得手勝手、自由放埒領域です。しかしこの統御しがたいゆるみは「おのずから」の「なるようになっている」自然の秩序なのであって、ブラウン運動をしているかのような個物、山川草木、海の波頭にいたるまで、それぞれ皆世界の中心なのです。

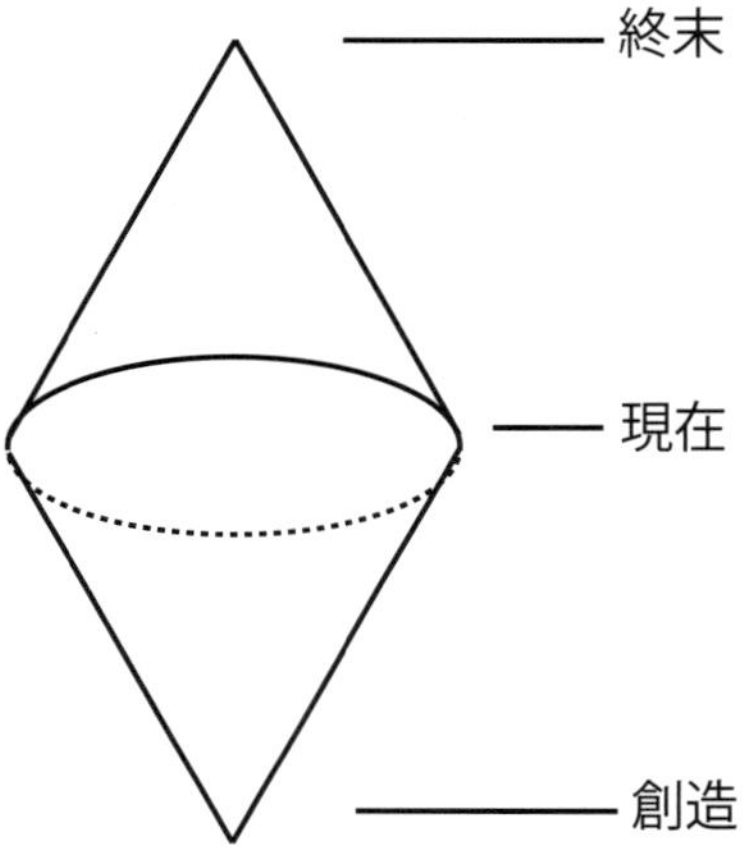

図二

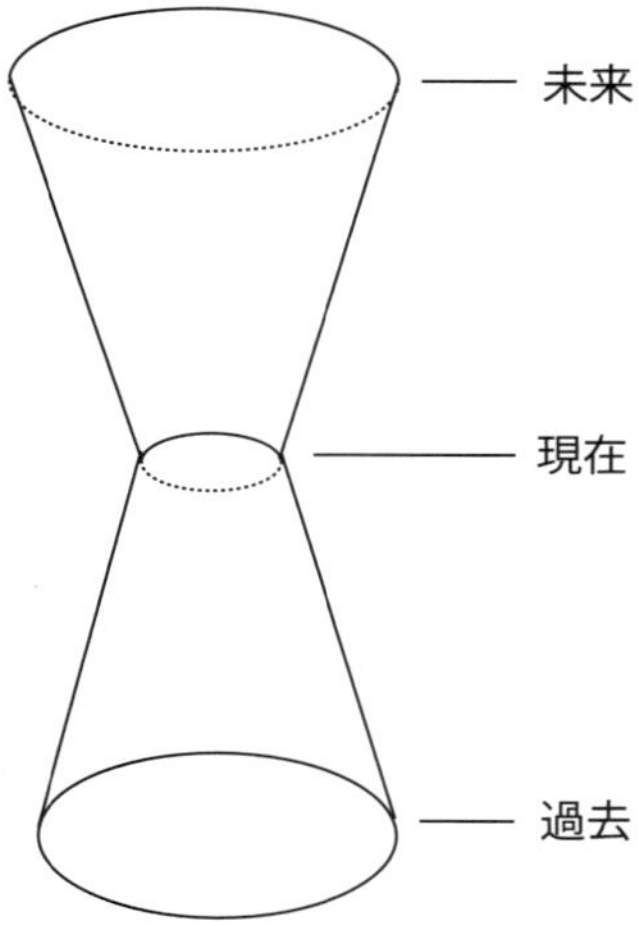

図三

パスカルは「実在自然は球体でいたるところ中心だ」パンセ七二（C'est une sphere infinie dont le centre est partout）と言いました。球体を球面と言い換えるとわかりやすいのです。球面はいたるところどこをとっても中心なのです。球の唯一つの中心と球面の無数中心とどう一致させるか。風船の表面に星雲、銀河があるとすれば、風船を膨らませると星雲が離れてゆく、これは風船の中心からの観測と一致します。そしてわたしたちは銀河に住んで居るからには風船上の成員で風船表面を宇宙・世界とすれば私たちは世界の中心に位置します。パスカルの「球は至る所中心」の現代的な言い方は、次のようになります——風船の比喩を使えば、私は球の中心にいて、球の表面にいて、しかも球を膨らませている行為者観測者でもあります。量子科学の観測者問題も踏まえると、私は未知の増大の中に居るのです。

　パスカルにはもう一つの風船の比喩があります。風船に未知を取り入れて既知とします。未知は風船の表面であり、風船が膨らむと、つまり既知が増えれば風船は膨らみ表面積は拡大し未知との遭遇が増えることになります。知れば知るほど知らないことが増えるのです。デカルトのいつか未知がなくなる「晴れ上がり」と対比されます。平面上の平等から球面上の平等への転換は、人の尊厳は誰があたえたのだという問題がない分、ピラミッド社会（図二）よりも逆円錐型の社会（図三）の方が平等ということへの可能性が高いという意味合いになります。西欧近代の主体的個人になり切れない日本列島人は、無意識のレベルで「おのずから」の球面上平等に立ち、それが意識に上がってくる半意識状態で、「みずから」を楕円の一方の中心と認識しているのかもしれません。餅を引き延ばしたようなテリトリーとしての楕円の一方の中心にあなたが居て、お互いに主となったり従となったり入れ替わったり一体化したりしているのかもしれないのです。その単位としての二者性を人間とすると、そこからの受動的能動的逸脱観は、宮沢賢治のように人間になるべく一生修羅として走り続けたり、植松青年のように孤人にならざるを得ないのかもしれません。

（この文章は、これまで複数の新聞のやまゆり園事件に対するインタビューに応じ、その内容をめぐって、慶應義塾大学の経済学会報告会および大学院演習で話したことに大幅な加筆をおこなったものです。機会をつくって頂いた同大学経済学部の高草木光一教授に感謝の意を表します）

参考文献

（以下初出年を示す。日本で入手できるペーパーバック版や邦訳を適宜参照している）。

Berque Augustin 1986 Le Sauvage et l'artifice: les Japonais devant la nature Editions Gallimard
ベルク オギュスタン 1990 篠田勝英訳『日本の風景・西欧の景観：そして造景の時代』（講談社現代新書）

Fletcher Joseph 1972 "Indicators of Humanhood: Atentative Profile of Man" Hastings Center Report (1971~2)

Frankl Viktor E 1950 Homo patiens: Versuch einer Pathodizee F. Deuticke

Fukuyama Francis 2002 Our Posthuman Future: Consequences of the Biotechnology Revolution Farrar Straus & Giroux

Gilligan Carol 1982 In a Different Voice: Psychological Theory and Women‐s Development
Harvard University Press

浜口恵俊 1982『間人主義の社会日本』東洋経済新報社

本田由紀 2016「棘のような一つの仮説」日本教職員組合機関誌「JTU」巻頭言2016年9月号 2016.9

Levy-Bruhl Lucien1910Les fonctions mentales dans les societes inferieures 1953山田吉彦訳『未開社会の思惟』(上・下)
岩波文庫

森有正1976『土の器に』日本基督教団出版局

中根千枝 1967『タテ社会の人間関係単一社会の理論』講談社現代新書―1972『適応の条件日本的連続の思考』講談社現代新書

和辻哲郎 1935『風土 人間学的考察』岩波書店

吉本隆明 1976『思想の自立的根拠』徳間書房

やまゆり園事件が我々に問いかけること

お招きいただいてどうもありがとうございます。私には「星子」と書いて「せいこ」という四三歳になる重度複合障がいの子がいます。四人の子どもの末っ子です。私もあと三か月で八三歳になりますが、今、横浜市で町内会の会長をやっています。老人問題や地震、宗教の非妥協的な争い、偏った富のこと、生産性で人を計るなど、今は相当重大な時代で、では依って立つ考えは何か、今日は、そういうような話をしようと思います。

私は駿台予備校で四〇年間、医学部進学生に医系論文という、医者の心構え、医者の心性をどう作るのかということをやってきましたが、一つだけ言えるのは、子ども達の考えが非常に単純化しているということです。この複雑怪奇な人間に対して、自分に対しても他者についても、考えが簡単になってきた。そこをどう突破していくのか。つまり根本的に言うと、命というのはわからないということと、そして人間もわからないということをどう問い続けるか。そういうことが人間の問題の大枠なのに、そこを、何かわかったという感じが出ている。これをどうするのかということが

あります。

最近、「依存」ということがあまりいい意味で使われていません。否定的に使われている。最たるものは共依存、二人が共に倒れてしまうと言われたりするのですが、その依存とか頼るということが、捻じ曲げられてしまっている感じなのです。その病理というものがやまゆり園事件にも出てくるわけです。教育における自立と依存が切り離せない二項関係にあると考えると、日本の戦後というのは自立、自立と「自立」をめざしてきたのは、錯誤だったのではないか。それで一九九六年に、「教育における自立と依存」を、岩波の社会学講座に書きました（『こどもと教育の社会学』岩波講座現代社会学第一二巻）。当時、愛育養護学校に星子を連れて通ったことがあって、津守眞先生との出会いがあり、先生の仲介で書いたものがあり、この「自立と依存」もその一つです。

人間とは――二者性

レジュメの「人間とは」の中に「二者性」と書きましたが、実はこれが話の眼目です。「二者性」ということで、依存の問題に焦点があだってきます。米国で、ルース・ベネディクトが書いた『菊と刀』に出会った東大医学部の精神分析医の土居健郎の、『甘えの構造』一九七一）という本があります。日本特有の「甘え」に否定的な論調です。ヨーロッパ、特にフランスなどでは「甘え」が大事という論点で紹介されたりするのですが、日本の戦後の近代化の思潮の流れでは、「甘え」は克服すべき課題だったのです。《二者性》は私の造語で（Diadity ― 野中浩一和光大教授の訳語）、日本の人間が保存している、人の根本構造なのですが、甘え（頼る―頼りにされる）はその一つで、不可欠な人間関係です。根本は母子の間の甘えです。互換性・相互性がありますから、子どもの母への甘えだけでなく、母の子どもへの甘えが非常に大事だということに関わっていくわけです。やまゆり園事件の犯人の植松青年には、この「甘え」が欠落しているのではないか、抑圧されたのではないか。少なくとも多人数刺殺の原因の一つになっていると考えます。

今は毎月一回、植松青年に手紙を書くということをやっています。神奈川新聞のウェブサイト「カナロコ」に掲載されています。今度一二回目を書きます。無料で読めますので、一度アプローチしてみてください。星子の写真もあります。

やまゆり園事件の犯人の主張

植松青年の主張は、一番目に「心失者」（植松青年の造語）という心を失った者は人間ではない、物である、と見なすことです。

二番目は不要な物は「廃棄」するということです。これは現代社会と非常に関わる思想です。

七〇年代初頭、フランスの医学生ポール・ラファルグが獄中で書いた『怠惰の権利』（一八八四）が訳されて、読んでびっくりしたことを思い出します。彼の主張は、「植民地戦争は終わる。その時に労働者が作る生産品は植民地で消費できなくなる。プロレタリアートは自分で作ったものを自分で消費しなくてはならない。すると、プロレタリアートは中間層のプチブルにならざるを得ない」というものです。

このポール・ラファルグの消費文化は実現したのですが、彼が言えなかったことは、「消費するために捨てることが必要だ」ということです。まさにこれは公害列島日本で起こったことです。大量廃棄、無処理廃棄によって水俣病に代表される朧境複合汚染が起ごった。今の技術文明を続けるためには物を捨てなくてはならない。その物の中に、「人間」が物として加えられる、という主張です。

三番目は「幸せとはお金と時間があること」だということ。重度心身障がい者や寝たきり老人は社会からお金と時間を奪っているというのです。だから許せないと。時間とお金、どちらもそのものとしては無機的なものです。それを両輪として幸せが構成される、その幸せの中身は何でしょうか。

四番目が重大です。「自分は優生思想じゃない」と言う。そして大学は優生思想そのものだろうと言う。植松青年から私へ手紙が来て、府中拘置所へ面会に行き、そして植松青年からまた手紙が来ました「あんたも大学人で、理論だけじゃなくて、実践しないと首尾一貫しない」という主旨です。

「あろうことか、あんたは星子という捨てるべき存在を育てている。これは矛盾だろう。それをどうするのか」という詰問です。厳しい問いかけです。私は優生思想に反対している、と言っても答えになりません。

植松青年への手紙は、直接的には植松青年の、なぜ娘を殺さないかという問いかけに対する応答なのですが、どのような応答になるか。どのくらい続くか。今、「人間」というところに入り始めたのですが、長期にわたるだろうと思います。私の寿命との勝負です。やっと初公判日が決まりました。来年（二〇二〇年）の一月八日、三月末までに判決という予定だそうです。そのあとは長いと思います。弁護団としては、心神耗弱による情状酌量を訴えるしかないでしょうが、植松青年は「私は正気である。心神耗弱や精神錯乱の上での犯行ではない。殺人は犯していない。物を捨てただけだ」と主張し、まともに国に対して自分の行為への褒章を求めろとなると、公判の維持そのものが問われるだろうと思います。

それで来年三月以降も、私は片方では相変わらず八つ裂きにしてやりたいと思いながら、片方ではとにかく生きてもらいたい、その中で少しでも発言をしてもらいたいという願望をもって、手紙を書き続けたいと思っています。死んでしまうとどうしようもない。やはり生きて、少しでも自分の思いを語ってもらわないと、私達として始末のありようがないです。他の犯行者も同じですが、

生きて、自分の考え・行為は浅慮であったと、ほんとに単純な思いをもっていたのだと、どこかで一言でもいいから漏らしてもらいたいという気持ちです。

主語のない日本語「すみません」

「二者性」の広がりの中にいろいろなことが含まれています。一つは日本語の問題。日本語は、主語がない、省略できるという非常に特異な言語で、いろんな特徴がおりますが、その中の一つに「すみません」という言葉がある。これは挨拶、常套文句に近い。でも、「すみません」というのは未決済、決済しない、できない、持ち越すという大事な意味が含まれています。してしまったことに対する応分の、ちょうど見合う償いというのはできない。じゃどうするか。

これまで決済されたことが、どういう国際関係をもたらしたかというと、例えば慰安婦問題があります。国は最終的解決をしたというけれど、これは被害者にとっては、無意味なんです。水俣もそうです。患者への補償は終わったとチッソの社長が発言しましたが、猛烈な反発がありました。加害者がこれで補償が終わったなんて言えるわけがないんです。人としてずっと考え、ずっと済まないと思い続けることの吐露が大事なのです。

未決済で事を引きずっていく社会というのは、情が絡んでござるを得ないということがあります。

日本では医療訴訟は少ないのですが、それは、患者は無力だ、医者は威張っていることだけではなく、この未決済の問題があります。医者が辞めると言ったらどうする、という思いを私達はいつももっているわけで、庇っているという心情が医者にもう少し届くと、あるいは届かせないと、超高齢社会の医療は行き詰まってしまいます。

一方、アメリカは厳しい。訴訟、契約違反が、医者と患者ではなく、医者と保険会社の争いになります。国民皆保険制度がなく、ブルークロスなどの保険会社の医療保険に入るのですが、契約外の医療費は支払われない。患者の側からの訴訟もある。それで医者は自衛のためもあり、積み立ても含めて訴訟対策団体に入ります（大ざっぱに、制度も違いますが、米国三億人、弁護士数一三〇万人、日本一億二〇〇〇万人、弁護士数四万人の違い）。現代は思想的、哲学的に、混迷を極め、錯綜しています。ヨーロッパでは、一九三〇年代に大きな展開があり、第二次世界大戦を経て、その極めつけが一九六〇年代末の「脱構築」です。人間の考えた整序構造や思想すべてが検討対象になり、崩れる。私達というか、私が驚いたのは、七〇年代終わりに、自然科学から「真理への探求」というモットーが消えたことです。真理なぞない、それが脱構築の根本で、いよいよ絶対が退いて相対が押し出されて来たわけです。私達はといえば、基本的に相対で、それではならじと絶対

を目指して、明治の天皇制を創り出して、それが破綻する戦後を生きて来ました（エコノミックアニマルといわれながら、脱亜入欧・和魂洋才の和魂とは何かが、私の問題。といえます）。一九六八年フランスからオギュスタン・ベルクという地理学者がやってきました。東京を見て彼は、「東京は脱構築そのものだ」と言ったのです。東京は構造のある都市とは言えない。これが彼の第一印象で、フランスに帰ってから日本の風土について何冊も書くことになります。「通態（つうたい）」が彼の発見した日本列島の原理です。通じているということ。Aと反Aという二項対立を争うのが西欧で、日本はその反対物の間が通じてしまう。「氷炭相通ず」、冷たい氷と燃えている炭が相通じるということです。私は彼に大変影響を受けました（ルーズで締まりのないこと、争いながらも和が絶えず漂うことの説明ができそうです）。 主語がないということを一番問題にしたのは、森有正というカソリックの哲学者です。戦後すぐフランスへ留学して、フランスに留まり、フランスから日本を見るという立ち位置で、日本語研究に取り組みました。日本語は二人称言語で「あなたのあなた」しかいない。私は「あなたのあなたとしての私」なのです。一人称、三人称がなく、あるのは二人称だけだというのです。

なぜ日本語に主語はいらないのか。これは人間ということと不可分です。人間は、「じんかん」と読むと、人の住む所という意味で、「人間（じんかん）至る処青山（せいざん）有り」は、人の住む所には、どんな所でもお墓を作るぐらいの場所はある、だからどんどん村から出て行って活躍しなさい、という意味になります。中世末期、織田信長が、「人間五〇年、下天の内をくらぶれば・・」（謡曲「敦盛」）と一生の短さを謡い、「人生」という意味になっています。江戸時代には、「にんげん」と読んで人を指すようになりました（井原西鶴などの用例）が、一般には使われていないようです。それが明治時代に翻訳語として使われるようになった。man、humanの訳ですが、致命的な誤用だと思います。特にman、mankindが人を表すというのは西欧の男優位のバイアスです。科学はもちろん医学も当然のごとく、人はmankindだとしていますが、男＝人に「人間」という言葉を当てはめたのです。

関係が先立つ―存在が先立つに対して

manは男、humanは土から作られた男、アダムです。アダムが存在し、アダムからイヴが創られる。存在が先行し、次に関係がなりたつ。もう一つ大事なのは、責任、リスポンシビリティです。応答する能力ですが、神の要請に「はい」と答えられる応答責任です。責任は永劫に救われないという罰を伴っています（存在と責任と罰が社会契約を基にした西欧社会の根幹です）。日本列島では関係先行で、関係の中に人が二人浮上してくるようで、その輪郭が定かでない。その二人を人間

という。「じんかん」という場に二人を単位とするような大が居て、それを「にんげん」と呼ぶというような感じです。　中根千枝（『適応の条件』一九七二）によると、人と人の関係にはA型とB型がある。A型（欧米）は二人の異なる人格を持つ個人が存在して、その間に関係が成り立つが、その関係は個人を呑み込むことはないとする。個人は存在として屹立している。それが人の尊厳です。対してB型（日本）は鉄アレイのような形で表される関係（場といってもいい）があって、その中にあなたと私か溶け込んで、つながっているのです。　森有正は、このつながりであなたが先に立つと言う。あなたあっての私で、責任が生じたらあなたの責任だが、そのあなたがあなたのあなた、つまり私に責任をかぶせるのです。かぶせられた方は責任の自覚はなく、責任は宙に浮く。そもそも「場」はおのずからであって、おのずからの「関係場」「生成場」では、みずからを欠くために、責任の所在は明確ではないのです。このような場を抜きにして私達が存在することはむずかしい。考えることはできない。同じ場に居る、共に生き共に死ぬ場で切っても切れない関係の通じている場では、主語は煩わしく不要になります。私がしゃべっている相手はあなた、話しているのは私。言わなくてもわかるでしょうという世界。そういう場に居ながら主語ははっきりさせないと、すなわち責任をはっきりさせないと、という理念が導入されると、人間の心は不安定になります。

中動態――お茶がはいりました

去年、国分功一郎という哲学者が「中動態」をめぐる本を出しました。能動態、受動態の他にギリシャ時代には中動態があった。しかし個人の概念が発生して成熟するにしたがい、責任と義務の観念が備わるにつれて、ヨーロッパでは中動態は消えたとしています。中動態とは、責任と義務を曖昧にするぼやかしの表れということです。ところが私達日本列島人はぼやかし専門みたいで、責任や義務をどのように見なしているか、社会の存立・維持としてどう機能しているかを振り返りますと、現在も中動態が大きな役割を果たしていることがわかります。「お茶がはいりました」という言い方はどうでしょうか。お茶を入れましたからどうぞ、という意味ですが、誰がそれを入れたか、それを言うと角が立つ。美味しくても不味くても角が立つ。さりげなく、あたかもお茶が自動的にはいったかのように言いまわすのです。ガラスがわれた、茶碗が落ちた、と言う。おのずからのなりゆきなのです。結婚します、とは言わず、結婚することになりました、と言う。

つぎつぎになりゆくいきおい

丸山真男は晩年、日本の通奏低音として「つぎつぎになりゆくいきおい」ということを言いました。プロセスが重要で目的は明示されないこと、ポイントは「今」にあること、生まれも素性も問え

ないことを意味しています。昨日の今日、今日の今日、明日の今日と次々になりゆく勢いの「今日」なのです。この勢いに私達は弱いというか、あとは野となれ山となれでもなく、明日は明日の風が吹くでもなく、今日一日の変化に何かがあるのです。星子が生まれて、星子との付き合いの中に思想を紡ごうとしてきましたが、この「つぎになりゆくいきおい」はしっくりします。そしてこの関連で、中原中也の「目的もない僕ながら、希望は胸に高鳴つてゐた」に凄さを感じました。長男を一歳半で亡くした「ゆきてかへらぬ」という詩の一節です。次々となりゆく勢いそのままの表現で、死を含む命を生きる実感です。星子と暮らす日々に右肩あがりの人生はありません。では衰えていくだけか、いえ、命のおのずからの中動態の展開に生きる手ごたえを感じる、といいましょうか。星子の十日ぶりの便通にうきうきした雰囲気が漂う、など。そういうことが星子と母親と父親の私の三人の勢いなのです。

状況倫理─強さの表現

「二者性」が眼目といいましたが、いままで述べたことを踏まえますと、関係場の中に居る二人の輪郭が溶けている。それは自他未分を表しているとも言え、そのような関係構図が、私という自己の根本に「共に生きる原理」として息づいている。それを「二者性」という、ということなのです。

もう一人の自己との対話、問答ということを私も自分の問題にしてきましたが、自己は限りなく増えていくという問題と人格の一者性につまずいて、自己と自己の対話でなく、自己と他者の対話ではないか、自己は自立していないのではないかと思うようになりました。そしてそのような自己を「二者性」を帯びているとしました。

「二者性」に対しては、自己同一性のアイデンティティの個人原理としての「一者性」があります。具体的には「二人死ぬ」より「一人の生を」という、脳死臓器移植を導いた「状況倫理」に少し触れます。正当防衛より強い緊急避難という、何としても一人生き残る正当性、要請があります。例えばザイル問題。一本のザイルでつながれた二人が、そのままでは二人の死、二人の間のザイルを切れば上の一人が助かる。ザイルを切るべきだとします。救命ボートの複数人の漂流、何としても一人は生き残るように最善をつくす。神に与えられた命の保全に最大限の努力を尽くすのです。人肉を食べて生き残ることも認められます。「二人が死ぬか、一人が生き残るか」というのはこの状況倫理の非常に明快な表現で、強さ志向でもあります。「状況倫理」の提唱者の一人、ジョセフ・フレッチャーはその流れで「人間の基準」を定めました（一九七二）。その冒頭が「ＩＱ二〇以下は人間ではない」です。これはのちの無脳症嬰児を臓器提供体とするとした判断につながります。そしてやまゆり園事件の「人間を物として捨てる」ということにつながっています。

「より高く、より速く、より強く」。科学技術文明と経済至上主義はおそらく人為の人間淘汰を招来します。強さはもろい。強さとは弱さに徹するしなやかさなのだ、というような立ち止まり方が必要です。「二者性」は、弱さをもとにした人間の生きる原理です。頼り頼られ、責任をとれないという弱さの分有、弱さの互換性です。星子は弱くて強い。親もそのような星子に頼りながら、それが強さだと自覚したいと思うのです。

初出　お茶の水女子大学児童学科・発達臨床学講座・発達臨床心理講座
同窓会　ジネット会報　二〇一九年　九月三〇日発行

「自立」をめざしてきたのは、錯誤だったのではないか

津守真先生と「自由」

二〇一九年の六月一日、お茶の水女子大学同窓会の年次会に招ばれて、「やまゆり園事件」について話しました。そのとき、津守真先生について触れました。どうして津守真先生のことが出てくるか、その事情を、同窓会報の講演要旨から抜き出してみます。

「教育における自立と依存が切り離せない二項関係にあると考えると、日本の戦後というのは、自立、自立と「自立」をめざしてきたのは、錯誤だったのではないか。それで一九九六年に、「教育における自立と依存」を、岩波講座現代社会学『こどもと教育の社会学』に書きました。当時、愛育養護学校に（娘の）星子を連れて通ったことがあって、津守真先生との出会いがあり、先生の仲介で書いたものがあり、この「自立と依存」もその一つです」。

「福祉の世界の上から目線は根が深いです。パール・バックの『母よ嘆くなかれ』（松岡久子訳、法政大学出版局、一九五〇年）は、障がいを持つ娘と街中で暮らせない嘆き、娘は郊外で神の愛を実

践する人達に介護されるほかないという訴えが綴られています。内村鑑三が伝えたこのアメリカの福祉の思想・実践のバイブルが糸賀一雄『この子らを世の光に』（柏樹社、一九六五年）です。でも管理主義と重なると無反応の善意の上から目線になって、介護が抑圧になってしまう。強者の介護者による弱者の世話という構図を改めねばなりません。

教育もそうです。教師は上、子どもは下、どうしたって管理主義になる。瞠目すべきは津守眞、自然も家庭も自由ではない、人がつくった学校こそ子どもの自由を保障できる、として実践しました」。

娘の星子は今年の八月二八日で四三歳になりました。八歳のころ、埼玉県の日高町から六本木の愛育養護学校に連れて行きました。そのときの事情を「愛育」七号（一九八五）に書いた文を、すこし長いのですが、津守先生の影響、津守先生との話で触発されたことも表れているので、一部端折りながら紹介したいと思います。

星子八歳、愛育養護学校に行く

「もう一年前になるけれど、去年（一九八四）五月一六日に眠りこんでいる星子を車に積みこんで（というと荷物扱いのようだが、実際にそんな感じでボックス・カーの後に横たえるのだ）、それから二時間五〇分かかって愛育養護学校にたどりついた。（略）

話というのは、埼玉県の坂戸市で「母と子の造形教室」を主宰している早坂忠之さんがしてくれたもので、早坂さん自身も、愛育養護学校家庭指導グループにボランティアにきた体験があるらしく、なかでも便器をなめたボランティアの話は鮮烈な感じがした。家庭指導グループでつき合うことになった子どもが、トイレットの水洗の便器がとても好きで、抱きついたりなめたりしてあきずに遊ぶのだという。それでそのボランティアは便器をなめるってどんな感じだろう、自分もあじわわないと、子どもとつき合うことにならないと思ったそうだ。

子どものやることを追体験することは、それはそれで重要なことだけれど、この話にはそこにとどまらないだいじな点があるような気がした。たぶん、それは、いってみれば、〈人のもつ自己教育機能〉というべきものが働いていることではないかと思われる。

ルソーの『エミール』の第一篇に、「教師は生徒にふさわしく教育されていなければならない」というアッと思うような箇所がある。ただここは、一対一の教師―生徒関係が想定されている文脈なので、そのまま受けとるとほとんど不可能なことをいっていることになる。「親は子にふさわしく教育されていなければならない」と言いかえてみると、そのことはよりはっきりする。親は教育されているときに、子どもはまだ生まれていない。まだみぬ個性にあふれる子にふさわしく親があらかじめ教育されるなんて無理な話だ。

だから、ここは、「教師は生徒にふさわしい教師になるために自分自身を教育する自己教育機能が発揮できるように教育されていなければならない」というふうに読みこむところだと思われる。（略）「便器をなめる」という行為には、〈自己教育機能〉への覚醒がはらまれている、のかもしれない。

愛育養護学校には、きっとそういうことがおこってくる雰囲気があるのだと思った。

星子がもしお世話になるとすれば、週二回開かれている家庭指導グループということで、その日に合わせて出かけてきたのだが、何人かの子どもたちとそのあとをくっついて歩いてまわっているような大人たちに出会って、前もっての想像とそんなにはずれていないように感じられた。

落書だらけの壁（すくなくとも私には心安まる思いがする。白壁恐怖症のようなところが私にあるのかもしれない）と、靴をはきかえないで、部屋にも地べたにもゆききすることがかもしだす雰囲気のゆえか、とても衛生的清潔さとはいえない空間だからか、なんだかふわふわ漂っているものがいっぱいあるようだった。

よくみれば、よくみることができるなら、それはきっと、色とりどりの不定型の風船のごときであって、ぶらさがっている短冊には、みんな〈教育?〉と書かれているかもしれなかった。（略）

けっきょく昨年度は、星子は一三回、愛育養護学校家庭指導グループのお世話になった。夏休みなどを除くと、月に二回ぐらい通ったことになる。星子の体の調子や、親の都合や、とりわけ経済の都合などをおもんばかると、まあまあの通い具合と思う。星子は八歳でありながら学校に通っていないので、毎日家を出て通うことと比較すれば、なきに等しい回数ではあるけれど、やわらかな教育の場をあじわったことは、やはり星子にとって大きな意味があったと考える。（略）

教化型、伝授型の教育は、大なり小なり期するところのある人間にたいして行なわれるのであって、教えられる側としては、見込まれた不幸というのはあるのである。曲芸を仕込まれる動物は、やっぱり素質を見込まれたのであり、なまじっか素質などなければとぼやいているかもしれない。

まるっきり期待されない人間も、家族という絆のもとでは、共に生きることはいわずもがなの大前提になっているから、家族が崩壊の危機にさらされないかぎり、楽々と生きてゆけることになる。だから家族が大きければ大きいほど、期待されない人間は自然人としてうらやましがられながら生きていく可能性は高まる。

ところが、家族を一歩出て社会と関係を結ぶ社会人たらんとするとただちに問題が発生する。社会がなりたっているのは、第一には人間が我慢し、お互いにゆずり合っているからである。でも他の社会との対抗がおこってくると、それではすまなくなって、第二に生産や政治、軍事のリーダーやサブリーダーが必要になり、第三に文化面でのいろんな才能の発掘を行う必要がでてくる。文化の幅は非常に広くて、他の社会との対抗上、直接に有効性をもつものもあれば（科学・技術など）、

まるっきり役に立たないように思われるものもある。

第一、第二の段階では期待されない社会人はふつう生きていけない。生きてゆけるとすれば、聖なるもの、神聖な存在としてであるが、実はこういう存在は社会人ではない。

第三の段階になって事情は一挙に複雑になってくる。ひ弱でぼおーっとしているような人間が、思いがけない発明をして属している社会に力をつけたりする。中には同時代の人に評価できない発見をしたり、思想を生みだしたり、芸術作品をつくったりする。こうなると、期待されない人間の中に宝がかくされているかもしれないという心配が生じ、さらに厄介なことには、社会を動かす独創、それは他の社会と対抗するうえで大きな力となるのだが、そういう独創が我慢したり、ゆずりあっている人間からは出てこないということが経験的にわかってきた。ここらあたりで、はじめて社会的な生命尊重主義や、個性の尊重がでてくる。まるっきり役に立ちそうもない人間も、にわかに抹殺されることはなくなった。（略）こうやって考えてみると、私たちは、いつの間にか「人あっての社会」じゃなくて「社会あっての人」という立場に立ち、社会への貢献という観念から逃れられず、ムダを大事にしようとか一人ひとりの人間を大切になどという際も、有効性という視点からだということに気付く。そして同時に社会の絆が固く締まってくると窒息しそうになることも感じている。わが手で自分の首を絞めているようなものである。

このあたりの意識のあり方が、たぶん、重い障がいをもつといわれる子どもたちの教育への入口なのである。自然人である子どもを前にして、教育の意味はほとんど逆転している。それは、あまりに社会人でありすぎる大人の自己教育に他ならない。そしてそういう人間の中で、ちぢこまった自然人は自然人らしくなれるのだが、さて家族社会をはなれた自然人は社会の中でどう位置づくのだろうか。（自己）教育は緊張感にみちて未知の社会を模索しないわけにはいかないのである（『星子が居る』「星子、八歳――教育の意味」より）[注1]。

『星子が居る』には、このほかに、「権利は天然自然のものか」（「愛育」二号、一九九四年）と「途中意識を持って」[注2]が収録されています。

愛育養護学校では、もう一つ忘れることのできない得がたい体験を味わったので、「後援会だより」から、その部分を抜き出してみます。

調和の風が吹く

「愛育（養護学校）にはじめて行ったときのことを思いだします。年齢を問わず子どもから大人まで「ぶっきらぼうな人とおもしろい人」がいました。そしていろんなところに?印がぶらさがっているような按配でした。

はて?と「立ち止まる」ってのは、ほんとうにむずかしいです。いまの私たち大人はそうとう修業しないと「立ち止まれない」みたいな気がします。
それから何回目か、愛育に行って隅に立っていたとき忘れがたい印象にうたれたことがあります。みんな勝手なことをしているようで、そして、していることもどんどん変って行くのに、ばらばらの感じがしなかったのです。
ある大きな流れが渦をまいたり、蛇行したり、岩にぶつかったり、そして全体にはリズムをもってゆっくりと流れていて、自分も立っているだけなのに、その流れに心地よくひたっていました」(『星子が居る』「さりげない未完」[注3]より)。
このときの場面にくっついているのが、大きな部屋の真ん中に大きな丸いビニールのプールがあって、新聞紙が一枚一枚ふんわり山と積まれている光景です。中に子どもが居るという。マンツーマンに実習生が付いていると聞いていたので、実習生も中に隠れているんだと思って、そのとき、なにか、ハーモニーというほかないような風が吹いたような気がしたのです。いま、星子は作業所「カプカプ」に通っていますが、「カプカプ」のモットーは「ザツゼンに生きる」です。星子は毎日行くというわけにはいかず、行ってもただ寝転んでいるだけなのですが、「寝転んでいるのも労働のうち」というきまりです。私もときたま行きます。そしてあの愛育の「風」を思い浮かべるのです。

「風」は津守先生の「自由と切り離せません。自然も社会も家庭も自由ではない。「これぞ自由」は人がつくった人工空間しかない。それが学校だ。津守先生と話していて、この考えが出てきて仰天しました。自由とはゴッドが人に与えた唯一のものとはピコ・デッラ・ミランドラの尊厳宣言ですが、津守先生の自由は、それと関連するものの、具体的に子どもや若者を無基準、無批判に遇する教育理念、いや無教育理念だと思って、びっくりしたのです。そのときでしたか、職員室を開放すると決めたときは、さすがにどうなることかと心配がないと言えば嘘になるが、踏み切ってみると数週間で子どもたちの興味がなくなって平穏になった、という話もありました。デューイは教師の仕事は子どもが育つ場をつくることだとしましたが、津守先生の自由とは、子どもを無基準に包み込む大きなふところとしての場だと思います。子どもはほんとうに安心してのびのびしたとき、本来の自分を表現する、それは芳醇な甘やかな心情を伴うともいうことができて、日本特有の「甘え」を想起させます。

甘えと自立

西欧ではドイツに甘えに当たる言葉はあるが、甘えはいけないという否定的な意味だと木村敏は書いています。(『人と人との間』弘文堂、一九七二年)。日本も甘えは許されないのですが、それは

逸脱した甘えというべき甘えで、「猫かわいがり」と連動している甘えです。ルース・ペネディクトは『菊と刀』で日本の男の子は目いっぱいわがままが許される、しかし成人すると自由はゼロになると記しました。女の子については特記されていなかったように思います。これを受けて土居健郎は『甘えの構造』を書いて、概略としては甘えの克服と自立の必要性を説いた書として、大きな反響をよびました。

自立はわたし自身の大問題でありました。一九六〇年の第一次安保闘争を闘って、六月一五日国会構内で吉本隆明の演説を聴きました。吉本隆明は自立教教祖と言われるまでになって、その名称自体がパロディ的に自立の否定なのですが、自立には何らかの大いなる権威の支えが必要なのだという示唆でもあったのです。

一九七〇年代、初頭から日本人の特徴、特異性に関する本がいくつも出ます。イザヤ・ベンダサンの『日本人とユダヤ人』（山本書店、一九七〇年）に始まって、公文俊平の『文明としてのイエ社会』（中央公論社、一九七九年）に終わる、と言ったらいいでしょうか。そのなかに『甘えの構造』（弘文社、一九七一年）も位置するわけですが、それとともにわたしには中根千枝の『適応の基準――日本的連続の思考』（講談社現代新書、一九七二年）や木村敏の『人と人との間』（一九七二年）が重要です。すべて出版された当時に読んだわけではありません。東大闘争のあと、自立と個人、自由と責任をめぐってにっちもさっちもゆかなくなっている状態のところへ、星子が生まれてきます。ひらめきのようにやってきた、とあとで書いたりしますが、まさに自分の思考や思想らしきものにくさびが打ち込まれたようでした。

そしてある講演のときに、結局あなたの言っていることは教育のダブルスタンダードじゃないかと批判されて、それをきっかけに、パーソンから人間へ、人間からいのちへとポイントが切り替わって、いのちはわからないということを大いなる下敷きにした「問学宣言」（一九九四年）をすることになりました。そのスタートからの一つの帰結が、いま表現しようとしているいのちの「二者性」なのです。

教育の理念

水俣へは一九七七年から行くことになります。またしても根底からゆすぶられながら、『生あるものは皆この海に染まり』（新曜社、一九八四年）を出したころ、津守先生と出会ったのです。「学校こそ人間が保証する最大限の自由の場なのだ」。無教育理念じゃないのか、まさに既成の教育理念に対する強烈なアンチテーゼです。「自由」とは「おのずからよってきたる、みずからよってきたる」です。「自ら」は「おのずからみずから」を含意します。子どもは無基準に自分が認められ、受け

入れられる場で、息を吸い込み自由を吐き出します。そしてまた息を吸い自由という呼気を場に送り込む、それは共に生きるいのちの分有なのだ、それはひそやかな風になって人を包む。児童文学者・作家の長谷川摂子は「赤ちゃんから平和の蒸気が立ち上る」と言いました。子どもは本来の〈分有〉のままに守られるとき、自分たちにも親にも大人たちにも、思いっきり羽を伸ばせる、思いっきり翔たける空気（息）を与えるのです。それはのびのびした甘やかさであり、身がほどける開放感であり、いずれへとは知られない希望なのです。

「息にわがする」。大原富江のエッセイ集の書名でもありますが、原義を離れて、そして私の喘息の命がけも離れて、いのちを生きることの言い切りのような鮮烈さがあります。津守真先生の「自由」から、頼り頼られるがひとつのことであるいのちの二者性へのつながりを改めて思います。

初出　『発達』ミネルヴァ書房、二〇一九年（10-25通巻第160号）

注

注1　最首悟一九九八『星子が居る』世織書房所収（原題「教育の意味」愛育、第七号、恩賜財団母子愛育会、一九八五年）

注2　愛育養護学校後援会「後援会だより」第一一号（一九八九年七月）に掲載

注3　最首悟一九九八『星子が居る』世織書房所収（原題「途中意識を持って」愛育養護学校後援会「後援会だより」第一一号、一九八九年七月）

〈自立〉への模索から、生きる場の〈二者性〉

「自立支援、自立介護を問い直す」連続企画

（コメンテーター）水野博達（大阪市立大創造都市研究科教員）
（司会者）古久保さくら（大阪市立大創造都市研究科教員）

「やまゆり園事件」というと、「やまゆり園事件」とか「やまゆり園傷害事件」とか言っているのですが、第一に受けた東京新聞のインタビューで、「犯人を八つ裂きにしてやりたい」と言ってしまって、「まずいんじゃないの」と言われました。

私は、死刑に反対です。「それなのに、八つ裂きにしてやりたいというのはどういうことか」って言われました。言い訳をすると、国家による死刑に反対ということで、戦争につながる国家による生殺与奪権を認めないということです。刀狩り令に遡ることですが、私情としての、一対一で絞め殺してやりたいとか、八つ裂きにしてやりたい、例えば、娘の星子が殺されたら、「相手を殺す」と

思わなければ収まりがつかない。思想上の問題でも、刺し違え、一人一殺、そして自死（山口二矢[注1]を思い浮かべまず）を否定できない。どうも「やばい」のでしょうが・・・。

やまゆり園事件と今日的状況

でも、口にできない渦巻く怒りとなると、どうしたらいいのか。例えば政府の態度、菅官房長官は、この件について、うんともすんとも言わない。その沈黙に怒りがわく。今日横浜から来たのですが、横浜は、福島からの避難家族の子どもに対するいじめをはじめ、いろいろと起こっています。そして座間事件。すると、やまゆり園事件に沈黙した官房長官が怒って、「あってはならない」とか発言する。やまゆり園事件に対する沈黙は、起こってもしかるべき、仕方がないという意味を含むのです。

やまゆり園事件の犯人は、大島衆議院議長に手紙を書いて、「褒めてもらいたい」って思っている。そこに犯人の現政権に対する見方が出ている。つまり、今の政権がどういう立場なのか、ヒットラーのやり方に学ぶという発言が出ましたが、それはナチスが戦争への地ならしに障がい者を始め足手まといを排除、殺していったことなどを思い起こさせます。原爆被害者代表から「どこの国の総理か」と言われる。そういう政権だからこそ、自分は相応の褒賞をもらえると、犯人は考えたわけです。

犯人の植松青年は、狂気ではないと最初のインタビューに応えて言いました。狂気ではないとすると、特異な一回限りの事件とは言えなくなる。同じような事件が続いて起こるということでなく、行為につながる考えが一人きりのものではないということです。その考えの中に「政府、政権、今の権力主体の本音」というものを見越しているということで、それをまた自分の本音とする人が、植松青年だけではないということなのです。「重度の寝たきりの障がい者をまず四六〇名殺す」と通告して、元職場の二六〇名の入所施設で、四五名を殺傷した。激情にかられた犯罪ではない。ちなみに戦争では殺傷するほど英雄です。犯罪をやっているわけじゃないというつもりなんてすね。これが、どのような根拠を持っているか、ということが、最大の問題です。

神奈川新聞の事件の一周年特集に「無縁社会生んだ孤立」を書きました。「孤人」という言葉を使っています。ふつう「こじん」は「個人」です。英語ではインディビジュアルと言います。ところが、日本の現状では、個人は、ほとんど、孤立した個人になってしまっているのではないか。孤立した個人は生きる支えをどこに求めるかと言うと、「寄らば大樹」です。西欧的個人は独立存在で、一神や普遍を介してお互いに関係している。明治以来、あるいは一九四五年以後の日本の個人の参照軸は何だろうか。国家とか、普遍的な何かは字面では出てくる。普遍的な何か、聞こえはいい、たとえば

平和です。平和というのはいかにも大雑把な言葉や考えで、それゆえ自衛＝武装＝国家に抗することができない。しかもそれで武器を持たずに身を守らねばならない私たちの日常をくることはできない。じゃあ、銃器を持てばとなれば、アメリカの現状を突き付けられる。私たちの日常は、あんまり平和じゃないんです。「寄らば大樹」にもどると、まあ、あいまいで具体がかっている。孤人は身近に頼れず、さりとて個人と違って抽象にも依拠できない、半抽象、半具体としての国家、政権に頼るというふうになる。心情的には独りぼっちでも身近に繋がりのある人にとっては概して政権、政府は不満、批判、怒りの的です。やまゆり園事件について、政府に対する怒りというのは、うんともすんとも言わないところにあると言いましたが、やまゆり園事件の底にある「二〇二五年問題」についてもそうです。

「二〇二五年問題」は、団塊の世代が全て後期高齢者になるという年です。今から八年後です。ついちょっと前まで、認知症が四〇〇万人と言われていたのですが、どんどん増えて、当初は、二五年に、八〇〇万人と言われていましたが、それを越し始めている。そしてこの認知症対策については、ほとんどパニック状態といえます。一億総活躍などと言える事態ではないのです。病院もふくめた大規模施設に収容の規模をはるかに超える数字です。地域にとどめ置くほかない。では地域でどのように対処するか、肝心の家庭医制度あるいはそれに準ずる制度がない。ほとんどお手上げです。

昨年の一〇月「市民の意見」(昔のべ平連の機関誌)に「与死の思想と国家——やまゆり園殺傷事件を受けて」を書きました。「与死」とは松本登志張という医者が、安楽死について言った言葉で本人の意思を問わない安楽死です。制度としては成人条項に、しかじかの状態になったときの安楽死を認めるというようなことが考えられます。

現在の日本では尊厳死も法制化されない、それは脳死が臓器移植と切り離された死の定義となっていないこととリンクするのですが、与死は尊厳死、安楽死という二段階の先にある強制的安楽死で、たとえばＩＱ二〇以下(ジョセフ・フレッチャー、一九七二)の人たちが対象です。全体主義国家で初めて可能と思われますが、一九七〇年代、脳死は人間の基準をはみ出しか状態として、生命倫理が認めたように、重度認知症は人間の基準外となれば、ニュートラルに生存不可ということになります。単刀直入に、与死。与死法。家族も本人の意思もいらない一定の基準を満たしたら、死を与える、それは医者の仕事だと。方法は睡眠剤と筋弛緩剤による死で、今の安楽死の方法と同じです。そして医者がやらなきゃいけない、医師の医療義務です。

私は、駿台予備校で長らく医学部進学の受験生を相手にしてきて、今も教えています。一校舎に一五〇〇人ぐらいすべて医学部希望、相当の進学率で、その中で、医学部の面接とか小論文という

部分を担当、さらに英文の出題に日本語で答えるというのが現在の私のレパートリー。私の主眼は、お医者さんづくり、現在の医療制度では医師になったらどういう仕事が待っているかも大事なテーマです。どういう仕事が待っているかも大事なテーマです。

医者っていうのはだいたい入学して一〇年で、まあ一人前になる。一〇年かかってやっとということ。一〇年後の社会の中に、医者として出て行くわけです。では、その頃、この「与死」が定着したとしたら、どう思うのか。義務として引き受けるのか、どういう夢を持って今医者になりたいというのか、その夢の中に「与死」はあるのか、というようなことを生徒に問うことをやっているので、全然、評判が悪い（笑）授業です。でも四〇年。医者づくりのとば口をやってきて、少しは、全国にそういう問題に取り組む医者も出ておりますね。今日、現実に「与死」は、そんなに架空の話ではない。つまり、ヒットラーの障がい者殺しに類似のことが、一方では戦争がらみ、一方では超高齢社会の行き詰まりから始まる必然性からというのが、この日本にあるわけです。障がい者殺しというよりは、第一は老人殺しです。問題提起は、二一世紀に入って、フランシス・フクヤマの「人間の終わり（原著二〇〇二、鈴木淑美訳、ダイヤモンド社、二〇〇二）です。ホワイトハウスのビューローで活躍した政治学者で、新自由主義者、今は立場が変わっていますが、「歴史の終わり」に続いて、この本を出した。バイオテクノロジーの進歩によって人間の寿命は一二五歳くらいになる。老人は大きく二つに分けられる。カテゴリーⅠ、カテゴリーⅡと名付けよう。カテゴリーⅠは六五から八〇歳ぐらいまで、まだまだ働ける、働かなきゃいけない。カテゴリーⅡは八〇歳以降、老人は働き続けた褒美として、晩年を趣味に生きることが許される。しかし趣味に生きるのも限りがある。飽きが来るし、むなしくもなる。そのうち体力と能力が落ちて、子どもみたいになってゆく。寝たきりにもなる。社会的資源は、そういう老人に注がれる一方で見返しはない。八五歳くらいからそういう老人が増えてゆく。社会や、福祉と医療はどうするのか、この老人たちはどうなるのか。そこでこの本は終わっているのですが、本の副題は「バイオテクノロジーはなぜ危険か」で、帯の惹句は「こんな未来を受け入れるのか!」です。そう、未来はバラ色の世界ではない。ここに、今の科学技術・医療の問題が集約されています。老化の阻止、癌の克服、遺伝子制御、先進国での大きな取り組みですが、全体ということを考えると、克服などはできない。ただ、部分的には成果があがる。そして、畢竟お金の問題になる。夢中になって研究している研究者は、謎解きというよりは、人類のためにというような気持ちで、当面の苦を減らそうとやっている。その一つ一つが、結局は、不老不死の世界を求めていることになるわけです。不老不死となれば、一定の場を前提にすれば、子どもの出生はゼロになります。英国の女性作家で、アガサ・クリスティと並ぶ、P・D・ジェイムズという推理小説作家がいるのですが、水道局長とか行政官でもあるのです。その作品に

「人類の子供たち」（一九九二、現在は改題されて「トゥモロー・ワールド」早川書房）というのがあります。現代そのものの話で、一九九五年、全世界の男の精子が機能を失う、それで、子どもが生まれなくなる。二〇二一年正月、その一九九五年に生まれた地球最後の子どもが死んだというところから話は始まります。イギリスを舞台にして、子どもがいなくなったら、どういう社会が生じてくるか、というSFなのか、警告の書なのか。政府は懸命になって、妊娠・出産対策として、ポルノ政策を打ち出す。身もふたもなく、なんとか立たせないといけない、男をエレクトさせないといけない、でも男にやる気が起こらない。P・D・ジェイムズが言いたいことの一つに、自分の行為が、子どもが生まれるということにつながっているということにおいて、男の性欲もあるのだということだと思います。それで子どもが生まれないとなると、男の生殖意欲まで失われてしまう。飢えると男の性欲は高まることと無関係ではないでしょう。男に再び生殖意欲を持たせる研究というのを、世界はそれぞれ秘密裏にやっているのではないか、どうも日本が一番研究しているらしいというような言及は、面白いです。

　赤ん坊が生まれなくなったらどうなるか、私たちは考えたことがないだろう。考えたとしても人類の滅亡としてでしょう。この本も、結末はささやかな希望で終わるのですが、人類滅亡の暗示の作品としてでしょう。この本も、結末はささやかな希望で終わるのですが、人類滅亡の暗示の作品として位置づけられている。しかしフクヤマの「人間の終わり」は老人ばかりで、存続はするが希望のない世界です。逆に言うと、赤ん坊が生まれるからこそ、私たちの怒りも喜びも心配もあるわけです。毎日、いがみ合ったりなんかしているエネルギーも、子どもが生まれるからこそなのかもしれません。医学の不老不死の夢の実現化、エイジングの阻止、癌の克服は、そのような生きがいを奪うかもしれないのです。それは杞憂なのか、それともその努力の過程で出生率が極端に下がる事態が起こるのか。別の問いの仕方をしてみます。じゃあ、生物のことはどのくらいわかったのか。今度NHKで「人体」シリーズが二八年ぶりに始まりました、人体の、機能がここまでわかった、がテーマです。司会はタモリ、レクチャー役はIPS細胞の山中伸弥。タモリが、わかったことについて、「すごいですねえ」などというと、山中伸弥は、「いや、三割ぐらいしかわかってないんですよ」と答える。と、タモリが「へええー」と驚く。

冗談じゃないという感じです。もちろん山中伸弥は方便として、サービスとして、わかりやすく言ったつもりなのかもしれませんが、生物の機能が全部わかったとはどのような状態なのか。定量化できるのか。さらに「部分の総和を全体という」という定義を導入しないと、どのくらいわかったということは言えないのです。宇宙のエネルギーは現在、四パーセントしかわからないと言われます。エネエネルギー普遍の法則によって、総量は増えも減りもしない、という仮定（そうするとい

ろいろと説明できることがある）に基づいて、宇宙のエネルギーの九六パーセントはわからないと言う、総量、全体、全部を指定してのことという言い方です。生き物とか人間、いのちがわかるということをどうやって決めるのか。決められません。生物について、ある事柄について、ここまでわかった。それと、どれくらいわかったかは別のことです。山中伸弥の本心、内心はわかりませんが、iPS細胞の第一人者として、自分の細胞で臓器をつくって不調な臓器と取り換える、部品交換をしてゆく。すると死は遠のく。不老不死への道のりです。それが人の生活、人の心にどんな影響を及ぼしてくるかということについては、このノーベル賞受賞者は語らない。憂鬱な湯川秀樹という言い方をしますが、人類の将来を考えると、もうどうしようもなくなって、パグウォッシュ会議の核廃絶に参加したりすることになります。自己責任・自己決定と「二者性」「次々になりゆくいきおい」と言ったのは丸山真男です。「いのちの根拠関係は知られない」としたのはヴァイツゼッカーです。いのちはそれを生んだ場にフィードバックし。場を変えながらその場から生まれてきます。その行く先をいのちは知らない。全体は部分の総和を超える。分かるとそれだけわからないことが現れてくる、とはパスカルです。大きな、広い、根底的な問題ですが、そういうことをどこかで感じながら、しかもそのような問題とつながっているような、日々を暮らす上で、私たちが支えにしていること・ものとは何か。今日お話したい「二者性」はそのことをめぐっての一つなのです。実は、

今日の話のレジュメを作ったのですが、主催者の水野さんから「ダメ」って言われて、「もう少しあんたのことをしゃべりなさいよ」というような感じの注文を出されました。すると「二者性」の話になるなあ、という感じでもあるのです。

私のことをちょっとしゃべりますと、八一歳になりました。肩書の和光大名誉教授は思惑含みです。正規の常勤の教授は四年間しかやっていないのです。二七年間東大教養学部で生物助手をやって、一〇年おいて、六六歳の時に教授を引き受けました。七〇歳で定年。その前の二年間、恵泉女子大で教授ではない教授（どんな教授でしょうか）を勤めました。定年の際に、名誉教授という肩書は損にはなりませんよ、そしてあげるものだから、受けてもらいたいというのであるから、反対はなりませんと念を押されました。「毒を食らわば皿まで」、和光大の思惑も私の思惑も、もちろんいいことづくめじゃありません。「あれほど大学に反旗を翻した者」の結末です。和光大の四年間で、学部長をやり、学長選挙に出、W学科総設の準備をしました。身体環境共生学科というのです。さきほどの水野さんの挨拶（「創造都市研究科が解体される」）に身につまされるのですが、W学科も一〇年して解体の危機にあります。そのような状況のなかで、「共生とは何か」を問い続けています。一〇月二二日、共生シンポジウムがあったのですが、「二者性」を取り上げました。二者性とは。自分とか自己とかがクリアカットではということです。俺は、私は、と言うときに、そこに

いつも、オーバーラップしている、ダブってしまっているあなたがいる、というお話というか、そうじゃないですかという問いです。「私が決めた」と言ったって、そんな純粋な「私」はいないのではないか、どのくらいいろんなこと、いろんな人に影響されて、自分が決めたというのか。ひっくるめて、参照軸としての「あなた」は無視できないだろうという立場です。もう一つは、水野さんが最初に言われた、自己責任です、個人の権利には自己責任が付いて回ります。あなた、一票投じたんでしょう、あるいは、投じてないんでしょう、その結果がこうなんだ、あんた文句を言うの?という押し付け論理です。なんだか、また乱暴だけれど、八つ裂きにしてやりたい。何を八つ裂きにするのかと言われると困るけれど、どこかで違う道に入らされているのではないか。そういう自己責任の押し付けで、実は、アメリカは二進も三進もいかなくなっているところがある。

　自己決定というのはまだ少し実感がある。いろいろ、不純あるいは非純ではあるが、私的に決定したという気持ちはある。では私のどこが、私の何か決定したのか。私たちは、西欧的に自己を、大文字のIというふうに確認する、というふうにはなかなかならない。フロイトとかラカンは自己とはそう単純ではないということを展開するのですが、でも、やはり、西欧的自己は、あくまでも単数、単独、唯一です。私たちも複雑な自己に似たことは言います。いつも文句ばっかり言ってる私、高みの見物をしている私、よいしょしてくれる私とか。これが一番気持ちがいいのですが、そういう、少なくとも三人くらいの私というのがいる、しかし実はそれは錯覚で、どうも私ではないような、私と取り違えているけども、実は「あなた」なのではないか。そして、その「あなた」というのは何なんだというところが問題で、そういう問題を巡るものとして、「二者性」という言葉を使いたいという、提案なのです。これは、意志と決定を巡って、権力概念とか権力者とか、そういう、組織、体制がどのように形成されてくるかに関わる大きな問題です。とりあえずは、身近なところでの「二者性」というのがどのような様態をとるのかというのが問題です。ひいては、科学技術のあり方とか、今の政治体制、経済体制の問題とかに、全部関わってくる根本の問題なのですが、人間関係としては、福祉、あるいは自立支援ということに大いに関わってきます。

時代の転換期／一九七〇年代と生命倫理

そこで「あんたの体験は」という質問のところにもどりますが、結節点、転換点としての東大闘争は、五〇年近く前になってきました。私は、そのころ三三歳で、それから二七年間助手をやる羽目になるわけです。ポイントはなにか、やはり自立、主体性、自己の問題にとらわれていた。あの頃、戦後二〇年から二五年の間、革新の側で革新の旧態依然の組織に異議申し立てをしながら、みずからは「寄らば大樹の下」「長いものには巻かれろ」「言いなりになってる」に、結局は浸っていて、

どういうふうに脱するのかという表現が「自己否定」であったのです。そして否定する自己はあるのかという問題に至る。大学闘争というのは何も成果を生まなかった、といわれますが、教授の権威が地に落ちたことは確かです、ボス教授と二人きりで差し向いなどになったら、身のすくむような怖さがあった、経済外的強制（マルクス）とはかくのごときか、という思いです。女子高校生が先生に向かってため口をきく。女子高校生の功績が大きいのですが、それはやはり六八～六九年の学園闘争があってこそだと思うのです。日大闘争は具体的な、封建体制に対する闘いです。具体的には、二三億円の使途不明金で、それは佐藤栄作を会長とする日本会議に流れていた、ということでしょう。封建体制に対する闘いとは暴力に立ち向かうことです。学生は身を挺して立ち上がった。日大勢が東大に助っ人に来て、何やってんだと呆れたのも当然です。日大全共闘のゲバ棒は本来のそれでしたが、東大のゲバ棒は風俗、よく言えばシンボルです。しかし六八～六九年は世界的に大きな転換点で、日本もやはり、その動きの中にあったということです。真理はないという科学技術のパラダイムチェンジでもありましたが、公民権運動は、ブラックイズビューティフルから医療の患者の権利宣言に至る。そして見逃せないのは、医療の要請から人間の基準策定が行われるに到ることです。

それは臓器移植、特に心臓移植です。取り出す心臓はピチピチしていないといけない。病んだ心臓はお呼びでない。ある年齢を超えた心臓も不可。一八歳ぐらいの男が一番のターゲットです。アメリカで体は丈夫で脳のみが損傷に、最もあてはまるのが、泥酔と銃と自動車事故で、青年が多い、ウソのような話ですが、自動車の速度制限を緩めようという動きもあった。そして心臓のドナーの要件として、不可逆的意識喪失の、脳死を人の死とすることが要請された。七〇年代初頭に「状況倫理」[注2]という概念を提唱する、「状況倫理」とは、一〇人いて、七人なら助かるという状況では、三人に死んでもらわねばならないということです。ボートで一〇人が漂流している。水と食料はギリギリ五人分二週間もつ。二週間頑張れば助かる見込みがある。だれを優先して食糧を分配すべきか。一〇人の性別、年齢、職業を記す。医師と子どもが居る。誰を優先するか五人選んで理由を述べよ。実際の医学部入試問題です。ここには全員で食料を分け合って全員死のうという倫理、思想はありません。最大多数の最大幸福の追求のバリエーションです。そして一歩踏み込んだのが、「米国の（権威ある）三人の神学者のうちの一人」といわれているジョセフ・フレッチャーで「人間の基準」（Human Criteria）を提示しました[注3]（一九七二）。その中にＩＱ二〇以下は人間ではないという条項があります（below the I.Q.20-mark, not a person.）。もちろん不可逆的意識喪失の脳死者も人間ではない。人間でないとは物質である。物質はいかようにもいじっていい。

またウソと思われるかもしれませんが。無脳症という大脳がない胎児がいます。生まれてすぐに

死にます。その胎児を無事出産できるようにしよう。なんのために、臓器提供者（物）として。提供された臓器を総称してニューハーベスト（新しい収穫）と呼びました。

私たちは情けを取り入れて、シチュエーションを「情況」ともします。アメリカのプラグマティズムと大いに似た物事の対処をしますが、「状況」のほかに「情況」も大いにあります。「死なばもろとも」は「情況倫理」です、「意識があろうとなかろうと、お父ちゃんが傍にいてくれるだけでいい」とは、オランダの安楽死の実際が放映されたときの視聴者の反応のひとつです。私のことで言えば、娘の四一歳になる星子はＩＱ二〇以下でしょう。というよりＩＱが測れない。そして人間です。これも「情況倫理」です。人間とは人のいる場所で、それが転じて大を意味するようになりました、江戸時代です。人間という限り、場に居ることが張り付いていて、「居る」とは関係様態を表します。「星子が居る」は星子二〇歳、それまでの星子に関する雑記の本です。

脳死は人の死は、日本ではまだ一般の考えになっていません。臓器移植法制定（一九九七）については、少数意見として、梅原猛たち（審議会の二〇人中少数意見は四人）が少数意見を出して、それは無視できず、それを加味して日本の臓器移植法は成立するのですが、その少数意見の根本は、意識を失って、もう戻らなくとも、「居る」ということがその人に関係する人の生きがいになる、ということです。

このような心情はアメリカにはない。あるいはヨーロッパにはない。根本は、「神のことが分からなくなったら終わり」、人ではないという考え方です。神が与えた人格のもとに、人は生きる。たった一つの他にない新しい人格を持って人は生まれてくる。世界にただ一人いるとせよ、しからば義務のみがある。神への応答責任です。これが尊厳ある個人の誕生です。シモーヌ・ヴェイユという、若くして亡くなった哲学者は、権利は義務の社会化として定義される、としました。垂直の神への義務を横倒しにして、人に対して果たす。赤ん坊が泣いたら抱き上げミルクを与えたりする。それが通念（社会化）となるとき。赤ん坊には世話される権利があるというのです。世界にたった一人でいるとせよ、そのとき已に権利があると叫んでも無意味である。私たちにはそのような唯一神や原関係や原契約がない。だから生まれながらに権利があるというと、得手かってな権利の振りかざしになるし、堂々とした権利の主張もできないのです。

神への応答責任／日本の青い芝の会

私たちの責任というのは、大きく言っても、人に対する責任です。神に対する責任というようなな、神はいない。仏はあまり責任を問わないのでよろしいのですが、仏といえば、やはり、いいよとか、なにをしてもそれも人間。と言ってくれるような感じで、親鸞はそういうふうに自分で思っ

た。けれども「怠惰では救われませんよ」ということはある。何か一生懸命、「南無妙法蓮華経」、「南無阿弥陀仏」と唱えなければいけない、という基準はあります、そのとき何も考えてはいけない。一心不乱、一生懸命の他力本願は他力本順に矛盾するようで、結局はなんなんだろうなという思いは残ります。

それにしても、「応答」、神へのリスポンシビリティ（応答能力）ということは、もしかすると、私たちに一番理解できないところではないか。鹿島春平太は神というからまぎらわしくなる。西欧の神は神と訳してはいけないゴッドと言わなければならないとする。同じひそみでいいますと、パーソンを人間と訳してはいけないという問題があります。「応答」にもどると、「応」ですから、まずゴッドの御託宣があったわけです。コーリングと言います、それを聞いて、はい、わかりましたと肯うことをプロフェスと言います。プロフェッション、大学の教授をプロフェッサーという。日本ではプロ（専門家）が定着した。ゴッドの要請を聞いてわかった、そしてそのことを一生実践するというのが「原契約」に基づく「応答」なのです。マザー・テレサやシュヴァイツアーはそういうパーソンです、そして「原契約」の水平化が「社会契約」です。私がつまずいたのはこの「社会契約」、「市民契約」です。そしてごまかした。たぶん私だけじゃないと思う。その表れのひとつが、弁護士数です。日本は三万五千人、もう多すぎるという批判があるっ。アメリカは一三〇万人に達しようかという多さです。「契約」に対する考えの違いが如実に現れています、私は本を何冊か出さなければならないのですが、もう一〇年も約束を破っているものもあります。それでも出版社は待ってくれている、いや、諦めているのかもしれない、それくらい出版契約はあってなきがごとし、のようです。

私は、キリスト教の正式な、いや、なんというのか、端折らない結婚式に出たことがあります。教えた女子学生が筋ジストロフィーの青年と結婚する、ぜひとも出席しなければならない結婚式です。牧師さんが三〇分お説教をした。長いです、「結婚というのは神の原契約を横倒しにした中の、一番神聖な契約なんであって…」ということを話すのです。「この契約に基づいて社会ができ、市民政府ができ、国民国家、ネイションステートができた」と言うのです。いや、そこまで語ったかな。ちなみに、関礦野（在野の文明史家）は、日本ではまだ国民国家は成立していないと言っています。

明治維新から外国語の翻訳が本格化しました。日本語を作らなければならなくなったのです。「人間」は造語ではないけれど、「人間いたるところ青山あり」ではない、人という意味の人間を黄表紙などから取り上げて流布させた。「社会」は造語です。「ソサイェティ」の訳語として六〇個くらい候補を挙げた中で、会社（坂本竜馬を想起）を選んで、土壇場でそれをひっくり返して「社会」とした。その時に私たちが、社会とはということの中味を、何か持っているかというと持ってない。私たち

が持っていたのは、「世間」です。人間、世間、仲間、「間」が問題です。

そのことのはらむいろんな悩み・葛藤が明治一〇〇年の、六〇年代末から七〇年代にかけて出てきました。今、総括すれば世界的な脱構築のエポックということになりましょうが、私にとって一番大きかったのは、自立を巡っての悩みだったわけす。どうしたら自立できるのか。吉本隆明という思想家は大きな存在でした。自立教祖という、これまた矛盾した存在ですが、だいたいが何を言っているかわからない。昼寝宣言を出します。それに対して、私たち下っ端は、相変わらずビラまきする他ない、さすがは教祖というような趣旨を雑誌でしゃべったら、激怒して「思想も実践もわかっちゃいない」青二才ということになりました。自立ということについては、しぼるとすれば「日々大衆の原像を取り込む」ということになりましょうか、そして大衆の原像がわからないという次第です。ついにギブアップして二進も三進も行かなくなったところに、七六年星子が生まれてきた、ということになります。そして当時の重要なこととしては、東大工学部での宇井純が主催する「自主講座」に並行しての、東大教養学部の「闘争と学問シンポジウム」です。大学開放の一環の試みです。

そこに登場してきたのが「青い芝の会」です。一九七二年、私は、蒼い芝の会を撮った「さよならCP」の上映パンフレットに「みられることをとおしてみることへ」という文章を書きました。六八年九月「学生不在の大学八・一〇告示批判」という東大助手共闘第一号ビラをうんうんしながら、これで研究者への道は終わりと思いながら書いて以来の、二度目のうんうんしながら、これは容易なことではないと思いながら書いたものです。障がい者について書く初めての文章です。青い芝の会が、素っ裸で街頭でパフォーマンスをする、バスに乗り込む。言っていることがほとんど聞き取れない。このことがきっかけになって、進行性筋ジストロフィーで二三歳で死んだ石川正一君との家庭教師的な役割の付き合いが始まります。死ぬまぎわに、残った爪先の力で粘土に模様を付けてペンダントをつくる。十数個作って、その一つをもらいました。大切にしまってあるというと、聞こえがいいですが、畏怖するような感じで、そう身近に置けない。父親は石川左門、子どもに筋ジストロフィーは二〇歳ごろ死ぬ運命ということを話すかどうかで、日本筋ジストロフィー協会を抜け、新たに東京筋ジストロフィー協会をつくる。それで、正一君は二〇歳ころ死ぬことを承知していた。そのような日々を正一君は、神様が設定された舞台で一生懸命役割を果たす、としていた。八〇歳をこえた今。やはりそのような覚悟がもてない、というのが私の基盤です。

石川家との関係で、柳澤寿男という映画監督に出逢います。小川伸介、土本典昭と並ぶ人です。晩年福祉の世界を自主製作し始めます、宮城県の進行性筋ジストロフィーの子どもたちの施設を舞台にして、七一年、「ぼくの中の夜と朝」が発表されます。七五年、福祉工場を描いた「甘えることは許されない」では、朝早く起きて、上着のボタンをはめようとする、そのシーンをずっと捉えた。

心に突き刺さります。自立支援、本人のためという名目のもとで、拷問、いじめに近いことが課せられる。甘えは許されないのです。働かざる者は食うべからず。私たちは、概して甘えて生きたい。私もそうです。「棚からぼた餅」「おむすびコロリン」です。亜寒帯と亜熱帯がぶつかる複雑多様な気候の風土が生んだ心情ですけれど、頑張らないあり方の吐露で、諦めをふくんで、争いを避ける知恵でもありましょう。

　自立には依存や、縋りを許さない雰囲気がある。「あなたのあなたとしてのわたし（森有正の日本人の定義）では、首尾一貫は望めない。人によって態度を変える。昨日とは真逆の意見を言う。人の顔色を見ながら出だしと終わりでは意見がひっくりかえる。自分一人じゃ何もできないからです。

　自立とは一人でできること、できるだけ多くのことを一人でやること、それは、それに越しかことはない。でも、どんなに努力したってできないことは、いっぱい自分の身にある。また一人でやってはいけないこともある。自分にできないことをやれって言われたらどうする。私に、九秒一八だが五八だが知らないけど、走れって言われたとすると、これは言った方が無理。しかし努力すればできそうとみなされることで、できないとなると問題が発生する。他の人たちはやってる、やれないはずがない、気持ちが足りない、意志が足りない、甘えているんじゃないか。戸塚ヨットスクールがそうです。甘えは許されない。それは何のためなのだろう。自立にはスタンダードなレベルが想定されていて、そのレベルで可能なことはクリアするということかもしれない。津守真の発達表はその一つです。意想外に差別に使われたと、津守真は、お茶の水大を途中で辞めて、自由放任の教育に転じました。津守の言葉に、家庭、地域、自然の中で、子どもは自由というわけにはいかない。人の造った学校こそ子どもが自由で居られる場所である、というのがあります。自立と身体障がいは関係ないとしたのが、乙武洋匡です。「私は健常者だ」という。ＮＨＫの「バリバラ」では、この点が突っ込まれて、総スカンといった状態だった。障がいとは不便なだけで、欠陥ではない、これはヘレン・ケラーの言葉ですが、障がいを恥じたり卑下したりする必要はない。事実として私は障がい者だとはっきり言う、障がい者だと面をあげて言える、それは健常者だということだ、健常者は自立した存在であると乙武君は言いたいのかもしれない。精神的に障がいをハンデと思ったことはないというつもりなのかもしれない。

しかし障がいは障がい物競走の障がいであって、何かすると手間がかかったり時間がかかったりする、障がい者はどうしたってお荷物だ、そうみなすことを差別だとは思わない、とする者を健常者という。障がいを持たないと思い、自分で自分の始末をつけていると思う者が、自分を健常者と呼ぶ。障がい者を劣等だと必ずしも思っているわけではない。だから優生思想の表れと言われても

ピンとこない。もっと実際的に健常者と言っているのです。乙武君が集中攻撃を浴びたのは、乙武君は紛れもなく障がい者だということで、身のまわりのことを一人じゃ何にもできない、痒いところだって掻けない、それをほかの人にやってもらうことは当然のことではない。態度価値（フランクル）が問題だ。態度価値とは体が全く効かない者が、おむつを替えてもらうとき、そっとお尻を持ち上げる気配がある、というようなことです。番組では、態度価値などという言葉は出ませんが、要はそういうことです。乙武君は障がい者であることと、きちんと向き合っていないのではないか、精神と身体を分けて、精神は健常者だと言っているのではないか。そうだとしたらこれほどひどい障がい者差別はない。つまり、障がい者は押しなべて精神も病んでいるということになるからです。

娘の星子は乙武君とは同い年生まれで、乙武君は四月生まれ、星子は八月生まれです。私たちの親の会のグループにも、乙武君と全く同じ症状の、明るい子どもがいました。それほど七〇年代というのは、いろんな子どもたちが生まれてきたのです。

星子のことと「二者性」

曽野綾子の「神の汚れた手」上下（朝日新聞社）が、一九七九年に出ます。中年の産婦人科医のモノローグ的な内容ですが、若い、純真な使命感に燃えた産婦人科医が、産婦人科医といえば男ですが、障がいのある新生児を取り上げて、自分で殺して、それを死産扱いにするという項が出てきます。有吉佐和子の「複合汚染」と相まって、公害列島の早々とした帰結がここにあります、「先天性四肢障がい児父母の会」が結成されたのは一九七五年です、星子もその一人です。ダウン症がベースですが、それでは到底説明のつかない症状を見せ始めます。「神の汚れた手」の中に、IQ二〇以下は人間じゃないという、フレッチャーの人間の基準も早々と出てくる。曽野綾子がカソリックということもあります。もう一つの、有吉佐和子の「複合汚染」。これも大事な本です。専門家を訪ねまわってゆくと、専門家が有吉佐和子に聞く。一つのことしか知らない、で、別の分野のことを有吉佐和子に聞く。有吉佐和子は、私は小説家ですよ、という感じ。石牟礼道子の「苦海浄土」(一九六九年)と合わせて女性作家による三部作といいたいですが、胎児性水俣病を筆頭として、このころ生まれた子どもたちは、超微量多重化学物質胎内複合汚染症だと思っています。超微量多重化学物質体内複合汚染症一般を指して水俣病という、としたい。狭義の水俣病も、メチル水銀中毒とは言えない。その点で、水俣病認定に携わる医学者を認めることができない。科学技術を自ら貶めていると思わざるを得ない。因と果の関係について。人体はどれほど複雑な場であるか、それを一つの単純な直線で結んで、それのみを水俣病とする、それは環境行政の要請であったのです。

私は、いろんな褒められ言葉を持っています。頭を抱えながら、そう思いなすということなのですが、「思想も実践もわかっちゃない」に始まって、「筋金入りの反科学者」「職業的恥知らず」、「反動以外の何者でもない」など、「職業的恥知らず」は、私たち夫婦に重い障がいのある子どもが生まれてきたら、どうなるのだろう、そういう事態を待っていないわけでもなかった、というようなことを書いたことに対して言われました。「知」とか「学問」に対する態度が決まらないということの文脈です。のちに一九九四年に「石の上にも三〇年」の東大を去るときに「問学宣言」を出しました。それと関連して「筋金入りの反科学者」があります。

科学技術は、一七世紀、デカルトの「心身二元」の客観性（身体は自分の外部にある）と、フランシス・ベーコンの「知は力」から始まり、一九四五年八月六日で終わったと考えます。本格的に始まったのではないか。そうです、滅亡を人為的に早める科学技術としてです。科学技術は自然を支配し、自然から財を取り出す営みです。それには自然を拷問にかけねばならぬとF・ベーコンは言いました。ヒロシマ・ナガサキは人間をも拷問の対象にするという確認であり宣言なのです。別の言い方をすると、科学技術は、目的がわからない営みになったということです。一九六六年、バタフライ効果というのが出てきました（ローレンツ）。ニュートン力学とは厳密な決定が可能という理論ですが、そのニュートン力学の中で決定不能というカオスが導かれるということです。外挿（モデルからの予測）という将来予測ができない。

パラダイムチェンジと言いますが、一九四五年八月六日をもって、科学技術を旨として、人の社会、生活を成り立たせていくというのは、砂上楼閣というか、危険そのもの、破滅はもう目に見えてるということになりました。原爆被害者代表の、安倍首相に向かっての「どこの国の総理ですか」という発言には、現代科学技術文明社会の否定が含まれているのです。

「赤ん坊からは平和の蒸気が立ち昇っている」とは、亡くなった長谷川摂子の言ですが、星子からは科学技術文明を認めないという念気が立ち昇っているような気がします。念気という言葉はないでしょうが。立ち昇るといえば、星子は喋らないので、「私は、世話してくれなんて頼んだ覚えはない」という気迫でしょうか、そういう気配が全身から立ち昇っている。そしておぶさりやすいような身のこなしという態度価値も示すのです。

ずっと、星子を風呂に入れるというのが私の役割なのですが、そういう時に特にそうですが、どうも星子がよく喋る。「それあんたの妄想だろう。どんな声で喋るのよ、どんな内容で喋るのよ」などと言われると、全然答えられない。けれども、星子がよく喋るという感じなのです。そして一番のご都合的じゃないかと言われるのが、星子が、「大丈夫だよ」って言っているという感じです。私の自作自演とは、どうも違う。ただ鎌田實が「大丈夫だよ」と言うのとは違う。

星子が、「大丈夫だよ」と言う。それがどれだけ私が生きていることにつながるのか、という感じで、このことが、「二者性」というか、「人間」というか、名前を付けるとすればそうなる、という感じなのです。「人間」という言い方はおかしいと思い始めたこととつながる問題です。「人間」の単位は二人かもしれない、ということを「二者性」は含んでいます。

人が住む場所という意味から転じた人としての「人間」は場に居るという属性をもっています。そして同じ場に居ることが言語にも反映することになります。日本語は主語がないか省略される特徴があり、一人称、二人称が混同されます。おかしい言い方の典型は、「陛下」ではないか。

陛下とは、階段の下を指し、そこにうずくまって、階段の上に居る身分の高い人を見あげている、この私を意味します。そして私がその身分の高い人、天皇に陛下と呼びかけているのです。これはいったいどういうことか。殿下、閣下もそうです。お医者さんは、今も机下といいます。机の下に居る自分。そして相手に机下と呼びかけ、手紙の宛名に様と書くところを机下とする。

てめえとか、おのれとかもそうです。大阪では、母親が子どもを叱ると気、子どもに向かって、自分と言う。若い母親のアンケートなどにも出てきます。「自分、そんなことしていいの」。子どもの立場にたって、子どもの自問のように聞こえる。あるいは子どもに、母親の自分をダブらせている、ようでもある。

それはおかしいという意見に対して、では、子どもをどう呼べばいいのかという反論がネットにも出てくる。名前を呼ぶことは定着せず、そうしなければならないとなると、省略して、「どうしてこんなことするの！」になる。夫婦もそうです。お互いどう呼ぶか、決まらない、子どもが生まれるとホッとして、お母さん、お父さん、あるいはそれに類した呼び方をする。しかし他の人との話の中で、どう呼ぶかは相変わらずむずかしい。私は「奥さん」と呼ぶことにしようと。ほかの言い方ではどうも「奥さん」に怒られそうな気がする。「奥さん」は私のことをどう言っているかというと、「主人」などと言っている。実態とちがうのでは、というと、しょうがないでしょ、いちばん無難なのよ、と言う。アメリカ的にファーストネームを呼び合うというふうにはならない。したがって、ロンヤスなどは、軽薄を超えて、おもねりと受け取られることになる。

もう一つ、アイ・トゥー・アイコンタクトがあります、伴う現象は顔と顔の距離を縮める。大学の心理教科ではずいぶん力説された。「しっかり目を見て言いなさい」。これまた、子どもにとってはトラウマになる。犬は噛み付くという。私たちはサイド・バイ・サイドです。ペンチに座って。同じ方向を見ている、が基本系です。大事なのは、傍に居ることだ。につながります。

「赤い天使」という、有馬頼義原作、増村保造監督の映画があります。ずいぶん女子学生に見せました、芦田伸介と若尾文子です。芦田伸介が軍医で、若尾文子が従軍看護婦。クライマックスとい

うか、二人が離れて立っていて、若尾文子があらぬ方向を見て、「好きです」という。六〇年代末に日本に来て、「通態」を造語して、それをキーに日本の風土論をいくつも書いたオギュスタン・ベルクがいます。日本は確かに近代工業国だが、西欧とは異なる工業国だとしました、そのベルクが、パリで日本を日本語を習っているときに、「赤い天使」をみて、憤慨した。どうして顔を合わせないのか、どうして私はあなたを愛すると言わないのか。とうていそうはならない。女の人から好きだというのも、なんだかなあ、というのは、今、どれくらいちがってきただろうか。

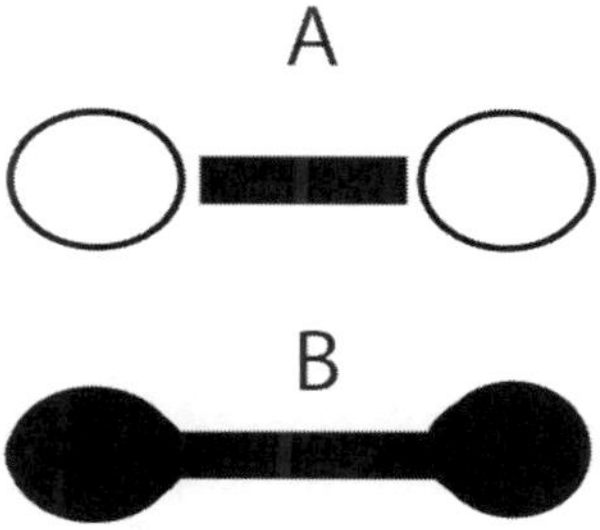

中根千枝「適応の基準」から

場に二人居る。居るは関係の様態を示します。お互い。意図しての関係づけでなく、その場に居るということがすでに関係づいているということなのです。菅谷規矩雄は「居る」という表現が西欧にはないと指摘しました。中根千枝は「適応の基準」(一九七二)で二人の関係を図示しました。Bが日本の場合で、二者関係の連続を表しています。あなたと私か、はっきり分離できない「自他未分」ようで、この亜鈴のようなピーナッツの殻のような領域があなたとわたしという人間なのです。

Aの西欧は違う。私とあなたがしっかり独立していて、そのあとに意図、意思した関係が形成されるが、関係は存在そのものに及ばない、と言うことを表しています。

Bの二人の、分かれそうで分かれない、切っても切れないような腐れ縁が人の結びつきです。腐れ縁というのは、なんか好もしい言い方です。腐れは発酵に通じます。しょうがなく変容していくが、ちょっと油断したり、度が過ぎると、腐敗してしまう。腐れ縁には気遣いが必要です、思いやりは相手の身になって、といいますが、場の共有、あなたとわたしの混同と言った方がふさわしい。この切っても切れない関係の延長上に、神や国家があるのか。それとも強引に切って、新たな別の関係として、神や国家に頼るのか、ここのところが、「ねじれ」とか「よじれ」といわれることにつながります、Bの「切れます、切らなくてはいけない」という動きが、明治と敗戦で、二回起こったけれど、やはり切れない、切ってはいけないということを「人間」という呼び方や、主語省略の日本語が表しているのです。ちなみに、森有礼は日本語を英語にしようとし、戦後、志賀直哉はフランス語にと主張しました。

大学人は特に、舶来礼賛のように、自分の実体は別にして、神と人と自然がそれぞれ不連続の構図の中の個人、自己決定を定着させようとしてきたけれど、六〇年代末、大学闘争はその欺瞞を暴こうとしたのです。単一の絶対神という共通の参照軸がなくては、個人、インディヴィジュアルは

成り立たない。まして生まれながらにして人格を付与されたパーソンは無理です。それを人間と訳したのが大きな齟齬です。中根千枝はBの二人関係を権力にからめとられるタテ社会の基礎としましたが、「あなた」を具体でありつつ、抽象として、私に取り込む、それを「二者性」と呼びたいのですが、「二者性」の純なる個人ではなく、非純としての私が、協同、共生の要件となる、と言いたいのです。

純なる個人が能力主義を避けられない原因の一つに平面主義があります。絶対神、普遍を参照軸としながら理想を目指すことにおいて、機会の均等、平等が求められます。平面の上にみんながいて、そして能力に応じて励む、一歩理想に近づく。一歩、高みに上る。その分、平面を多く俯瞰できる。いわば神の目に近づく。これに「働かざる者食うべからず」のプロテスタント倫理が加わって、円錐体で上向きに努力する社会が出来上がる。能力なき者はどうするか。円錐体の底面の外側に、いわばゲットーをつくつて、神の愛のもとにしかるべき奉仕者のケアによって生きるか、人間の基準から外れた者としての措置を受ける。標語は「より速く・より高く・より強く」です。これはフランスの神父がつくったオリンピック標語ですが。

パール・バックは「母よ嘆くなかれ」(一九五〇)で、アメリカでは街中で障がいのある子と一緒に暮らせないことことを嘆きました。中国で障がいのある娘を生み、牧師の夫と別れることになります、そして中国から、帰国の途中、一時期住んだ神戸でも、知恵遅れの子が街中で遊んでいた、と言うのです。戦後結婚してアメリカに渡ったスタデイル・八重子は、「デイビッドの木」（一九九三）で、アメリカでは「穀つぶし」という言葉が生きている、息がつまると書きました。平面主義に対して、「二者性」は球面主義なんだろうと思います。球面というのはどこも至る処中心です。あなたがいるところ、私のいるところ、どちらも中心です。そして、私がそこにいるとすると、私はマウンドを考える、小山、ピッチャーマウンドです。そして、私がそこにいるとすると、あなたのテリトリーとしてマウンドの中心に居るあなたを見上げることになる。そしてあなたを「お山の大将」とみなす。私はいわば手下です。そして視点移動すると、私は自分のマウンドの中心にいて、お山の大将。あなたが私のマウンド内にいると、あなたは私の手下になる。手下が欲しいわけ。これが球面主義の関係で、そして、これは同時に、私はお山の大将になる。ＴＰＯに応じて、時と場所と事情に応じて、視点移動が行われ、お山の大将が交代する。あなたが主で私は従が私が主で、あなたが従になるのです。これを球面主義と名付けたい。おそらく、球面主義が私たちの平等なのです。神のもと、天のもとにおける平等ではなくて。それぞれが世界の中心であるという平等なのです。そしてお山の大将が制度として固定されると権力タテ社会になるわけです。奥さんとの関係はいうまでもなく、というより、奥さんが主の場合が多いですが、星子と私の関係もそうです。シーソーにたとえて、星子とわたしが乗ると、

星子はいつも上になって、私は星子を見上げるのだ。私が体重が重いから、書いたことがありますが、ギッタンバッコンとなれば、上下の位置は交代するわけです。ただ、やっぱり、「私は世話を頼んだ覚えはない」「私は別に生きたいとかとか思っているわけではない」「あなたが勝手に世話してるんだろう」と言う声が聞こえてくる、星子が主だなあ、と思うのです。ケアの原点というと、このような、世話をしてしまう、放っておけないということにあるのではないか。ケアする方の問題です。ケアされる方は、別にケアされたくないという気持ちがいっぱいある。労働ということを考えるとき、労働の対価としての適正な報酬という問題が成り立つか。成り立たないからと言って、不当な低賃金を認める訳ではないのですが、労働が先に立つというわけにはいかないのではないか、「あんたの給料のために私は世話されてるなんて、冗談じゃない」という底流の意識は見逃せない。マニュアル通りのケアというのもありえない。「また世話してやってる」というお仕着せ、自己満足も我慢できない。ケアしているつもりがケアされている。お山の大将が頻繁に入れ替わる。それが「二者性」です。主体性があやしくなる惘想（ネットワーク的思考）で言うと、星子が私の頭の中に入ってきてしまって、私と星子がなんだかうまく区別できなくなって、私が言っているのか、星子が言ってるのか、わからなくなってしまうような。抽象としての「あなた」が巣食っているような「二者性」、それは、私によく似た私、性格の違う私が二人、三人と私の中にいるというわけではな

くて、基本的に、あなた込みの人間という意識が覚醒している、というような私なのです。同じ場に二人いる、その場が自分の頭の中に入ってきてしまっている、といってもいい。そして、私と星子が混同されて、私が喋ってるのか星子が喋ってるのかわからないというのが、実は人間関係の基礎というか、それが露わになってくるのはケア、介護の場においてなんだということです。人間は平等であるけれど、対等ではない。星子と私は対等ではない。ただし何々において対等ではないと言わなければならない。星子が、「私は別に生きたいと思わない」というとき、星子の方が断然すごい。私は何のかんのと言ったって、生きたい。実に未練である。そして私たちは意外と威張りたいし、私が大事なんだか、私が好きだ、利己です。親鸞の利己、私一人だけの問題だという、悪人正機等と一般化するから、こんがらがるけれど、私という悪人が大事なのだ。そしてそう言えるエゴイズムではない構造が必要だ、ということが、日本語と相まって日本列島で培われてきた。木村敏は、能動態でも受動態でもない中動態が日本では生きているのではないか、という問題提起しましたが、西欧での推移、消滅、は先ごろ。国分功一郎が本にしました。「中動態」の消滅と、一者性、個人の誕生（坂口ふみ）とは無関係ではありません。私は今、一五五〇戸の町内会の会長をしています。やりたくて、やっているわけではないのですが、人間関係は、少なくとも・・馴染んだ大学の人間関係とはちがう大学の人間関係は薄いし、いじましい、そして西欧の「人一人」関係を持ち込め

ない場面が多々あります。それがいいとは言えない。それにまして、それが悪いとは言えない。というより、動かしがたい人間関係がある。そして、それは「二者性」とか「中動態」[注4]で説明できる面が多くあるのではないかと、思うのです。

質疑応答

〈古久保〉ありがとうございました。お話は、きっとそれぞれの思いに、響くことが全然違うんじゃないかなと思っています。私は、「いてるだけのお父さんの存在そのもの」という話を聞いた時、涙が溢れてくるんですね。それはおそらく、私が経験した父親の最後を思い出すからだと思います。「いてるだけでお父さん」だからこそ私たちに教えてくれるものがあったことをよく知っているわけです。弱い、誰かのケアがないと生きられない状態になってすら、他人に喜びや学びを与えてくれる尊厳がある。それを思い起こすとき、人というものをどういうふうに認識するべきなのか、あるいは自分だったら人としてどのように扱われたいかという自分の思いが重なってしまうんです。それで非常に感動したんだと思いました。今日の最首さんのお話は、様々な論点があり、お話のどこに自分の琴線に触れるかというのは、個人によってきっと様々であろうと思うんです。今日はせっかく多くのみなさまにきていただきましたので、ご自由にご意見、質問を受けつけたいと思います。これだけ多いので、手をあげるのがしんどいなと思うこともあるかもしれませんが、最初に、水野が言いましたように、五時になったら、星子さんの元にお帰りにならないといけないそうですので、ご遠慮なくお手を挙げてご発言をいただければというふうに思います。どうぞせっかくの機会ですので、ご質問、ご意見があれば挙手をお願いします。

〈質問者A〉最首さんが、なぜ、「二者性」ということをおっしゃるようになったのかなと思うんです。今、どっちに「二者性」みたいな話を、ちょっと的が外れてるのかもしれませんが。

〈最首〉今日のレジュメは、わからないというところから始まってるんですけど、わからないということをひとつ言いますと、星子は、今、四一歳ですけど、今後どうするかというのが大問題なんですね。ところが、星子の母親はその話には乗ってこないんです。なぜ乗ってこないかというと、「私が死ねば星子は死ぬわよ」って言うんです。私は、とても、そんなこと言えません。母親は、本当にそう思ってるのか、議論打ち切りのために言うのか、いろんなこと考えたってどうしようもないじゃない、と言っているのか。星子と一体というわけでもない。これは、やっぱり「二者性」の

表れだろうか。イタリアも含めて、ケセラセラとか明日は明日の風が吹く、と言っているのか。まあ、将来のことは禁句というか、憚られるようで、それは将来のことはわからない、ということなのです。字義通り受け取ってはいけないというか、星子が死ねば、それはそれまでのことだけど、「私たち二人が生きてるのは星子のおかげだからね」とも言うわけです。それと「二者性」とどう関わるか。「二者性」という思い、考えは曖昧さを含んでいます。はっきりさせられない曖昧さです。強いて言えば、今、相対している人との関係が一番で、それを除いて、置き去りにして、社会の問題とか政治の問題とか、言ったって、どうしようもない、ということです。しかしそれに対しても、彼女は、「こんな、あんたとの関係だけ言ってたって何にもならないわよ」ということを言ってるんだと思うんですけどね。

〈質問者B〉質問に関連してるんですけど、今おっしゃったことというのは、最首家の話だとは思うんですが、一般的に重度障がい者のことで言うと、親が年老いてきて、親亡き後の問題というのをよく言われてます、そして、自分が死んだ時、この子はどうするんだろうと思うあまり、また施設を作れというふうな動きがかなりでています。つい最近まで住んでるところでは、施設を作らないという方針だったのにもかかわらず、二、三年前に作られてしまったような状況があって、忸怩たる思いをしてるんですが、やまゆり園事件を踏まえて考えて、やっぱり、施設というのは、我々にとっては、解体していかなきゃいけないものというふうに考えられるんですけど、親の立場としては、切実に、施設なら生きられるだろうと思い込んでしまっていて、それでよく議論してても、平行線になっちゃうような現実があるんですが、やまゆり園事件を踏まえて、そういう活動をしてきた側の最首さんとしては、いかがでしょうか。

〈最首〉 結局、責任ということのとり方のバイアス（偏り）が、そもそもが間違ってるんです。産んだ責任とか、この子が可愛いとか、それで、私が死んだらこの子はどうなる、大きなお世話なのかもしれない。「勝手に死ねばいいじゃない」って、子どもは思ってるかもしれない。そして、子どもの方は、自分一人じゃ何もできないとなったら、自分は死ぬよと単純に思っている人もいるかもしれない。そこらへんのところを、とにかく美辞麗句で。命は地球より重いとか、人の尊厳とか言う。どこに尊厳があるのだろうか、身についているだろうか。私たち、自分の生き方を考えても、尊厳なんて恥ずかしくて言えない。産もうと思って産んだ子どもというのはわずかで、ふつう、生まれちゃったのです。私の四人の子どもも、みんな生まれちゃったようなもの。それに対して親の責任なんて、口が裂けたって言うべきじゃない、いやおこがましいのです。親の責任を思った途端、舌

足らずを承知で言いますが、人間の基準などを考える方向に向いて、結局はやまゆり園事件につながっていく。それよりは、この息子の世話できないから、とにかく施設を作ってくださいよと言う方が、よほど正直かもしれない。そして、それが、破滅の元。というか、「二者性」という共生の情をなくしてゆくことになる。やまゆり園事件の親の中には、本当に、息子、娘は可愛い、親は大事だけれど、施設に入ってくれないと生活はできない、施設に入ってくれた方がお互い幸せだ、ということが、厳としてあるんです。そして、では、施設を作る方の立場というのはどうなのか。社会の安定のためですよ。私は極端なことを言ってるようだけど。私たちが生まれてきて、死んでいく、どんな生き方、どんな死に方がいいとされてるんですか。そこらへんの錯覚があるんじゃないですか?言葉が激しくなりますが、日本にもやってきた西欧のイエズス会が行なったように、私たちの文明を、未開人に伝え、未開から文明・文化へと言ったとすると、その文明・文化ってなんなんですか?公害の犠牲者の一人であろう、ウンコだらけの星子の生活は野蛮なんてすか?未開なんてすか。デイサービスの施設の利用のために、と見学に行ったとき、星子は、敷居から一歩も入ろうとしなかった。その勝手な、「二者性」的な、解釈を言いますと、税金を取って、施設を作って、職員を揃えて、そして、ケアは機械的にならざるを得ない、私は御免だ。

〈質問者C〉吉本隆明なんかも学生の頃読みました。先生の、朝日ジャーナルの文章も読んでます。両方ともようわからん、今でもわからん。私、一九六七年に大学に入学して、七一年に卒業してます。東大闘争の真っ只中です。卒業して、芝浦屠場労働組合の書記長しました。毎日牛三三頭、解体して食肉に加工する屠場です。その後、縁あって大阪で部落解放同盟加島支部に所属しました。私三回結婚してます。三人の子どもがいた女性と結婚して、三人のうち一番上の子は脳性麻痺の子でした。今まで自分の運動世界の中に、障がい児の問題なかったんです。「これはえらいこっちゃな、正直な話、えらいこっちゃな」で、それから親の会を作った、親の会、親の立場というか。親皆集まって、今あなたが言われたように、私が死んだあとこの子は誰が見てくれるんだ、という心配。学校の先生も一緒やった。その中で、「安心して死ぬにはちゃんと世話してくれるところ欲しい」、何言うてるん、あんた、娘もきょうだいおるから子どもらがやってくれるやろ～。いや、あてにならん、独立して生活してるわけやから、普通最後まで親が面倒みなあかんことになる「喧々諤々」議論した。「ムラの中で部落差別受けてるのに障がい者差別するねん。身内の中に障がい者いても差別するねん。ええもん作れ」ていうことで障がい者会館を創った。（中略）「そやけど親と子は切れん。子どもはやっぱり親が責任を持って面倒を見る。年取った親は、子どもがちゃんと養育する」といっても、それできませんわね。グループホームを作る、就労支援の施設を作る・・・。そこで、職員頑

張ってるケアの内容をちっとも知らないで、「施設はいい加減、出鱈目」というのは。ちょっと失礼でしょう。

〈**最首**〉「星子といるのはあんたの勝手だ」というのはその通りなんです。だけども、星子を親が死んだ後どうするか、私たち夫婦が言ってきたのは、上の三人の姉と兄に「妹の世話をするんだよ」とは、決して言わないようにしようと。今、途切れない二四時間訪問介護に取り組んでいる若手が居ます、小規模事業所がいくつか連携して、それぞれの得手を生かして分担しようと。星子もその対象にと考えている、と言ってくれている。つまり、親がどうするのだと考えるとき、そもそもが、例えば青い芝の会が言ったのは、親子の情ということの中では収まりきらない、いのちの問題だった。いのちの問題というとき、たまさかの期間の生き死にという問題がどんなことなのかというのが、いちばん問われていることなんてすね。養護学校を作り、養護施設を作り、そして努力されているというのはわかります、いけないなんて言ってないですよ、だけれども、そこのところに、そもそも人間関係という、人と人との付き合いの中に、あるいは親子の中に。自分が責任があると思う、あるいは思わされているところをえぐりださないと、今の社会はもうほとんど行き詰まっている、ということなんです。

〈**水野**〉こういう討論会というのは、終わり頃になって大切な課題が出てきて、時間切れになってしまいます。申し訳ない。冒頭に説明しましたが、このテーマというのは、「自立支援を問う」で、一月に、二つのワークショップを開きます。一番最後には、後藤玲子さんをお招きして、今日の社会福祉制度のあり方そのものを根本から問い直す、人間が生きているということはどういうことなのかをテーマにします。私が今一番一生懸命勉強しているのは、「科学的介護」という国の方向性です。今ロボットを入れたり、ＡＩを入れて、人工知能を入れて、ケアプランを、標準的なものを全部作るという、これはとんでもないことになりそうなんだけとほとんど抵抗がない。これは絶対におかしいと考えています。そのことも含めて、社会福祉制度みたいなものが、高度成長期に何を考えてきたのか、それは家庭では見られないから、社会に責任を取らせるということだったけど、社会をどう変えるのかについては、ほとんど議論をされてこなかったですね。そのことは、一人一人の命みたいなものが、実はものすごく粗末になってきた、そういう問題がありますので、今日、議論し始めましたけど。現にやってる福祉政策、福祉の実践みたいなものの中に問題点はないのか、どうやったら変えていくことができるのか、ぜひ論議を発展させたいと思うんですね。最首さんの「二者性」という提案という根本の問題を、ともかく挑発的に扶り出すこととなった。現実の施設なり家庭の中で一生懸命ケアをやっている人には大変腹が立つことであったかも知れないと思います

が、私は、あえて最首さんは挑発しているんだろうなというふうに受け取りました…。私、今、老老介護をしています。妻が働き過ぎてうつ病となり、そこからくる身体反応が出まして。歩けないんです。家事一切何もできない。二年間ぐらいかかってようやくその原因・病名がわかったところです。私が、彼女のベッドの横で、お酒を飲んでると、「止めて」って、言われます。心の中の独り言で「止めてって言ってるのは、私のため?自分のため?私は、あなたのケアと私のためのケアをしますが、私が私であるために自由でありたい」と言ったりしてるんですね。人一人が生きていくということ、今日最首さんの話を聞かせていただきながら、自立ということ、依存ということ、そして自由っていうのはどういうことなのかということを考えていました。この議論、ぜひ発展させたいと思っています。今日はどうもありがとうございました。最首さんが東大闘争から、何を考えどう生きてはるのかということも共有しながら、今後、他の人との出会いを含めて議論して行きたいと思います。

〈古久保〉どうもありがとうございました。おそらく議論し始めたらいろんな話があったと思いますが、本日は二時間という枠組みの中でしたので、全ての議論をすることができませんでした、また継続して、非常に重要な問題を最首先生から宿題として、いくつもいくつももらっていると思いますので、小さい集まりでも考えていきたいと思います。本日は本当にありがとうございました。

初出　大阪市立大学「自立支援、自立介護を問い直す」連続企画、講演録「私にとって、相模原事件が問うこと」
〈自立〉への模索から生きる場の〈二者性〉

注

注1　山口二矢・一九六〇年一〇月一二日、日比谷公会堂で演説中の浅沼稲次郎川本社会党委員長)を小刀で殺害した反共右翼青年。犯行後東京少年鑑別所で首吊り自殺した。

注2　「状況倫理」倫理は、「人はどう振る舞うべきか」「どうあるべきか」を問う。その問いに一般的に答えようとするのが規範倫理である。例えば、医師Aは、患者に嘘を言ったり隠したりすることは倫理に反するとして末期の病気を告知する。他方、医師Bは、末期であることを告げるここは患者の精神約混乱を招くので「嘘も方便」と別の病名や症状を告げるとする。「嘘を言ったり隠したりしない」という規範倫理からいえ

ば、Aが正しいが、「状況倫理」の立場は、状況に応じてケース・バイ・ケースで決断することが求められるとする。どのような場合一場面でも正しいという倫理はあり得ないと考えるからである。つまり。状況(situation)に適した判断・決断かを問う、従って、Bの判断が倫理に適っているかは、その患者をとりまく状況から評価することになる。しかし。問題は、その「状況」それ自体を誰が、どのよろうな立場・視点(利害関係等)で設定し評価するのかによってご都合主義的な倫理となる危険性が伴うとも言える。

注3　**Joseph Fletcher Indicators of Humanhood : A Tentative Profile of Man" The Hastings Center Report,vol.2,no.5,（1972）**

注4　「中動態。~言語の表層から消えた「行為への意志や責任とは無縁な動詞の態」

日常生活や法律の場で、ある行為・出来事が、どの人の意志に基づいてなされたのか、その人ではなく他者の意志に基づいてそうさせられた、あるいは自然にそうなったのか、つまり、その行為・出来事の責任が誰に、あるいはどこにあるのかが問われる。文法的に言えば、その行為を表す前者（例「~する」「~をなす」）の動詞は、能動態で、後者（例~される」、「~させられる」）は、受動態、あるいは、自動詞（例「水が漏れる」）となる。この文法の考え方は、インド・ヨーロッパ語族の中の英語などの文法から来ている。この文法の考え方は、ある行為・出来事が。誰の意志によってなされ、その結果への責任をだれが負うべきかを問う私有制度の発生から近代の「自立した」人間間の「契約社会」の歴史に一対応して変化していると言える。今日、動詞は、能動態対受動態の対立として想定されているのである。

しかし、言語の歴史をギリシヤ都市国家時代以前にたどれば、動詞は、もの事を指す名詞から分岐して生まれ、この動詞には、受動態はなかった。能動態と後に「中動態」といわれる「態」の混合態であったと予測されている。つまり、神(東洋・中国では「天」)が、全ての「主」であり。存在の全て、出来事の全ては、神の成せる業であったので、世界は「中動態の世界」であり、神の行為のみが。その意志として能動態であったと言える。人間は、神(天=自然)の産物であり、部分であり、僕であった。有史以前の言語=ものの考え方=社会関係の表象として、主体・主語は曖昧であったのであり、人々にとって、存在の有り様ではなく、出来事の現れこそが重要であった。

その後のギリシヤ時代の中動態と能動態との対比を示すと以下となる。中動態と能動態の相違には、意志や自由意志は介在しない。主語が行為の過程の内にある中動態か、外にある能動態かの違いである。

〈中動態〉「彼は(原告として)訴訟を起こす」「政治に参加し、公的な仕事を担うこと」「自分にも適応される法を定める」〈能動態〉(彼は司法法官として)判決を下す」「統治者として統治すること」あるいは、「市民として行為すること」「法を定める」

その後の歴史の中で、行為の私物化(=責任化)による能動態の発展の中で、「中動態」から「受動態」は、分岐し中能動を駆逐していったと考えられている。

参考文献　國分功一郎「中動態の世界～意志と責任の考古学」医学書院(二〇一七年四月)

二者性への道すじ

ことをたどれば、日中戦争、太平洋戦争、昭和二〇年（一九四五）八月一五日、造船疑獄、佐藤栄作幹事長、指揮権発動で逮捕を免れる、という項目が浮かんでくる。その次に来るのは、といえば、一九六〇年六月一五日ということになる。西暦になったのは、思いが世界がらみになったというか、西欧の歴史とか思想が切実にからんできたという事情による。

それまで切実に入れ上げていたのは、太宰治で、高校の奨学金で全集を一冊ずつ買いそろえていた。初めての私有財産というか、宝だった。

一九六〇年六月一五日

六月一五日は直接民主主義の意思表示のつもりだった。三四S一—二がクラス名で、五〇名。昭和三四年東京大学教養学部理科一類二組というクラスで女子学生はいなかった。駿台予備校経由が何人もいて、私もその一人、しかも二三歳という年かさであること、大学と学生の親睦団体である学友会の理事であることなどから、議論や採決の取りまとめ役をしていた。自治会は共産党に造反した共産主義者同盟の学生組織社会主義学生同盟が仕切る全学連反主流派が主導していて、委員長は西部邁だった。

クラスで自治会方針の国家構内突入も辞せずを可決、国会南通用門前で、最後の確認をして、一五名ほどだったか、突入、全員それぞれの怪我をし、樺美智子という、法学部四年生だったのか、が死んだことを知らされる。

メディア、野党による暴挙、民主主義の破壊行為という大合唱の中で、悲憤もあわせ、慷慨も加えて、民主主義について、その担い手について思わないわけにはいかなかった。ところが肝心のおのれについては、その吟味は棚上げにして、ムード的な熱に浮かされた症状は否めず、第一、安保条約条文を呼んだのかと質されると、今でいえばヤバイと思いながら、読んだ読まないの問題ではないと切り返すのであった。

繰り返し書いてきたことだが、学友会関係か、その学生の家で文部省高級官僚という父親に、あせってもダメ、民主主義の定着には〈two generation〉すなわち六〇年かかるとお説教されて、それも納得したわけではなかった。デモ、警官隊との衝突、タブーへの挑戦としての聖域への突入、街頭バリケードはまだ頭の中の願望であって、それでも直接行動は革命という変革を起こす導火線

という高揚があった。そして革命後の体制とかの問題になるととんと考えは及ばなかったのである。

日韓基本条約

一九五二年、米国の仲介で戦場国家の韓国と基地国家の日本の間で賠償と国交回復の会談が始まった。そして一九六五年交渉が妥結し、当初二一億ドルだった賠償額は五億ドルとなって、六月、日韓基本条約が成立した。五億ドルは韓国の国家予算の二年分にあたり、そのうち三億ドルは個人賠償に振り向けられるはずだった。ところが李承晩政権は全額経済立て直しに投資し、のちに訴えられることになる。李承晩はハワイに亡命中で、七月九〇歳で死亡した。異常事態の中の条約締結であったことがわかる。

一九六五年日本で、日韓会談反対、条約阻止のスローガンに、「韓国人民との連帯」が掲げられた。何か頭を殴られたような気がした。どの面下げての連帯か。はじめて、日本の挙国一致ファッショ体制の被害者だと思っていた自分が朝鮮半島、中国、東南アジアへの侵略の加害者だという意識がやってきた。

一九八五年ドイツのヴァイゼッカー大統領は戦後四〇年に際しての「荒野の四〇年」と題する演説を行った。そのなかに、戦後生まれた青年に罪はない、しかし責任はあるという指摘がある。受け止める素地はできていた。日韓条約締結の時にやってきた加害者意識は、責任を果たすという義務感としてベトナム反戦行動に向かうことになった。一九六六年東京大学理系大学院生を中心として、ベトナム反戦会議を立ち上げることになった。会議という名称は、参加メンバーの所美都子の、組織、特に革新勢力、反体制組織式のドグマと腐敗に対する鋭い批判を受けて、戦う個人の緩やかな連帯集団という意味を込めたのである。しかし、それにしても、この自分ということになると、自分可愛さ、エゴイズム、力のなさを嘆くインフェリオリティが、コンプレックスが渦巻いて、やはり棚上げしたくなるのに変わりはなかった。いろいろとできない、のではない。持病の喘息による体力のなさをベースにして、料理からいまでいうDYIなど、家仕事は一応こなす。ただし器用貧乏で、一つのことを詰めていく能力に欠け、ここかと思えばあちらというふうに、思考が落ち着かない。のちにそういうあり方を惘想と名付けた。網の目をあらぬ網の目に飛び跳ねていくような雑然とした思考である。まとめようがない自分を言い表そうとしている。

東大闘争

国家試験合格後の研修医の処遇をめぐる東大医学部闘争は一九六八年一月、無期限ストに突入した。そして二月現場に居ない学生を処分するという冤罪事件が生じた。冤罪であることは明らか

だった。しかし医学部教授会はついに最後までその事実を明確に認めず、東大一〇学部評議会はその態度を追認した。その結論の主導は法学部であった。ここにいわゆる東大闘争が始まった。

わたしは東大教養学部生物学教室の助手になって一年、覆面全学助手共闘が結成されて、メディアとのつなぎ目として、唯一、顔と名前をさらす役目を引き受けた。全学共闘会議の議長は山本義隆、同じくベトナム反戦会メンバーというか、その主役を担う物理学博士課程の学生であった。

ベトナム反戦会議の延長としての大学闘争となれば、いよいよ自分とは何者かを問わざるを得なくなるのは当然であった。相手は時計台に象徴される帝国大学を引きずったイスタブリッシュメントであり、真理の探求を掲げ、ひとかたならず学問の成果を上げた教授たちなのである。教授と言えば、サシで向かい合うと身が震えるような、神がかりと言えるような権威存在であった。その教授たちが怖さを知らない学生たちの、何のために学問をしているのかという問いに、まともに答えられなかった。まともに答えれば、じゃあ冤罪はどうすると追及されるのは目に見えていた。結局は、家庭もあり、父親であるという保身を口にせざるをなかったのである。助手は身分保障が皆無の存在であり、まだ正式に大学の一員でないだけに、身を捨てる覚悟なしに教授と対決することはできなかった。

しかし左翼党派が自己肯定なしに闘えるかと息巻くのに対し、素朴な正義感を一歩踏み込めば、大学院生、助手にとっては、自分の有りように目を閉じて、教授を追及するわけにはいかなかった。ベトナム反戦会議のメンバーとしては、その自己を取り出して向かい合えば、その自己を否定せざるを得なかったのである。自己否定は自己の存在の否定ではなく、自己の現状に対する否定であった。現状とは加害者意識から一歩入って、責任の心的行動的果たし方について、何とも要領が得ないというあり方である。そして自分の身を追い詰めることが何かの開けになるだろうという思いが、かろうじての打開策であったのである。ただ責任を取る必要条件は、この私独りが独りで、社会や国家や世界と対峙することだということには思いが及ばなかった。言えたのは、谷川雁を借りて、連帯を求めて孤立を恐れず、までであった。

星子がやってくる

星子がひらめきのようにしてやってきた、と書いた。妊娠中期に船に乗って流産しかけたことがあって、心に引っかからないでもなかったが、障がいをもって生まれてくるとは露思わなかった。産科から引き継いだ小児科の女医さんから、ショックを和らげるために、母親に知らせるのは二週間待つようにと言われ、その通りにした。激怒した。——なんだと思っているの、育てるしかないじゃない。私の中で何かが弾けたのだが、よくわからなかった。のちにそれは母性であり、男はど

のようにしても叶わないという思いであることに気づく。無条件の受け入れである。
母親はそれまでの隔離された星子を見て、どう思っていたのか。ダウン症の顔の特徴は少ない。今でもダウン症とはすぐにはわからない。女医さんはダウン症です、トリソミーを調べるまでもないでしょうといった。そして調べずに今に至っている。
八歳で角膜の白濁を手術し、一ヶ月後ガラス体が白濁して失明した。片目はすでに網膜剥離の状態だった。そしてそれまでの話せた言葉や行動が急速に減退していった。それはダウン症の兆候をはみ出していると思え、一九七〇年代を考えると、水俣病や杉並病、自閉症、身体異常の出産を思い合わせると体内微量汚染を考えざるを得なかった。ちなみに乙武君（その当時私たちの障がいをもったこどもと親のグループの関係で乙武君と同じ症状の明るい男の子がいて、その兼ね合いでずっと乙武君と呼んでいる）は星子と同じ一九七六年生まれ、仲人をした夫婦の子どもも異常をもって生まれてきた。多重化学物質胎内超微量複合汚染症というべき公害ではないかとのちに考えるようになった。
星子の就学については就学猶予願いを出すようにと言われながら二年が過ぎた。「障害児児を普通学校へ」の運動に加わりながら、知の面では特に詰込みの画一教育のなかで、子どもがオヨビでない存在になるのが耐えられない。その現状を変えるためにこそ、障害児がいることが不可欠なのだ、となるとキナ臭くなる。変革には犠牲がつきものという声が聞こえてくる。それでわが子を犠牲にできるんですか。

結局、あなたはダンブルスタンダードではないのか、鋭く批判されることになる。講演での幼稚園の女の先生からの切り込みだった。

片方で、主体的に知を伸ばすような教育をいい、片方では上から目線で子どもを保護し、抱き込んで離さない。痛烈であった。そして津守真（何歳はこれができるという発達表が、何歳はこれができなければならないとして流布。お茶の水大学教授を辞めて愛育養護学校の校長になった）に出会った。その、自然や家庭も自由ではない。学校こそ人工空間として生徒の最大限の自由を保障できる、という説と実践に触れて、目のうろこが一枚落ちた。

愛育養護学校の広間の片隅に立って、なんともいえない調和ともいうべき風が吹くのを感じた。

甘えと自由

調和とも言うべき風に包まれるとは、言ってみれば、万事引き受けたという太鼓判が伝わった安心、安らぎ、ほぐれた開放感なのだろう。その風、その開放感はどこから来るかと言えば、その場からというほかない。しかしその場は誰かが、何かが設定したのである。そう思う意識から出来《しゅったい》し

てくるのが、おまかせ、すべてゆだねる、頼り切るという言葉であり、親鸞のお任せであり、遠藤周作の踏んでいいのだよにつながる。その意識ははるかに人類が冒険をしながら共に生き永らえきた歴史を通貫していると思われる。

日本語ではその意識を甘えという。

そして自由とは多くは甘えの逸脱を示す言葉として使われた。土居健郎は「甘えの構造」で、津田左右吉を引いて、中国や日本の古い文献では、自由とは自由気まま、わがままの意味が多かったとしている。自由は明治期の訳語として、権利と共に、西欧近代社会の規定をなすキー概念として、受け止められたが、個人主義、新自由主義における自由となると、日本の自由の使われ方と通じてくる。

しかし封建体制、独裁体制の軛に対抗する拠りどころとしての自由は堅持したい。しかし、とまた繰り返すが、その自由は対決の論理と実力行使を伴う厳しい概念であって、日本のほどよい自由とは相いれない。日本の良い意味での自由とは弛緩であって、和を遠望する、保障された安心感、すなわち甘えなのだ。

甘えの場を生じさせる誰か、何かは、具体的な人間を通して表現される。その条件は、頼ると頼られるは相互互換的依存として一つのこと、という深層意識が働くことであると考えられる。すなわち無条件の信頼を相手に置く、母親、教師、上司、先輩などがあてはまる。子ども、生徒、部下、後輩は、そのような人がそばにいるだけで、安心してのびのびと振舞えるということが起こる。ちなみに医療・介護での、そばに居るだけで、精神の安定が得られるというプラセボ効果の一つの適用があることに留意したい。

通態としての日本の風土

星子は大体において音楽を聴いて安んじている。泣き叫ぶということはない。そういう星子が居る場に私たち親が居て、やはり、大枠で安んじていて、星子のおかげなどと言い合う。そして場を介してを基本としながら、星子と何か通じていることを感じる。中根千枝の二者関係における連続の思想に出会って、うーんと思った。評判になった『タテ社会の人間関係 単一社会の理論』(一九六七)に次ぐ『適応の条件 日本的連続の思想』(一九七二)である。存在を先立てて、関係に呑み込まれない西欧の思考に対して、日本は餅を引き延ばしたような、亜鈴のような形の二つの玉に、あなたとわたしが隠れている。あなたとわたしは切っても切れない関係にあって、あなたとわたしは通じているのだ。

同じころ、木村敏『人と人との間 精神病理学的日本論』(一九七二)が出た。水平的な人と人の

間のなにか、という主体が提起された。あなたでもなくわたしでもなく、そして、あなたでありわたしであるという主体である。

そして、一九六九年、日本にやってきたオギュスタン・ベルクの間（milieu）に出会うことになる。風土とは場所と広がりの間であって、自然的であると同時に文化的であり、主観的であると同時に客観的であり、集団的であると同時に個人的である。これを風土の自明の命題、三つの公理とする。さらに、ここに現れた六つの用語の一つ一つが、残りの五つの性質を帯びている、すなわち、通じている。これを通態（trajet）と名付ける、というのである。『風土の日本自然と文化の通態』（一九八八）に著わされた、この風土の定義を見て、ベルクが日本にやって来たとき、東京は脱構築そのものだという感慨を持ったことに納得した。

私が自立できないことに、ようやく終止符がやってきたようだった。それゆえ無理に自立を気取れば、孤独になるほかなく、孤独に耐えられなければ、権威や権力にすり寄り、頼るしかないことが見えてくるようだった。のちにその状態を、個人のつもりの孤人というようになった。孤人はあくまで湿潤で目まぐるしく変わる気候の風土のもとにおける人間であって、寂寥かつ峻厳な風土の一人にとって、絶対神を呼び出し、身を委ねようとし、それも拒否される、いわば垂直の二者性を帯びる独人とは異なる。

独人は、キリスト教において神の愛に触れ包まれ、応答責任を果たす自立的存在の個人になった。明治の翻訳文化において、絶対神を天とするのはまだしも、人を人間と訳したのは致命的な錯誤であった。神から与えられたそれぞれ唯一の人格を有するパーソンを、人格は自分の努力で陶冶する（夏目漱石）人間を重ねるわけにはいかないではないか。しかし、もっと切実に、人の住む場所という人間《じんかん》を人の意味で人間《にんげん》と呼ぶのは、一体どういうことなのか、という問いにとらわれ出したのは七〇歳ころからである。人を指して人間っていうのは、おかしくないですか、と、しかるべき人たちに機会あるごとに聞こうと、思い立ったものの、のっけから、何かおかしなことがあるのか、という反応に出会って、問いは自分の中にしまうようになった。

二人称言語としての日本語

わたしと同じ年生まれで、五三歳で亡くなった菅谷規矩雄の二冊の本、『ロギカ／レトリカ』（一九八五）と『死をめぐるトリロジー』（一九九〇）は「いる」「居る」を扱った。「居る」とは場にいて、場に影響を及ぼす情態をいう。ハイデガーの「世界内存在」はただ「居る」と言えばよいのだと言い切った。「居る」という言い方は欧米にない。メイヤロフは『ケアの本質』（訳書一九八七）で、「居る」にあたる表現を求めて、**be in plac** を、**be in-place** とした。わたしは一九九八年、星子

について いろいろ書いたものを、『星子が居る』と題して出した。「居る」はそこに否応なく濃密に関わっている情態であって、「あなた」を抽出する。星子は「あなた」なのだ。一般的なＹＯＵではない。

森有正はパリに居て、日本語は二人称言語で一人称も三人称もないとした。わたしは「あなたのあなたとしてのわたし」なのだ。したがって私はわたしとしての自己同一性（identity）をもつことはできない。そんな大仰なことではなく、「個人としてＩ〈〉（斥力）ＹＯＵなる離反関係」に対して、「あなた〈〉（引力）わたしという親和関係」にあっては、通態の一つの位相として、わたしがあなたか、あなたがわたしかという混線が起こることは必定である。

川端康成は、ノーベル賞講演の「美しい日本の私」で、明恵上人の「月が私か私が月か」を引いて、自然との合一から「人なつかしい思ひやり」につなげた。対して大江健三郎は、同じくノーベル賞講演で「あいまいな日本の私」としたが、これは「日本の曖昧なわたし」とすれば、呼応になる。とんでもはっぷん。わたしより一つ年上の大江健三郎は戦後世代。あいまいな私なんて許せない、日本が曖昧なのだ。ちなみに「とんでもはっぷん」は〈とんでもない〉と〈**never happen**〉の合成、八〇年代に「飛んでも八分歩いて十分」と茶化された。

自然との合一、たしかにそうだが、翻訳語の自然ではないとすると、どうしても観照、幽玄の自然に傾き、わび、さびの世界へ入っていく。ここはやはり、生きている自然、活き活きした自然、端的にいのちでなければならない。いのちが、その共生原理の発露として、あなたとわたしの境を突っ払っているのだ。あなたはあなたであってわたしである。わたしはわたしであって、あなたである。

中動態は生きている

木村敏は、精神病理の方から、人と人との間のなにかという主体性という提起を行い、のちに中動相にも言及している。中動相は中動態とも再帰動詞的ともいわれる主体が曖昧な言い回しである。国分功一郎の「中動態―意志と責任の考古学」（二〇一七）によって、責任と義務をわきまえた個人の誕生によって、ヨーロッパではギリシヤ以来の中動態は消失したことを知るが、スペインでは、現に、事故と責任をめぐって、壺が毀れたという言い方をするという。

日本ではどうか。自己と責任はいうにおよばず、もっと洗練されたいい方として「お茶が淹《はい》りました」という言い方が挙げられる。行為主体のぼやかしを越えて、雨が降ったと同じような、「おのずから」の世界が表れている。関西でおもにみられる表現として、母親や上司が、子どもや部下に向かって、「自分、何をしたと思っている?」が挙げられる。子どもや部下の身になって、自分と言っ

ているという説明がなされる。どうして相手の身になって言うのか、その問いに立ち入ると、あなたとわたしの混同、重ね合わせ、互換性が浮かび上がって、行為主体はあなただとはっきり断定できず、もちろんわたしということはできず、あなたとわたしの融態のような「わなた」なのである。てめえ、とか、おのれ、と怒鳴っているとき、さしずめそれは、「わなた！」と聞こえてくるような案配である。

責任ということでは、母親も上司も、子どもや部下が仕出かしたことに、責任はないとは言えない、責任はなくもない、と思っているのだ。相手の身になっての自分と、自分と呼び掛けている自分は重ね合わせになっているのだ。それゆえ、茶碗が割れたというとき、茶碗も疲弊していて、割れやすくなっていた事情もあるなどの意味が込められている。責任の所在は二者の間で振り分けられ、共有されている。

このとき、私の責任の取り方が不分明になっていることが浮上してくる。二者の間を広げてゆけば、万象が絡まって責任は霧消する。そのことも意識の片隅に置きながら、わたしの仕出かしたことの責任は取る覚悟をする。慣習的な形式化した責任を取るのに、やぶさかではない。しかしそれで済んだ、さっぱり忘れるというわけにはいかない。責任の持ち分、嵩はあいまいなまま、責任の決着は未決済のまま、済まないという思いを持ち続けるほかない。日常使う「すいません」は、この意識を、どれほどか持ち続けていることの、吐露が含まれていると見なすほかないだろう。

このことを含めて、主語を不要とし、省略する日本語は、間と通態を下敷きに、二者性の表れともいうべき中動態を多用して、共に生きる知恵をしぼっているかのようである。森有正は日本語と日本語を使う人間は、バックボーンを持たず、不首尾一貫ながら、それでも、いやそれゆえに、唯一、世界の亀裂を埋め接着する糊になれるという趣旨のことを指摘した。二者性は一言でいえば、糊である。

おわりに

やまゆり園事件について二者性が、からまりながら、進んでいる。載せたいと思った文章をだいぶ省いた。次の本は二者性についてを主にして、ケア関係も少し拡充して、省いた文章も入れていきたい。

二者性については、これまで書いてきた文章をベースにしながら、人の心の古層的なあり方に視野を広げて、いのちの共生原理であることを探っていきたい。

わかりっこないと思いを定めるところから、どのように、平穏な世界が開け、そして絶望とか諦念の対極としての希望がじわじわ広がる、あるいは、ああ、いいなあ、というように希望が沁みだしてくる感じを何とか琴線にしていこうと思う。

一九九五年に、「霧が光る」—乳白色の霧の中で、ここかしこ、霧が光る—という思いをえて、それから二〇年、二者性という言葉が出てきて、和光大学の野中浩一さんから、〈diadity〉という、英語をつけてもらって、ワークショップも立ち上がった。オリンピックフィーバーの一年を終えて、二〇二一年、いよいよ二者性という心のあり方への関心は切実なものになってくるだろう。

人は不安とギスギスした日常に耐えられない。抱擁、受容に対して、拒否、排除は、その対象が我が身に及んでくるという気配に、人の心は波立って落ち着かなくなってしまう。パトスは熱情であるが、受容でもあって苦しみを引き受けるという意味でもあるという。その熱情が枯れてしまう。

熱情は激しく、日常とは程遠い心のあり方に思えるが、激情となると、切れるという形容で、断絶、排除の向きに働き、日常と密接にかかわってくる。そのとき、人の苦しみを引き受けるというパトスが少しでも働かないものか。やまゆり園事件の四〇分という間のナイフによる四五名の殺傷を思い浮かべると、どうしてもそのようなことを考えてしまう。

一人じゃ生きられないという二者性について、これからもいよいよ思いをめぐらしていきたい。

二〇一九年一一月二一日　最首悟

著者紹介

最首 悟（さいしゅ　さとる）

一九三六年、福島県生まれ、千葉県にて育つ。東京大学理学系大学院博士課程中退。東京大学教養部助手をへて、予備校講師・和光大学教授を歴任、現在和光大学名誉教授。第一次不知火海総合学術調査団に参加、第二次調査団団長。「障害児を普通学級へ・全国連絡会」世話人。

主な著書に『生あるものは皆この海に染まり』新曜社。『星子が居る――言葉なく語りかける重複障害者の娘との20年』世織書房。『明日もまた今日のごとく』どうぶつしゃ。『「痞」という病いからの――水俣誌々・パート3』どうぶつ社。『新・明日もまた今日のごとく』くんぷる。

相模原障害者施設殺傷事件をめぐって対談

三好春樹（みよしはるき）

一九五〇年、広島県生まれ。特別養護老人ホームの生活指導員として勤務後、理学療法士となる。一九八五年に「生活とリハビリ研究所」を設立。「オムツ外し学会」呼びかけ人。現在年間一八〇回を超える講演と実技指導で、現場に絶大な支持を得ている介護分野の第一人者。介護、看護、リハビリのみならず、医療や心理、思想領域にまで大きな影響を与えている。

主な著書に『実用介護事典』講談社。『なぜ、男は老いに弱いのか』（講談社文庫）講談社。『じいさん・ばあさんの愛しかた』（新潮文庫）新潮社。『認知症介護』雲母書房、『完全図解新しい介護　全面改訂版』講談社。『関係障害論〈新装版〉』雲母書房。

「ザツゼンに生きる」座談会

鈴木励滋（生活介護事業所カプカプ所長）
伊藤英樹（ＮＰＯ法人 井戸端介護代表）
菅原直樹（OiBokkeShi 主宰）
藤原ちから（批評家／アーティスト/orangcosong）

※「ザツゼンに生きる」の増補改訂版は二〇二〇年発行予定。「詳細はカプカプのFacebookページでお知らせします」
https://www.facebook.com/kapuhikari/

謝辞
本書発行にあたりＮＰＯ法人 滝沢克己協会、有限会社 七七舎（ななしゃ）、株式会社 青土社、お茶の水女子大学児童学科発達臨床心理学講座同窓会、ＮＰＯ法人 カプカプ、大阪市立大学創造都市研究科、ミネルバ書房など多くの皆様のご協力をいただきました。感謝申し上げます。

こんなときだから　希望は胸に高鳴ってくる

―あなとわたし・わたしとあなたの関係への覚えがき―

二〇一九年一二月二〇日発行
発行　(有)くんぷる
http://www.kumpul.co.jp
E-Mail　info@kumpul.co.jp
印刷・製本　モリモト印刷株式会社

本文の柱・表紙挿入イラスト：富田のぞみ、渡邊鮎彦（カプカプひかりが丘）
ISBN978-4-87551-231-8　本書へのお問い合わせはメールにて
info@kumpul.co.jp へお願いします。
定価はカバーに表示しています。